Ceffinato
Strafrecht BT/2

Strafrecht BT/2

Delikte gegen das Eigentum
und das Vermögen

von

Dr. Tobias Ceffinato

Staatsanwalt
Privatdozent
an der Universität Bayreuth

2. Auflage 2022

C.H.BECK

www.beck.de

ISBN 978 3 406 77483 6

Wilhelmstraße 9, 80801 München
Druck: Druckerei C.H. Beck Nördlingen
(Adresse wie Verlag)

Satz: DTP-Vorlagen der Autoren
Umschlaggestaltung: Druckerei C.H. Beck Nördlingen

chbeck.de/nachhaltig

Gedruckt auf säurefreiem, alterungsbeständigem Papier
(hergestellt aus chlorfrei gebleichtem Zellstoff)

Vorwort

Nachdem das Erscheinen der Erstauflage mittlerweile vier Jahre zurück liegt, waren im Rahmen der Neuauflage zahlreiche neue Entwicklungen in der Rspr. (bspw. zum Versuchsbeginn beim Diebstahl, zu Gewahrsamsverhältnissen in Bankautomatenfällen oder zum Sich-Verschaffen bei der Hehlerei) sowie Gesetzesänderungen (etwa die Qualifikation des § 244 Abs. 4 StGB oder die Ausdehnung der Geldwäsche) zu berücksichtigen. Die Konzeption des Buches wurde dabei beibehalten, wobei für einen leichteren Zugang für Studierende jüngerer Semester die Darstellung erweitert wurde. Der Umfang des Buches ist deshalb erheblich angewachsen. Dabei wurden auf Anregung der Leser der Erstauflage auch die eher selten den Gegenstand von Klausuren bildenden Delikte mitaufgenommen, damit das Buch die Eigentums- und Vermögensdelikte des StGB – trotz des kompakten Formats – weitgehend vollständig abbildet.

Bayreuth/Leipzig, im September 2021 *Tobias Ceffinato*

Vorwort zur 1. Auflage

Das vorliegende Buch richtet sich in erster Linie an Examenskandidaten und Referendare. Es soll in Fortführung des Bandes Strafrecht BT I den unmittelbar vor dem Examen stehenden Kandidaten eine Möglichkeit zur schnellen und komprimierten Wiederholung des examensrelevanten Stoffes der Eigentums- und Vermögensdelikte bieten. Zugleich soll es den am Beginn der Examensvorbereitung stehenden Studierenden/Referendaren bei der eigenen Standortbestimmung behilflich sein. Das Buch will deshalb fundierte Lernhilfe und Arbeitsmittel sein und ausdrücklich nicht klassisches wissenschaftliches Lehrbuch. Das zugrundeliegende Konzept ist dabei maßgeblich auf selbstreflektiertes und -kritisches Arbeiten ausgerichtet und wurde im Bayreuther Crashkurs für Examenskandidaten im Strafrecht und Strafprozessrecht über mehrere Jahre erprobt und verfeinert.

Ausgehend von der Struktur der jeweiligen Delikte werden deren einzelne Tatbestandsmerkmale mitsamt der dort verorteten Problematiken dargestellt und im Anschluss durch aktuelle Entscheidungen des Bundesgerichtshofs in die konkrete Klausursituation eingekleidet. Dabei wurde bewusst darauf verzichtet, die Fälle auf Einzelprobleme bzw. die im jeweiligen Kapitel behandelten Delikte zu reduzieren. Auch für den vorliegenden Band wurde der Aufbau an der Häufigkeit des Vorkommens der einzelnen Delikte in den Staatsprüfungen orientiert.

Den nachweislich größten Erfolg bei der Arbeit mit diesem Konzept wird derjenige erzielen, der sich die Lösungen der jeweiligen Fälle in Eigenleistung erarbeitet und nicht im Anschluss an die Fallangabe lediglich zur Kenntnis nimmt.

Diejenigen, denen bei dieser kritischen Durcharbeit des Buches Fehler auf- oder Verbesserungsvorschläge einfallen, bitte ich herzlich, mir diese unter jurakompakt@beck.de mitzuteilen.

Bayreuth, im Februar 2017 *Tobias Ceffinato*

Inhaltsverzeichnis

Abkürzungsverzeichnis

aA	andere Ansicht
Abs.	Absatz
Aufl.	Auflage
Ausn.	Ausnahme
BGH	Bundesgerichtshof in Strafsachen
Bespr.	Besprechung
Bsp.	Beispiel
bspw.	beispielsweise
BT	Besonderer Teil
BVerfG	Bundesverfassungsgericht
bzw.	beziehungsweise
ders.	derselbe
dh	das heißt
ggf.	gegebenenfalls
ggü.	gegenüber
grds.	grundsätzlich
hL	herrschende Lehre
hM	herrschende Meinung
idR	in der Regel
insb.	insbesondere
iR	im Rahmen
iSd	im Sinne des
Lit.	Literatur
mM	Mindermeinung
Rspr.	Rechtsprechung
S.	siehe/Seite
st.	ständige
vgl.	vergleiche
zw.	zweifelhaft

Literaturübersicht

Lehrbücher

Arzt/Weber/Heinrich/Hilgendorf, Strafrecht Besonderer Teil, 4. Aufl. 2021
Eisele, Strafrecht Besonderer Teil II, Eigentums- und Vermögensdelikte, 6. Aufl. 2021
Hohmann/Sander, Strafrecht Besonderer Teil, 4. Aufl. 2021
Kindhäuser/Böse, Strafrecht Besonderer Teil II, Straftaten gegen Vermögensrechte, 11. Aufl. 2020
Klesczewski, Strafrecht Besonderer Teil, 2016
Maurach/Schroeder/Maiwald/Hoyer/Momsen, Strafrecht Besonderer Teil, Teilband 1, Straftaten gegen Persönlichkeits- und Vermögenswerte, 11. Aufl. 2019
Otto, Grundkurs Strafrecht, Die einzelnen Delikte, 7. Aufl. 2005
Rengier, Strafrecht Besonderer Teil I, Vermögensdelikte, 23. Aufl. 2021
Roxin, Strafrecht Allgemeiner Teil, Band II, 2003
Wessels/Hillenkamp/Schuhr, Strafrecht Besonderer Teil I, 43. Aufl. 2020

Kommentare

Cirener/Rissing-van Saan/Radtke/Rönnau/Schluckebier, Leipziger Kommentar, Strafgesetzbuch, 12., teilw. 13. Aufl. 2020 ff.
Erb/Schäfer, Münchener Kommentar, Strafgesetzbuch, 3., teilw. 4. Aufl. 2020 ff.
Fischer, Strafgesetzbuch, 68. Aufl. 2021
Kindhäuser/Neumann/Paeffgen, Nomos Kommentar, Strafgesetzbuch, 5. Aufl. 2017
Lackner/Kühl, Strafgesetzbuch, 29. Aufl. 2019
Meyer-Goßner/Schmitt, Strafprozessordnung, 64. Aufl. 2021
Satzger/Schluckebier/Widmaier, Strafgesetzbuch, 5. Aufl. 2021
Schönke/Schröder, Strafgesetzbuch, 30. Aufl. 2019

Ausbildungsliteratur

Bosch, Übungen im Strafrecht, 8. Aufl. 2017
Jäger, Examens-Repetitorium Strafrecht Besonderer Teil, 8. Aufl. 2019
Kudlich, PdW Strafrecht Besonderer Teil I, Vermögensdelikte, 5. Aufl. 2021

Fallübersicht

Kapitel 1. Diebstahl und Unterschlagung

Literatur: *Bosch* Jura 2014, 1237; *Hecker* JuS 2011, 374; *Krüger/Ströhlein* JA 2018, 401; *Lenk* JuS 2020, 407; *Poisel/Ruppert* JA 2019, 353 und 421; *Rönnau* JuS 2007, 806; *Schramm* JuS 2008, 678 und 773.

Die §§ 242 und 246 StGB schützen das (formale) **Eigentum** vor Eigentumsanmaßungen durch Dritte (BGH NJW 2006, 72). Da ein Eigentumsverlust durch Diebstahl oder Unterschlagung jedoch nicht eintreten kann (vgl. § 935 BGB), geht es letztlich um den Schutz der auch vom Gewährleistungsgehalt des Eigentumsgrundrechts umfassten Verfügungsmöglichkeit des Eigentümers (vgl. § 903 BGB). 1

Die beiden Tatbestände unterscheiden sich dabei dadurch, dass beim Diebstahl die Eigentumsbeeinträchtigung durch einen Gewahrsamsbruch erfolgen muss, wohingegen bei der Unterschlagung nach der hM bereits die Manifestation des Zueignungswillens genügt. Typische Anwendungsfälle für den kraft Gesetzes subsidiären Tatbestand der Unterschlagung sind daher Konstellationen, in welchen sich das Tatobjekt bereits im Gewahrsam des Täters befindet (bspw. ein Leasinggegenstand) oder herrenlos ist. Diesen Unterschied im Anwendungsbereich greift die hM auf, um den **Gewahrsam** zum zusätzlichen Rechtsgut des § 242 StGB zu erklären (BGHSt 10, 400; 29, 319). Überzeugen kann dies nicht, weil das Tatbestandsmerkmal der Wegnahme lediglich die Angriffsform auf das fremde Eigentum kennzeichnet. Bedeutung erlangt die Frage aber ohnehin lediglich für die Bestimmung des Verletzten einer Tat iSd § 77 StGB und damit innerhalb der Strafantragsberechtigung (vgl. hierzu §§ 247, 248a StGB). 2

Exkurs zu den §§ 247, 248a StGB: Bei den Strafantragserfordernissen ist zu beachten, dass § 247 StGB für Diebstähle in allen Formen gilt, wohingegen sich § 248a StGB nach seinem eindeutigen – von demjenigen des § 247 StGB abweichenden – Wortlaut nur auf § 242 StGB (also ohne §§ 243, 244 StGB) bezieht. Ein weiterer Unterschied besteht darin, dass § 247 StGB ein sog. absolutes Antragsdelikt umschreibt, während im Bereich des § 248a StGB die Staatsanwaltschaft auch das besondere öffentliche Interesse an der Strafverfolgung (auch noch in der Hauptverhandlung sowie in der Revisionsinstanz) bejahen kann. Das Fehlen des Strafantrags (oder der Bejahung des besonderen öffentlichen Interesses) führt dazu, dass ein von Amts wegen zu beachtendes Verfolgungshindernis 3 besteht (vgl. *Meyer-Goßner/Schmitt*, Einl. Rn. 145), dh der Angeklagte kann mangels Vorliegens einer Prozessvoraussetzung nicht wegen des Antragsdelikts verurteilt werden.

Die für § 248a StGB maßgebliche Grenze der Geringwertigkeit wird von der Rspr. bei 25 Euro gezogen (vgl. *Fischer*, § 248a Rn. 3a). Entscheidend ist dabei der Verkehrswert der Sache zur Tatzeit, so dass ein Irrtum des Täters grundsätzlich unerheblich ist, zumal es sich bei der Geringwertigkeit nicht um ein Tatbestandsmerkmal, sondern um eine Verfolgungsvoraussetzung handelt.

A. Prüfungsschema

4 **Prüfungsschema: § 242 StGB**

I. Tatbestand

1. Objektiver Tatbestand
   a) Tatobjekt = fremde beweglich Sache
   b) Tathandlung = Wegnahme
2. Subjektiver Tatbestand
   a) Vorsatz
   b) Zueignungsabsicht (dolus eventualis bzgl. Enteignung, dolus directus 1. Grades bzgl. Aneignung)
   c) Rechtswidrigkeit der Zueignung
   d) Vorsatz bezüglich Rechtswidrigkeit der Zueignung

II. Rechtswidrigkeit

III. Schuld

IV. Strafzumessungsregeln

1. Benannte Strafzumessungsregeln (Regelbeispiele), § 243 I 2 StGB (ggf. noch: Abweichung von der Regelwirkung)
2. Ggf. unbenannter besonders schwerer Fall, § 243 I 1 StGB

V. Ggf. Strafantragserfordernis, §§ 247, 248a StGB

B. Die einzelnen Prüfungspunkte

I. Tatobjekt

Tatobjekte des Diebstahls sind fremde beweglich **Sachen**, ohne Rücksicht auf deren wirtschaftlichen (oder immateriellen) Wert. Deshalb sind neben Lebensmitteln die sich in einem Müllcontainer befinden (vgl. zum sog. „Containern" BVerfG NJW 2020, 2953 und Rn. 10) auch Gegenstände, denen ein bloßes Affektionsinteresse zukommt (bspw. ein Liebesbrief oder ein Familienfoto) ohne Einschränkungen taugliche Handlungsobjekte eines Diebstahls. Die teilweise diskutierte Frage, ob sich der Sachbegriff des StGB dabei an § 90 BGB orientiert, ist indes wenig ergiebig. Denn es besteht Einigkeit darüber, dass der Sachbegriff am Schutzzweck des § 242 StGB auszulegen ist. Sachen sind deshalb körperliche Gegenstände, weshalb bspw. auch ein Tier dem Anwendungsbereich unterfällt (etwa die Katze, die der Eigentümer zum Herumstreunen vor die Tür lässt). Nicht erfasst sind damit neben Daten (anderes gilt freilich für Speichermedien, auf denen sich diese befinden) insbesondere Forderungen, was im Hinblick auf die Abgrenzung des Betrugs zum Diebstahl Bedeutung erlangt. Denn nach hM ist beim Forderungsbetrug, und hier insbesondere bei der Verfügung durch die Nichtgeltendmachung eines Anspruchs, ein Verfügungsbewusstsein nicht erforderlich (S/S/W/*Satzger* § 263 Rn. 181), während es – aufgrund des insoweit bestehenden Exklusivitätsverhältnisses – das zentrale Abgrenzungskriterium des Sachbetrugs vom Trickdiebstahl darstellt (vgl. dazu auch Rn. 22). **5**

Zur Sonderkonstellation der Diebstahlsfähigkeit von Leichen und Leichenteilen ist vor allem wichtig zu wissen, dass mit dem Körper verbundene Gegenstände (etwa Goldzähne) nach der hM wie Leichenteile zu behandeln sind, dh sie werden mit dem Tod herrenlose Sachen, an denen Aneignungsrechte Dritter begründet werden können (ausführlich zum Ganzen MüKo/*Schmitz* § 242 Rn. 27 ff., 36 ff.). Mit deren Ausübung liegen taugliche Diebstahlsobjekte vor. **6**

Auch das Merkmal der **Beweglichkeit** bereitet regelmäßig keine Schwierigkeiten. Es erklärt sich im Zusammenspiel mit der Tathandlung der Wegnahme daraus, dass eine gegen den Willen des Berechtigten erfolgende Gewahrsamsverschiebung an unbeweglichen Sachen nach der Verkehrsanschauung regelmäßig nicht denkbar ist, weil die Ausschließung des Berechtigten von der Besitzausübung anders als bei beweglichen Sachen nicht deren Wiedererlangung erschwert. Allerdings können Sachen, die zu Beginn der Tathandlung noch unbeweglich sind, durchaus taugliche Diebstahlsobjekte sein, weil die hM es **7** genügen lässt, dass die Sache durch die Tathandlung beweglich gemacht wird (etwa ausgebaute Türen).

8 **Fremd** ist eine Sache, die zumindest auch im (Mit-)Eigentum eines anderen steht. Mindestens ungenau ist hingegen die Definition, wonach sich die Fremdheit danach bemisst, dass die Sache nicht dem Täter gehört, weil hierunter auch herrenlose und nicht eigentums-/verkehrsfähige Sachen subsumiert werden können. Diese unterfallen aber nicht dem Tatbestand, weil anderenfalls der Bezug der Norm zum geschützten Rechtsgut preisgegeben würde und das hinsichtlich der Eigentumsdelikte akzessorische Strafrecht eine Position schützen würde, die zivilrechtlich nicht anerkannt wird; zu denken ist in diesen Fällen an § 253 StGB. Gegebenenfalls kann die insoweit bestehende Zivilrechtsakzessorität der Norm daher eine (im Einzelfall auch schwierige) sachenrechtliche Inzidentprüfung erforderlich machen, so bspw. beim Sicherungseigentum.

9 Aufgrund des durch § 242 StGB gewährleisteten formalen Eigentumsschutzes (vgl. Rn. 1) stellen nach der zutreffenden Ansicht der Rspr. auch *Betäubungsmittel* und *Falschgeld* taugliche Diebstahlsobjekte dar. Es handelt sich bei ihnen mithin um verkehrsfähige Sachen, weil ausreichend ist, dass Eigentum an ihnen bestehen kann (str., vgl. BGH NJW 2006, 72; krit. BGH NStZ 2016, 596; MüKo/*Schmitz* § 242 Rn. 17).

10 Inwieweit der strafrechtliche Eigentumsschutz an weggeworfenen Sachen reicht, hat sich neuerdings in der Konstellation des sog. *Containerns* Bahn gebrochen. Nach dem BVerfG (NJW 2020, 2953) unterfallen in einem Müllcontainer eines Supermarktes weggeworfene Lebensmittel weiterhin dem Eigentumsschutz. Denn zum Verfügungsrecht des Eigentümers gehört es auch, potentiell bedenkliche Lebensmittel der Vernichtung durch einen Abfallentsorger zuzuführen, um hiermit etwaige Haftungsrisiken aus deren Verzehr restlos auszuschließen. Dies stimmt mit dem von § 242 StGB geschützten Verfügungsrecht des Eigentümers (Rn. 1) zumindest so lange überein, wie der Gesetzgeber dem dieses Verfügungsrecht begründenden Interesse des sich der Sache entäußernden Eigentümers nicht auf andere Weise Rechnung trägt.

11 **Klassiker:** Tanken ohne zu bezahlen

1. Umstritten ist sogleich, ob mit dem Benzin ein taugliches Diebstahlsobjekt vorliegt.

Nach eA geht das Eigentum am Benzin bereits beim Tanken auf den Kunden über. Ein Diebstahl kommt hiernach nicht in Betracht, was allerdings schon deswegen nicht überzeugt, weil es für die Eigentumsverhältnisse auf den Zeitpunkt der strafrechtlich relevanten Handlung, mithin des Versuchsbeginns, ankommt. Zu diesem Zeitpunkt war das Benzin unproblematisch fremd. Nach aA verbleibt das Eigentum am Benzin bis zur vollständigen Bezahlung beim Tankstelleninhaber.

Allerdings ist es iRd Prüfung des § 242 StGB regelmäßig nicht entscheidungserheblich welcher Ansicht man folgt. Es fehlt jedenfalls am Gewahrsamsbruch, weil der Tankstelleninhaber mit dem Gewahrsamsübergang bei *ordnungsgemäßer Bedienung* der Zapfsäule einverstanden ist (BGH NStZ 2012, 324). Eine Bedingung dergestalt, dass ein Einverständnis nur bei den Kunden besteht, die auch bezahlen (wollen), kann nicht angenommen werden. Denn beim Gewahrsam handelt es sich um etwas Tatsächliches, weshalb rechtliche Bedingungen keinen Raum haben und das Abstellen des BGH auf das äußere Erscheinungsbild der Tathandlung folgerichtig ist.

2. Die Annahme eines Betrugs steht und fällt mit der Feststellung eines täuschungsbedingten Irrtums. Dieser liegt nur vor, wenn eine Einwirkung auf das intellektuelle Vorstellungsbild eines Tankstellenmitarbeiters nachzuweisen ist, was eine Beobachtung des Tankvorgangs verlangt (BGH NStZ-RR 2021, 213). Ein Betrugsversuch setzt voraus, dass sich der Täter beobachtet fühlte und von Anfang an das Benzin unter Vortäuschung seiner nicht vorhandenen Zahlungsbereitschaft an sich bringen wollte, ohne den Kaufpreis zu entrichten (BGH NStZ 2016, 216).

BGH NStZ 2012, 324: „War das Bestreben des Täters … von Anfang an darauf gerichtet, das Benzin an sich zu bringen, ohne den Kaufpreis zu entrichten, so macht er sich grundsätzlich nicht des Diebstahls oder der Unterschlagung, sondern des (versuchten) Betrugs schuldig. Denn indem er als Kunde auftritt und sich wie ein solcher verhält, bringt er – jedenfalls in der Regel – durch schlüssiges Verhalten zum Ausdruck, dass er das Benzin nach dessen Erhalt bezahlen werde. Durch diese Vortäuschung einer nicht vorhandenen Zahlungsbereitschaft erweckt er bei dem Tankstelleninhaber oder dessen Personal einen entsprechenden Irrtum mit der Folge, dass ihm – sofern es sich um eine Bedienungstankstelle handelt – das Benzin in den Tank eingefüllt oder – falls es eine Selbstbedienungstankstelle ist – das Einfüllen gestattet wird. Aus dem äußeren Erscheinungsbild der Tathandlungen folgt bei natürlicher Betrachtungsweise, dass es sich hier um ein durch Täuschung bewirktes Geben und nicht um ein Nehmen im Sinne eines Gewahrsamsbruchs handelt … Ein vollendeter Betrug liegt jedoch nicht vor, wenn der Täter an einer Selbstbedienungstankstelle tankt, ohne vom Tankstelleninhaber oder dessen Mitarbeiter bemerkt zu werden. In einem solchen Fall ist aber regelmäßig vom Tatbestand des versuchten Betrugs auszugehen“.

Nimmt der Täter jedoch wahr, dass sein Tanken unbeobachtet ist, bildet er keinen Täuschungsvorsatz. Bei einer konkludenten Täuschung ist die Einwirkung auf das intellektuelle Vorstellungsbild eines anderen erforderlich. Hieran fehlt es, wenn der Täter davon ausgeht, er könne sein Vorhaben ohne Beobachtung verwirklichen. Dasselbe gilt für den Fall, in welchem der Täter seinen Entschluss das Benzin nicht zu bezahlen, erst nach dem Betanken fasst; täuscht der Täter in der Folge nicht noch im Kassenbereich, etwa indem er einen Behälter Scheibenwischwasser kauft und dabei den Tankvorgang verschweigt, kommt hinsichtlich des Benzins nur eine Strafbarkeit wegen Unterschlagung in Betracht.

3. Bejaht man die Fremdheit des Benzins, steht der Annahme einer Unterschlagung, spätestens realisiert durch das Verlassen des Tankstellenareals, nichts im Wege. Handelt der Täter aber schon beim Einfüllen mit dem Willen, sich das Benzin zuzueignen und liegt ein Fall des heimlichen Tankens nicht vor, kommt eine Bestrafung wegen Unterschlagung aufgrund Subsidiarität nicht in Betracht. Dies gilt nach dem BGH auch dann, wenn der Täter durch den (versuchten) Betrug nur den Besitz und nicht bereits das Eigentum an dem Benzin erlangt (BGH NStZ 2012, 324).

II. Tathandlung Wegnahme

Literatur: *Bosch* Jura 2014, 1237; *Ceffinato* Jura 2019, 1234; *Kudlich* JA 2017, 428; *Rönnau* JuS 2009, 1088.

12 **Wegnahme** ist der Bruch fremden und die Begründung neuen, nicht notwendig tätereigenen Gewahrsams. Diese Definition gibt die Prüfungsreihenfolge vor: Neben den vor der Tathandlung bestehenden Gewahrsamsverhältnissen ist darzulegen, dass infolge der Tathandlung der Täter oder ein Dritter Gewahrsam erlangt hat und diese Verschiebung der Gewahrsamsverhältnisse durch Bruch geschehen ist.

13 **Gewahrsam** ist dabei nach der hM das von einem natürlichen Herrschaftswillen getragene Herrschaftsverhältnis einer (natürlichen) Person über eine Sache unter Zugrundelegung der sozialen Zuordnung (Rn. 20 ff.); der von einer mM vertretene sozial-normative Gewahrsamsbegriff gelangt in der Praxis regelmäßig zu keinen anderen Ergebnissen (Sch/Sch/*Bosch*, § 242 Rn. 25), weshalb eine Auseinandersetzung mit den Gewahrsamsbegriffen auch nicht zielführend ist. Von einem **Bruch** fremden Gewahrsams ist auszugehen, wenn sich der Gewahrsamswechsel gegen oder ohne den Willen des Gewahrsamsinhabers vollzieht (Rn. 14 ff.).

1. Ohne oder gegen den Willen

14 Ein **Einverständnis** schließt aufgrund obiger Festsetzungen bereits den Tatbestand aus. Anders als im Rahmen einer rechtfertigenden Einwilligung ist auch das durch Täuschung erlangte Einverständnis grundsätzlich wirksam, weil der Gewahrsam etwas rein Faktisches darstellt und der Getäuschte nur über die Modalitäten des Gewahrsamswechsels irrt – also einem (unbeachtlichen) Motivirrtum unterliegt –, mit dessen Vollzug als solchem aber einverstanden ist. Diese Charakterisierung des Einverständnisses schließt seine Verknüpfung mit einer Bedingung aber nicht von vornherein aus. Als für den Gewahrsamswechsel entscheidende Bedingungen kommen allerdings nur solche in Betracht, die *äußerlich erkennbar* sind, wie bspw. die ordnungsgemäße Bedienung einer Einrichtung (Sch/Sch/*Bosch* § 242 Rn. 36a). Diese Problematik kam zuletzt in Fällen zum Tragen, in denen der Täter im Ausgabefach eines Geldautomaten bereitliegende Geldscheine an sich nahm (vgl. dazu auch *Lenk* JuS 2020, 407).

15 **Fall 1** (nach BGH NStZ 2019, 726): Tsubasa (T) braucht Bargeld, weshalb er sich im Vorraum einer Bankfiliale postiert und wartet bis ein Kunde zum Geldabheben einen Automaten bedient. Bereits nach kurzer Wartezeit erscheint Oliver (O) im Vorraum, der seine Karte in den Automaten steckt und die vom Automaten geforderte PIN sowie den Auszahlungsbetrag (200 Euro) eingibt. Nunmehr tritt T an den O heran und streckt diesen mit einem kräftigen Faustschlag nieder, so dass O das Bewusstsein verliert. T entnimmt die im Ausgabefach bereitliegenden Geldscheine und verlässt die Bank. Strafbarkeit des T?

I. § 249 Abs. 1 StGB

Indem T den O niederstreckte und die Geldscheine an sich nahm, könnte er sich eines Raubes schuldig gemacht haben.

1. Dazu müsste das Geld taugliches Tatobjekt, mithin eine fremde Sache sein. Dies ist deswegen nicht gänzlich unproblematisch, weil im „Normalfall" die Freigabe des Geldes und dessen Ergreifen durch den Berechtigten zu einem Wechsel der Eigentumsverhältnisse gem. § 929 S. 1 BGB führt. Wenn daher im Öffnen des Ausgabefaches ein an jedermann gerichtetes Übereignungsangebot zu sehen wäre, das T durch die Entnahme der Geldscheine angenommen hat, wäre er Eigentümer der Geldscheine geworden.

Nach den vertraglichen Beziehungen, die dem Girovertrag zwischen Bank und Kunde zugrundeliegen, ist Adressat des mit dem

Ausgabevorgang verbundenen Übereignungsangebots aber nur der Kontoinhaber. Denn das Kreditinstitut hat – erst recht unter den vorliegenden Umständen – kein Interesse an einer Übereignung des Geldes an denjenigen, der *unbefugt* darauf zugreift, wobei es nach der Rspr. zu Recht nicht darauf ankommt, ob eine technisch ordnungsgemäße Bedienung des Automaten vorangegangen ist (BGH NJW 2018, 245). Auch die Zuteilung der PIN ausschließlich an den Kontoinhaber spricht für dieses Ergebnis. Schließlich beginnt die Strafbarkeit des Raubversuchs mit dem Ansetzen zur Nötigungshandlung (vgl. Rn. 129); im Zeitpunkt des Niederstreckens des O waren die Geldscheine für T jedenfalls fremd.

2. T müsste durch die Entnahme der Geldscheine fremden Gewahrsam gebrochen haben.

a) Ursprünglich hatte die Bank Gewahrsam an den im Geldautomaten befindlichen Geldscheinen. Diesen hat sie durch das Öffnen des Ausgabefaches auch nicht verloren, sondern lediglich gelockert. Zwar hat sie durch die Freigabe zur Entnahme eine Wegnahmesicherung aufgegegeben. Solange sich die Scheine im Ausgabefach befanden hatte sie aber weiterhin die Möglichkeit auf diese einzuwirken, insbesondere konnte sie die Geldscheine wieder einziehen, wenn diese nicht innerhalb einer vorprogrammierten Zeit aus dem Fach entnommen wurden.

O hat indes noch keinen Gewahrsam an den Geldscheinen erlangt, weil ein von einem natürlichen Herrschaftswillen getragenes tatsächliches Sachherrschaftsverhältnis nur besteht, wenn für den Berechtigten die Möglichkeit einer physisch-realen Einwirkung existiert und dieser Herrschaftsausübung keine wesenlichen Hindernisse entgegenstehen.

Hinweis: Der 4. Strafsenat hat (übereinstimmend mit dem Vorgenannten) kürzlich entschieden, dass ein Bankkunde, der den Auszahlvorgang in Gang gesetzt hat, Mitgewahrsam an den Geldscheinen erlangt, weil die Verkehrsanschauung ab dem Zeitpunkt der Freigabe der Geldscheine diese dem Bankkunden zuordne (BGH NStZ 2021, 425 m. Bespr. *Kudlich* JA 2021, 519).

b) Durch die Entnahme der Geldscheine erlangte T Gewahrsam an diesen. Weitere Voraussetzung einer tatbestandlichen Wegnahme ist aber, dass diese Gewahrsamsbegründung gegen oder ohne den Willen der Bank (als ursprünglicher Gewahrsamsinhaber, s.o.) erfolgte.

Der 2. Strafsenat hatte einen Gewahrsamsbruch in einem Fall, in dem der Täter das Opfer nach Eingabe der PIN weggestoßen und die Auszahlungssumme selbst gewählt hatte, noch abgelehnt (BGH NJW 2018, 245 m. Bespr. *Eisele* JuS 2018, 300). Begründet hatte der Senat dies damit, dass bei technisch ordnungsgemäßer Bedienung die tatsächliche (also auf Wechsel der Gewahrsamsverhältnisse gerichtete) Ausgabe des Geldes mit dem Willen des Geldinstituts erfolge. Dies ist insofern zutreffend, als der Gewahrsam an einer Sache etwas rein Faktisches darstellt und deshalb nach hM der Gewahrsamswechsel nicht mit einer Bedingung (vorliegend der Entnahme durch den Berechtigten) verknüpft werden kann. Etwas anderes gilt nur für äußerlich erkennbare Bedingungen, worunter im Falle eines Automaten dessen *technisch* ordnungsgemäße Bedienung zählt. Nach Ansicht des 2. Strafsenats lag eine solche hier vor, was bedingt, dass der Gewahrsamsübergang auf T hiernach im Einverständnis mit der B erfolgte.

Der 2. Strafsenat kann sich hierbei auf die ständige Rspr. berufen, die bislang jeweils von einer funktionsgerechten Automatenbedienung als äußerer Bedingung gesprochen hatte (BGHSt 35, 152; 38, 120). Die bislang entschiedenen Fälle wiesen aber nicht die Besonderheit auf, dass mit dem Wegschubsen bzw. Niederschlagen des mit dem Bedienvorgang befassten Berechtigten weitere äußere Umstände vorliegen, die Bestandteil einer zwar nicht technischen, aber ordnungsgemäßen Bedienung sein könnten. Diese Argumentation hat nunmehr der 3. Strafsenat fruchtbar gemacht. Ihm zufolge war der auf die Übertragung des Gewahrsams gerichtete Wille der Bank auf den Berechtigten beschränkt, weil sich nur dieser zuvor durch die Eingabe von Bankkarte und zugehöriger PIN legitimiert und den Geldausgabevorgang ordnungsgemäß in Gang gesetzt hat (BGH NStZ 2019, 726).

Aufgrund der entgegenstehenden Entscheidung des 2. Strafsenats konnte der 3. Strafsenat nicht wie beabsichtigt entscheiden. Er hatte deshalb nach § 132 GVG beim 2. Strafsenat angefragt, ob dieser an seiner entgegenstehenden Rspr. festhält. Das Anfrageverfahren hatte sich sodann aber erledigt, weil die Revisionen in der Sache des 3. Strafsenats zurückgenommen wurden (BGH BeckRS 2019, 54588).

Ggf. 3. Einsatz eines qualifizierten Nötigungsmittels

T hat durch den Faustschlag den O niedergestreckt. Damit hat er sogar in erheblichem Maße körperliche Kraftentfaltung eingesetzt, die sich gegen O als körperlicher Zwang ausgewirkt hat; T hat gegenüber O Gewalt angewendet.

4. Vorsatz, Finalität und Zueignungsabsicht

T wollte die fremden Geldscheine in seinen Gewahrsam überführen. Um dies zu realisieren, verübte er den Faustschlag gegenüber O. Die Wegnahme erfolgte auch in unmittelbarem raumzeitlichem Zusammenhang zur Gewaltanwendung (sog. raubspezifische Einheit). Schließlich wollte T die Bank dauerhaft enteignen und sich selbst die Geldscheine aneignen, wobei ihm bewusst war, dass er keinen Anspruch auf die konkreten Geldscheine hatte.

5. T handelte rechtswidrig und schuldhaft.

6. Die ebenfalls verwirklichte Strafbarkeit nach § 240 Abs. 1, 2 StGB tritt, ebenso wie diejenige nach § 242 Abs. 1 StGB im Wege der Gesetzeskonkurrenz zurück; § 246 Abs. 1 StGB ist formell subsidiär.

II. § 223 Abs. 1 StGB

Mit dem Schlag gegen O hat T diesen vorsätzlich körperlich misshandelt und, da O hierdurch das Bewusstsein verlor, auch an der Gesundheit geschädigt.

Erg.: T hat sich wegen Raubes in Tateinheit mit vorsätzlicher Körperverletzung schuldig gemacht.

16 Das Merkmal des Gewahrsamsbruchs stellt zugleich das Abgrenzungskriterium zum Betrug dar, weil eine mit Verfügungsbewusstsein vorgenommene Gewahrsamsübertragung, bzw. aus der Warte des § 242 StGB ein Gewahrsamsübergang mit Einverständnis, zur Betrugsstrafbarkeit führen kann. Verfügungsbewusstsein beim Sachbetrug und Einverständnis in die Wegnahme einer Sache bilden damit dieselbe Seite einer Medaille und schließen sich gegenseitig aus (näher hierzu bei Rn. 176 f.). Die Folge ist das von der hM angenommene Exklusivitätsverhältnis von (Trick-)Diebstahl und (Sach-)Betrug.

17 **Fall 2** (nach BGH NStZ 2012. 95): Ferdinand (F) und Egolf (E) betreiben einen Autohandel. Sie suchen den Ersatzteilhandel des Knut (K) auf, um dort einen defekten Airbag, den sie für 250 Euro von K gekauft hatten, umzutauschen. Außerdem wollen sie sich von K einen Betrag von 100 Euro auszahlen lassen, der als Differenz aus diversen Geschäften mit diesem zu ihren Gunsten verblieben war. Da K keinen funktionierenden Airbag am Lager hat, verlangen F und E die Auszahlung von 350 Euro (250 Euro Kaufpreisrückerstattung und 100 Euro Schulden), womit K aber nicht einverstanden ist. F schlug vor, ein Lenkgetriebe im Wert von 450 Euro mitzunehmen und die seine Forderung übersteigenden 100 Euro an K auszubezahlen. Hiermit war K einverstanden. Tatsächlich wollte F den Differenzbetrag nicht bezahlen. Nachdem er sich ein Lenkgetriebe ausgesucht hatte und gehen wollte, bestand K weiterhin auf Zahlung. Obwohl F nicht vorhatte zu zahlen, antwortet er, er werde das Lenkgetriebe zu seinem Auto bringen, von dort sein Portemonnaie holen und die 100 Euro begleichen. E und F brachten das Getriebe zu dem Fahrzeug und riefen K zu, sie werden wiederkommen. Am Wagen angekommen verstauten sie das Getriebe im Kofferraum, setzten sich in den Wagen und starteten diesen. Als K bemerkte, dass E und F nicht zurückkommen würden, lief er ihnen hinterher und stellte sich vor deren Wagen, um die Wegfahrt zu verhindern und E und F zur Zahlung zu bewegen. Diese stiegen aus dem Wagen aus und schlugen auf K ein, damit dieser den Weg freigebe und auf die berechtigte Geldforderung verzichte. Als Attila (A) das Geschehen bemerkte, eilte er seinem Schwager K zur Hilfe. E drehte sich um und zog während der Drehbewegung ein Messer, mit dem er in Kopfrichtung des A stach, um diesen von der Hilfeleistung abzuhalten. A konnte dem Messer ausweichen und flüchtete. E verfolgte den A zunächst, ließ jedoch schnell von ihm ab. F, der wusste, dass E sein Messer bewusst griffbereit bei sich führte, hatte das Ziehen des Messers und die Verfolgung des A gesehen und gebilligt. Strafbarkeit von E und F?

A. Strafbarkeit des Ferdinand (F)

I. § 242 I StGB (am Lenkgetriebe)

F müsste mit dem Lenkgetriebe eine fremde bewegliche Sache weggenommen haben. Wegnahme ist der Bruch fremden und die Begründung neuen, nicht notwendig tätereigenen Gewahrsams. Gewahrsam ist das von einem Herrschaftswillen getragene Herrschaftsverhältnis unter Zugrundelegung der sozialen Zuordnung. F lud das Lenkgetriebe in sein Kfz und begründete nach der Verkehrsauffassung neuen Gewahrsam. K war jedoch mit dem Gewahrsamswechsel einverstanden, als er dem F gestattete, das Lenkgetriebe zu seinem Wagen zu bringen. Zwar beruht das Einverständnis auf der nur vorgespiegelten Zahlungsbereitschaft des F. Anders als bei einer rechtfertigenden Einwilligung bleibt ein tatbestandsausschließendes Einverständnis von einer Täuschung unberührt, da es nur auf die tatsächliche Zustimmung, nicht aber deren Freisein von Willensmängeln ankommt.

II. § 263 I StGB gegenüber und zulasten des K

1. K wurde durch F über die (innere) Tatsache der Zahlungsbereitschaft hinsichtlich des mitgenommenen Lenkgetriebes getäuscht.

2. Da K auf die Ernsthaftigkeit des geäußerten Zahlungswillens vertraute, wich sein Vorstellungsbild von der Wirklichkeit ab. K befand sich in einem täuschungsbedingten Irrtum.

3. K ließ zu, dass F das Lenkgetriebe zu seinem Kfz verbrachte. Damit verfügte er jedenfalls über seinen Besitz an dem Lenkgetriebe.

4. Fraglich ist, ob ein Vermögensschaden eingetreten ist. Dieser liegt vor, wenn das Vermögen des Geschädigten nach der Verfügung einen geringeren wirtschaftlichen Wert aufweist als vor dieser. Zwar erlöschen mit dem beabsichtigten Tauschgeschäft Verbindlichkeiten des K in Höhe von insgesamt 350 Euro und er erlangt eine Forderung aus dem Ersatzgeschäft iHv 100 Euro. Dies stellt aber kein hinreichendes Äquivalent für den Verlust des Lenkgetriebes im Wert von 450 Euro dar. Denn die erlangte Forderung iHv 100 Euro ist aufgrund der fehlenden Zahlungsbereitschaft des F in ihrer Durchsetzbarkeit stark gefährdet und deshalb wirtschaftlich nicht so wertvoll, wie ihr Nennwert. Sie stellt keinen werthaltigen Ausgleich dar.

Hinweis: Ob vor dem Hintergrund der Rspr. des BVerfG (E 130, 1; 126, 170) zum sog. Verschleifungsverbot nunmehr bei jeder Form des Betrugs das ebenfalls vom Gericht geforderte Bezifferungsgebot beachtet werden muss, ist noch nicht geklärt. Das Bezifferungsgebot wurde durch das BVerfG in einem Fall der schadensgleichen Vermögensgefährdung gefordert, um eine Verschleifung der Tatbestandsmerkmale der Pflichtverletzung und des Schadens, dh einen unzulässigen Schluss von der Pflichtverletzung auf den Erfolg, zu verhindern. Einfach gelagerte Fälle, die vom BVerfG freilich nicht näher benannt wurden, sind von diesem Erfordernis ausgenommen. Für den vorliegenden Fall des Eingehungsbetrugs wird vor diesem Hintergrund empfohlen, eine Bezifferung vorzunehmen. Zwar ist der Schuldner in Form des F bekannt, aufgrund seiner Zahlungsunwilligkeit, verbunden mit dem Prozessrisiko des K, ist die erlangte Forderung aber wirtschaftlich mit Null zu bewerten. Der Schaden besteht damit in Höhe von 100 Euro.

5. F handelte vorsätzlich bzgl. aller objektiven Tatbestandsmerkmale, sowie mit der Absicht stoffgleicher und rechtswidriger Bereicherung. Insbesondere bestand kein Rechtsanspruch des F auf den überschießenden Vorteil.

6. Rechtswidrigkeit der Handlung und Schuld liegen vor.

Erg.: F hat sich eines Betrugs schuldig gemacht.

III. §§ 253, 255, 250 II Nr. 1 StGB

1. Gewalt ist der physisch vermittelte Zwang zur Überwindung eines geleisteten oder erwarteten Widerstands. F schlug auf K ein, damit dieser den Weg freigibt und auf seine Forderung verzichtet.

2. K sah infolge der Schläge von seinem Zahlungsverlangen ab, womit er es unterließ seinen Anspruch gegenüber F weiter geltend zu machen.

3. Zusätzliches Erfordernis einer Vermögensverfügung?

a) Nach der Rspr. ist eine Vermögensverfügung nicht erforderlich. Ausreichend ist, dass das dem Opfer abgenötigte Verhalten in irgendeiner Weise vermögenserheblich ist.

b) Die hL fordert demgegenüber eine Vermögensverfügung des Opfers, da die räuberische Erpressung ansonsten zum umfassenden Grundtatbestand aller Vermögensdelikte verkommen würde und es sich bei ihr strukturell um ein Selbstschädigungsdelikt handelt.

c) Eine Entscheidung kann vorliegend allerdings dahinstehen, wenn der Tatbestand aus anderen Gründen nicht erfüllt ist.

4. Durch den Einsatz des Nötigungsmittels („dadurch") müsste dem K ein Vermögensnachteil zugefügt worden sein. Der Vermögensnachteil muss dabei das Ergebnis einer das Opfer nötigenden Gewaltausübung oder Drohung durch den Täter sein. Der Vermögensnachteil bei K ist hier jedoch zeitlich früher durch die auf der Täuschung basierende Vermögensverfügung eingetreten (s.o.). Die Gewaltanwendung erfolgte erst, nachdem K seinen Irrtum bemerkt hatte, also nachdem der Vermögensnachteil bereits eingetreten war. Sie ist damit nicht kausal für den Vermögensnachteil. Es liegt ein Fall der Sicherungserpressung vor, dh ein Betrug mit anschließender – nach Entdeckung begangener – Nötigung zum Zwecke der Sicherung des betrügerisch erlangten Vermögensvorteils (vgl. BGH StV 2021, 477). Eine derartige Sicherungserpressung ist aus zwei Gründen nicht strafbar.

(1.) Die Sicherung anderweitig erlangter Tatvorteile führt nicht zur Entstehung eines neuen Schadens. Es wird nur eine rechtswidrige Vermögenslage verfestigt, die durch die Strafbarkeit der Vortat bereits abgegolten ist.

Etwas anderes gilt im Umkehrschluss dann, wenn der Einsatz des Nötigungsmittels zu einem weiteren oder vertieften Vermögensschaden beim Geschädigten führt.

(2.) Die spezifischen Voraussetzungen des § 252 StGB, mit dem der Gesetzgeber die Strafbarkeit des Einsatzes qualifizierter Nötigungsmittel zur Besitzerhaltung geregelt hat, werden unterlaufen (was freilich, wie im vorliegenden Fall, nicht sticht, wenn die Vortat ein Betrug ist).

Erg.: F hat sich keiner räuberischen Erpressung schuldig gemacht.

IV. Eine Strafbarkeit nach **§ 223 I StGB** ist hingegen gegeben.

V. § 240 StGB

1. F hat Gewalt gegenüber K angewendet (s.o.).

2. Ein Nötigungserfolg ist mit dem Absehen vom Zahlungsverlangen seitens K eingetreten. Dieser Nötigungserfolg wurde kausal durch den Einsatz des Nötigungsmittels verursacht.

3. F handelte vorsätzlich.

4. Rechtswidrigkeit

a) Allgemeine Rechtfertigungsgründe sind nicht ersichtlich.

b) Der Gewalteinsatz stellt sich sowohl isoliert, als auch im Hinblick auf den verfolgten Zweck als sozial unerträglich und damit verwerflich dar.

Exkurs zur Nötigung durch ein anwaltliches Mahnschreiben, vgl. BGH NStZ 2014, 149 m. Anm. *Bosch* JK 4/2014, StGB § 240/26: Der Angeklagte hatte aufgrund fiktiver Forderungen Lastschriften erstellt und Kunden, die eine Rücklastschrift in Auftrag gaben, ein anwaltliches Mahnschreiben mit dem Vorbehalt der Erstattung einer Strafanzeige im Falle der Nichtzahlung zukommen lassen. Das Inaussichtstellen der Strafanzeige stellt ein Übel dar, da aus einem Ermittlungsverfahren nachteilige Folgen erwachsen können. Auch die Tatsache, dass das Übel von Dritten verwirklicht werden soll ist unschädlich, wenn der Täter die Vorstellung erweckt, er könne den Dritten in der angekündigten Richtung beeinflussen. Empfindlich ist ein Übel, wenn der in Aussicht gestellte Nachteil so erheblich ist, dass seine Ankündigung den Bedrohten im Sinne des Täterverlangens motivieren kann, wozu eine Strafanzeige im Grundsatz geeignet ist. Eine Ausnahme wäre nur dann gegeben, wenn von dem Bedrohten in seiner Lage erwartet werden kann, dass er der Drohung „in besonnener Selbstbehauptung standhält".

Erg.: F ist strafbar wegen Betrugs und vorsätzlicher Körperverletzung in Tateinheit mit Nötigung.

B. Strafbarkeit des Egolf (E)

I. Eine vorsätzliche Körperverletzung nach **§ 223 StGB an K** liegt vor.

II. §§ 223, 224 I Nr. 2 an A

1. Vollendung ist nicht eingetreten, da A weder körperlich misshandelt noch an der Gesundheit geschädigt wurde. Die Strafbarkeit des Versuchs ergibt sich aus den §§ 223 II, 224 II StGB.

2. E müsste vorbehaltlosen Tatentschluss gefasst, dh Vorsatz bzgl. der körperlichen Misshandlung des A gebildet haben.

E stach mit dem Messer in Richtung des Kopfes des A, um diesen an seiner Hilfeleistung zu hindern. Allerdings lässt sich dem Sachverhalt nicht zuverlässig entnehmen, dass er dabei auch Körperverletzungsvorsatz hatte, da sich dort nur die Feststellung findet, E wollte den A hierdurch von dessen Hilfeleistung abhalten. In dubio pro reo ist deshalb davon auszugehen, dass E keinen Vorsatz hatte, die körperliche Unversehrtheit des A zu beeinträchtigen.

III. Jedenfalls erfüllt ist aber **§ 240 I, II StGB**, da E durch seinen Messerhieb dem A konkludent drohte, ihn an Leib oder Leben zu verletzen, woraufhin dieser seine Absicht, dem K Hilfe zu leisten, aufgegeben hat.

Erg.: E ist strafbar wegen vorsätzlicher Körperverletzung in Tateinheit mit Nötigung.

Nach BGH NStZ 2016, 727 soll für die Abgrenzung zwischen Trickdiebstahl und Betrug neben dem äußeren Erscheinungsbild des Tatgeschehens *die Willensrichtung des Getäuschten* maßgebend sein. Im zu entscheidenden Fall hatte der Täter das Opfer gebeten, ihm sein Mobiltelefon für ein Telefonat zur Verfügung zu stellen. Das Opfer übergab das Gerät in der Annahme, es nach dem Telefonat zurückzuerhalten. Der Täter entfernte sich später wie von Anfang an geplant mit dem Telefon. Während das Tatgericht von einem Betrug ausging, wurde der Schuldspruch durch den BGH zu Recht auf die Begehung eines Diebstahls geändert. Denn das Opfer hatte kein Verfügungsbewusstsein den Gewahrsam an seinem Mobiltelefon (vollständig) aufzugeben. **18**

Der Heranziehung eines weiteren Kriteriums der Willensrichtung des Getäuschten, und damit eines *Verfügungswillens*, bedurfte es hierzu allerdings nicht. Vielmehr liegt ein typischer Fall der Gewahrsamslockerung vor, nur mit dem Unterschied, dass dieser eine Täuschung des Täters vorausging. Die Übergabe des Mobiltelefons stellt deshalb mangels Unmittelbarkeit bereits objektiv keine Vermögensverfügung dar, weil der Täter den fortbestehenden Gewahrsam noch brechen musste. **19**

2. Gewahrsamsstadien und -sphären

20 Bestehen keine Gewahrsamsverhältnisse an einer Sache, scheidet eine Wegnahme denknotwendig aus und es kommt nur eine Unterschlagung in Betracht (vgl. Rn. 1). Derartige Konstellationen entstehen insbesondere dadurch, dass bestehender Gewahrsam bewusst aufgegeben wird oder Sachen außerhalb des räumlich umgrenzten Herrschaftsbereichs des Gewahrsamsinhabers **verloren** gehen (BGH NStZ 2021, 42); in beiden Fällen hat der ursprüngliche Gewahrsamsinhaber (nach den auch insoweit nach der Rspr. für die Beurteilung maßgeblichen Anschauungen des täglichen Lebens) keine Einwirkunsmöglichkeiten mehr auf die Sache (BGH NStZ 2020, 483 m. Bespr. *Hecker* JuS 2020, 1083 und *Kudlich* JA 2020, 865).

21 Demgegenüber stellt eine **Gewahrsamslockerung** aufgrund des sozial-normativen Gewahrsamsbegriffs der hM noch keine Aufgabe von Gewahrsam dar. Zu dieser Fallgruppe fortbestehenden Gewahrsams gehören Fälle, in denen die Einwirkungsmöglichkeit nach der Verkehrsanschauung bestehen bleibt, obwohl ein unmittelbarer Zugriff auf die Sache nicht besteht. Praktischer Anwendungsfall sind außerhalb eines Ladenlokals aufgestellte Warenschütten. Auch **vergessene** Sachen werden nicht ohne weiteres gewahrsamslos. Erinnert sich der Vergessende an den Ort des Abhandenkommens, kann er Gewahrsamsinhaber bleiben. Dies gilt stets, wenn die Sachen innerhalb der eigenen Gewahrsamssphäre abhandengekommen sind. Bei Abhandenkommen außerhalb der eigenen Gewahrsamssphäre (bspw. im Ladengeschäft oder einem Taxi) erlangt der Sphäreninhaber (hier der Ladeninhaber oder Taxifahrer) aufgrund seines generellen Herrschaftswillens Mitgewahrsam, Alleingewahrsam, wenn sich der ursprüngliche Gewahrsamsinhaber nicht mehr an den Ort des Verlustes erinnert oder die Sache nicht ohne äußere Hindernisse zurückerlangen kann (Sch/Sch/*Bosch* § 242 Rn. 28).

22 **Fall 3:** Hausfrau Herta (H) wartet beim Metzger ihres Vertrauens auf Bedienung, als sie bemerkt, wie die Kundin Kunigunde (K) nach dem Bezahlen ihren Geldbeutel an der Kasse liegen lässt und den Laden verlässt. Nachdem H bedient wurde und gerade im Begriff war das Ladengeschäft zu verlassen, spricht sie die Verkäuferin Veronika (V) darauf an, sie solle ihren Geldbeutel (der in Wahrheit der K gehört) nicht vergessen. Geistesgegenwärtig greift H nach dem Geldbeutel der K, bedankt sich bei V mit einem Lächeln und verlässt das Geschäft. Wie hat sich H strafbar gemacht?

Strafbarkeit der Herta (H)

I. § 263 I StGB

1. Indem die H den Geldbeutel der K mitnimmt, bringt sie konkludent zum Ausdruck, dass ihr dieser zustehe. Sie täuscht damit über die Tatsache des Eigentums am Geldbeutel. Zwar wurde die Situation überhaupt erst durch die fälschliche Zuordnung des Geldbeutels der K zur H geschaffen. Anders als im Falle eines Schwarzfahrers, der nicht auf die Frage „noch jemand zugestiegen?" reagiert, bestärkt die H den bestehenden Irrtum der V, indem sie aktiv am Erhalt dieses Irrtums mitwirkt.

2. V befindet sich in einem Irrtum, da ihre Vorstellung (Zuordnung zu H) und die Realität (Eigentum der K) auseinanderfallen.

3. V müsste weiterhin über fremdes Vermögen verfügt haben. Eine Vermögensverfügung ist jedes freiwillige Tun, Dulden oder Unterlassen, das sich unmittelbar vermögensmindernd auswirkt. V gab den Geldbeutel, der nach dem Verlassen des Ladens durch die K in den Gewahrsam des Ladeninhabers übergegangen ist, frei, indem sie die Mitnahme durch die H zuließ. Damit verfügte sie über den Gewahrsam am Geldbeutel.

a) Das Vergessen einer Sache an einem bekannten Ort beseitigt den Gewahrsam nicht. Allerdings erwirbt der Inhaber der Gewahrsamssphäre Mitgewahrsam, da von einem generellen Herrschaftswillen bezüglich aller in seinem Herrschaftsbereich vergessenen Sachen auszugehen ist. Werden Sachen innerhalb der eigenen Gewahrsamssphäre verlegt oder versteckt, beseitigt dies den Gewahrsam nicht.

b) Nach der hM ist jedoch zur Abgrenzung des Trickbetrugs vom Diebstahl in mittelbarer Täterschaft (Fremdschädigungsdelikt) überdies ein **Verfügungsbewusstsein** erforderlich. Hieran fehlt es. Die V ordnete den Geldbeutel der H zu. Sie ging daher von einer Situation aus, in der H Gewahrsam an dem Geldbeutel hatte, da sie diesen in der Vorstellung der V nur für den Bezahlvorgang auf den Tresen gelegt hatte. Tatsächlich ist der Gewahrsam an der vergessenen Sache aber auf den Ladeninhaber übergegangen. Dies war V nicht bewusst.

Da es bei einem Forderungsbetrug keine Abgrenzungsschwierigkeiten zum Diebstahl geben kann (eine Forderung ist keine fremde bewegliche Sache, kann daher nicht taugliches Tatobjekt eines Diebstahls sein), ist ein Verfügungsbewusstsein insoweit nicht erforderlich. Relevant wird dies insbesondere bei einer Verfügung durch Nichtgeltendmachung eines Anspruchs.

II. § 242 I StGB

1. Die H hat fremden Gewahrsam gebrochen, weil der Gewahrsamswechsel (vom Metzger auf die H) sich ohne den Willen der V vollzog. Mit dem Einstecken des Geldbeutels ist der Diebstahl auch bereits in der fremden Gewahrsamssphäre vollendet, da die Verkehrsauffassung von diesem Zeitpunkt an der H den Gewahrsam aufgrund der Annahme einer sog. Gewahrsamsenklave zuordnet.

2. H nahm es zumindest billigend in Kauf, die K dauernd zu enteignen und wollte sich den Geldbeutel wenigstens vorübergehend aneignen. Die Zueignung ist auch rechtswidrig, da H keinen Anspruch auf den Geldbeutel hatte und dies auch wusste.

3. Die ebenfalls verwirklichte Unterschlagung tritt als formell subsidiär, vgl. § 246 I StGB zurück.

Ergänzung Verfügungsbewusstsein: Der Täter versteckt in einem Selbstbedienungsladen ein Überraschungsei (Ü-Ei) in einer Kaffeekapselpackung und bezahlt an der Kasse nur diese.

I. § 263 I StGB am Ü-Ei

1. Konkludente Täuschung über die tatsächlich stattfindende Gewahrsamsübertragung am Ü-Ei.

2. Irrtum allenfalls unter Annahme eines sachgedanklichen Mitbewusstseins.

3. Allerdings keine Vermögensverfügung, da nur über etwas verfügt werden kann, von dessen Existenz man weiß. Die Kassiererin konnte aber, weil das Ü-Ei in der Verpackung versteckt war, dessen Existenz gar nicht erkennen. Auch muss sie sich bei einem Kauf von Kaffeekapseln über zusätzliche Gegenstände keine Gedanken machen.

Etwas Anderes soll nach einer aA in dem Fall gelten, in dem der Käufer eines Winkelschleifers in die Packung nicht enthaltene Trennscheiben legt und an der Kasse nur den Winkelschleifer bezahlt, weil in diesem Fall die Verkäuferin den Gewahrsam übertragen wollte, ohne nach Zubehörteilen zu differenzieren (OLG Düsseldorf NJW 1988, 922). Dies gilt beim Kauf von Kaffee und einem versteckten Ü-Ei gerade nicht, als diese beziehungslos nebeneinanderstehen und deshalb das Ü-Ei der Kassiererin gerade verborgen blieb (vgl. auch BGHSt 41, 198). Auch führte diese nicht überzeugende Auffassung letztlich dazu, allein auf die Vermögensrelevanz des Gesamtvorgangs abzustellen, was aber dem Erfordernis eines Verfügungsbewusstseins widerspricht, das sich beim Besitzbetrug gerade auf die konkrete Sache richten muss. Sind die beiden Waren wie in einem Fall des OLG Karlsruhe (bei *Hecker* JuS 2019, 819) hingegen offen sichtbar, besteht an der Annahme eines Verfügungsbewusstseins kein Zweifel.

II. § 242 I StGB am Ü-Ei

1. Wegnahme einer fremden beweglichen Sache.

a) Unabhängig davon, ob der Verkäufer Eigentum an den Waren erwirbt oder diese lediglich unter verlängertem Eigentumsvorbehalt verkauft, standen diese im Eigentum eines anderen.

b) Das Ü-Ei wurde auch gegen, bzw. besser gesagt, ohne den Willen der verfügungsbefugten Kassiererin (s.o.) weggenommen. Ursprünglich hatte der Marktinhaber Gewahrsam am Ü Ei, nach Verlassen des Kassenbereichs der Täter. Der Gewahrsamswechsel geschah schließlich ohne Einverständnis der Kassiererin, da diese von der Existenz des versteckten Ü-Ei's nichts wusste.

2. Der Täter handelte vorsätzlich und in der Absicht, sich das Ü-Ei zuzueignen.

Besondere Bedeutung erlangt der Gewahrsamsübergang in **Selbstbedienungsläden**. Die Verkehrsauffassung ordnet dem Ladeninhaber grundsätzlich den Gewahrsam an allen in seinem Herrschaftsbereich befindlichen Gegenständen zu, was selbst dann gilt, wenn er keinerlei Kontrollen des Warenbestandes durchführt (BGH wistra 2015, 272). Bei Bedienung durch einen Kassierer wird, wie im vorhergehenden Fall, regelmäßig das Verfügungsbewusstsein des Kassierers den Ausschlag für oder gegen einen Gewahrsamsbruch geben. Eine interessante Variante hierzu eröffnen Selbstbedienungskassen. 23

Fall 4 (nach OLG Hamm wistra 2014, 36): Tim (T) nahm sich im Einkaufsmarkt „Real" einen „Playboy" für 5 Euro aus dem Regal. An der Selbstbedienungskasse (eine Kassiererin ist in dieser Form des Selbstbedienungsladens nicht vorhanden, die Kunden müssen selbst ihre Ware einscannen) scannte er nicht den auf dem „Playboy" befindlichen Strichcode (sog. EAN), sondern einen zuvor von der „WAZ" ausgerissenen Strichcode. Die Kasse gab einen Zahlbetrag von 1,20 Euro an, den der T auch bezahlte. Strafbarkeit des T? 24

Strafbarkeit des Tim (T)

I. § 263a StGB am „Playboy"

1. Tathandlung

a) Unrichtige Gestaltung des Programms (Var. 1):

Erfasst ist nur das Neuschreiben, Verändern oder Löschen ganzer Programme. T benutzt lediglich die Scannerkasse mit einem nicht zum Kaufgegenstand gehörenden Code.

b) Verwendung unrichtiger oder unvollständiger Daten (Var. 2):

Zwar hat T Daten verwendet, indem er diese eingescannt hat. Allerdings sind diese nicht objektiv unzutreffend oder geben den Sachverhalt nicht richtig wieder. Die Kasse liest vielmehr den Strichcode der „WAZ" ordnungsgemäß und zeigt den zutreffenden Preis an. Die Verwendung selbst braucht bei Var. 2 gerade nicht unbefugt zu sein.

c) Unbefugte Verwendung von Daten (Var. 3):

Die Auslegung des Merkmals „unbefugt" ist umstritten.

aa) Nach einer subjektivierenden Auslegung ist unbefugt diejenige Verwendung, die dem (mutmaßlichen) Willen des Automatenaufstellers/Verfügungsberechtigten widerspricht. Die Verwendung eines falschen Strichcodes ist nicht im Interesse des Marktinhabers, der durch die neuartige Form der Kassengestaltung nur Personal sparen möchte, dabei aber eine ordnungsgemäße Bedienung der Kassen seitens der Kunden voraussetzt (gegen diese Ansicht BGH NStZ 2016, 149).

bb) Nach einer computerspezifischen Auslegung liegt keine ordnungswidrige Einwirkung auf den Datenverarbeitungsvorgang vor. T hat den Scanvorgang selbst nicht beeinflusst, sondern die Kasse nur mit falschen Informationen gefüttert.

cc) Auch nach der herrschenden betrugsspezifischen Auslegung erfolgt die Verwendung der Daten nicht unbefugt. Hintergrund dieser Auffassung ist, dass die Bedeutung des § 263a StGB aus der Automatisierung des Geschäftsverkehrs resultiert. Nur dies solle durch § 263a StGB ausgeglichen werden, weshalb dieser wegen seiner systematischen Nähe zu § 263 StGB betrugsspezifisch auszulegen sei. Maßgeblich ist danach, ob eine hypothetische natürliche Person, die an Stelle des Automaten gedacht wird, getäuscht würde, wobei innerhalb dieser Ansicht umstritten ist, ob diese natürliche Person idealtypisch zu verstehen ist und deshalb umfassend prüft oder nur die Informationen abgleicht, die auch der Automat einer Prüfung unterzieht. Das Lesegerät einer Scannerkasse zeigt ausschließlich den in dem Strichcode festgelegten Kaufpreis an, ohne zu prüfen, ob die dem Strichcode zugewiesene Ware bezahlt oder mitgenommen wird.

Standardargumente der hM: Die subjektivierende Auffassung sei zu weit, da sie letztlich dazu führe, dass eine bloße schuldrechtliche Verpflichtung sanktioniert würde. Die computerspezifische Ansicht sei hingegen zu eng, wodurch auch solche Fälle ausgeschieden werden, für deren Erfassung die Var. 3 des § 263a StGB eigens geschaffen wurde (vgl. *Fischer* § 263a Rn. 10a).

d) Sonst unbefugte Einwirkung auf den Ablauf (Var. 4):

Das Einscannen des Strichcodes beinhaltet kein Einwirken auf den Ablauf, dh auf das Programm oder den Datenfluss.

2. Jedenfalls ist kein Taterfolg in Form der Beeinflussung des Ergebnisses des Datenverarbeitungsvorgangs eingetreten.

a) Nach der hM muss nicht zwingend ein in Gang befindlicher Datenverarbeitungsvorgang beeinflusst werden (hierfür scheint der Wortlaut zu sprechen, der von einer Beeinflussung des „Ergebnisses" spricht), sondern es genügt, wenn der Vorgang erst gestartet wird. Begründen lässt sich dies damit, dass das In-Gang-Setzen die stärkste Form der Beeinflussung eines Ergebnisses darstellt.

b) *Fischer* § 263a Rn. 20: „In der Entsprechung zu § 263 tritt die Beeinflussung des Ergebnisses des DV-Vorgangs als Zwischenerfolg aller Tathandlungen an die Stelle der (irrtumsbedingten) Vermögensverfügung; erforderlich ist daher, dass die Manipulation des Vorgangs **unmittelbar** (Anm.: dh ohne weitere Zwischenhandlungen des Täters, des Opfers oder eines Dritten) eine vermögensrelevante Disposition des Computers verursacht".

Die Kasse scannt lediglich den Strichcode und weist den zu zahlenden Kaufpreis aus. Der Kunde nimmt im Anschluss selbst die Ware an sich und verlässt den Laden. Erst hierin ist die unmittelbare Vermögensminderung zu sehen, weil die Zugriffsmöglichkeit des Ladeninhabers schwindet. Diese Möglichkeit der Mitnahme wurde durch den Datenverarbeitungsvorgang aber weder ermöglicht noch erleichtert.

II. § 242 I StGB

1. Der „Playboy" war zum Zeitpunkt des Gewahrsamsbruchs noch fremd, da die dingliche Übereignungserklärung des Ladeninhabers unter der rechtlichen Bedingung der ordnungsgemäßen Benutzung des Kassensystems steht.

2. Der Gewahrsam des Ladeninhabers wurde auch durch T gebrochen. Zwar bestand ein Einverständnis des Ladeninhabers in den Gewahrsamsübergang, welches als Realakt bedingungsfeindlich ist. Allerdings ist die *äußerlich erkennbare* Bedingung der ordnungsgemäßen Benutzung zulässig (s. bereits Rn. 14). Hiergegen wurde verstoßen, weil nicht der zum Produkt gehörige Strichcode vom Kunden eingescannt wurde. In diesem Fall besteht kein Einverständnis des Ladeninhabers in den Übergang des Gewahrsams.

3. T handelte vorsätzlich und in der Absicht rechtswidriger Zueignung.

4. T handelte rechtswidrig und schuldhaft.

Erg.: T hat sich eines Diebstahls schuldig gemacht.

III. § 263a StGB bzgl. der Forderung des Ladeninhabers durch eine Fehlbuchung in der Kasse.

Die Nichtgeltendmachung einer Forderung auf Kaufpreiszahlung ist nicht konstruierbar, weil der Kaufvertrag über den „Playboy" überhaupt nicht zustande gekommen ist. Die Verfügung über den Herausgabeanspruch stellt ebenfalls keine taugliche Grundlage dar, weil durch das Unterlassen dessen Geltendmachung nichts aus dem Vermögen des Ladeninhabers entlassen wird, was nicht bereits durch den Diebstahl genommen wurde.

IV. § 123 StGB

Der Ladeninhaber hat eine generelle Zutrittserlaubnis für seinen Herrschaftsbereich erteilt. Nur wenn das äußere Erscheinungsbild des Betretens nicht auf eine Kundeneigenschaft des Betretenden schließen lässt, ist das Betreten nicht von seinem Einverständnis gedeckt. Da die Absicht zu stehlen nicht von außen erkennbar ist, hat T die Ladenräume mit dem Einverständnis des Ladeninhabers betreten.

V. §§ 274 I Nr. 1, 303 I StGB an der „WAZ"

Der Sachverhalt ist insoweit offen, da dieser keine eindeutigen Feststellungen dazu enthält, ob T den Strichcode mitgebracht oder im Laden von einer dort ausliegenden Zeitschrift abgerissen hat.

Wenn letzteres der Fall sein sollte: Der Strichcode an der „WAZ", der den Preis ausweist, bildet mit dieser eine zusammengesetzten Urkunde (ähnlich wie das Preisschild an einer Ware, vgl. OLG Karlsruhe bei *Hecker* JuS 2019, 819). Diese wurde vernichtet, weil der räumlich feste Zusammenhang aufgehoben wurde.

Legt der Täter den falschen über den richtigen Strichcode oder befestigt den von einer anderen Ware abgerissenen Strichcode lose an der anderen Ware, kommt eine Urkundenfälschung (§ 267 I StGB) durch Herstellen einer zusammengesetzten unechten Urkunde indes nicht in Betracht, da es an der hierfür erforderlichen räumlich festen Verbindung fehlt (vgl. BT/1 Rn. 210).

Im Folgenden werden weitere, weniger häufige Gewahrsamskonstellationen aufgezeigt:

- Auch *Schlafende* oder *Bewusstlose* verlieren nach der hM den Gewahrsam an ihren Sachen nicht. Die Begründung ist in der sozialnormativen Komponente der herrschenden Vermittlungslehre zu suchen, wenn die Verkehrsauffassung auch diesen Personen weiterhin den Sachgewahrsam zuordnet. Erst der Todeseintritt vor Wiedererlangung des Bewusstseins führt zum Entfallen des Gewahrsams (BGH NStZ 2010, 33), weil in diesem Zeitpunkt die tatsächliche Einwirkungsmöglichkeit des Inhabers der Sachherrschaft verloren geht (BGH NStZ 2021, 42). **25**
- Da es für den Sachherrschaftswillen nicht auf die Geschäftsfähigkeit ankommt, sondern ein natürlicher Wille genügt, wird auch bspw. *Kindern* oder *Geisteskranken* Sachgewahrsam zugeordnet, mitsamt der Fähigkeit, den für ein Einverständnis erforderlichen natürlichen Willen in den Gewahrsamsübergang zu bilden (*Wessels/Hillenkamp/Schuhr* Rn. 119). **26**
- *Gestufte Gewahrsamsverhältnisse/Mitgewahrsam:* Haben mehrere Personen Gewahrsam an einer Sache, kann nach hM zwischen gestuften Gewahrsamsverhältnissen und Mitgewahrsam unterschieden werden. Während in gestuften Gewahrsamsverhältnissen nur der untergeordnete gegenüber dem übergeordneten Gewahrsamsinhaber einen Gewahrsamsbruch vornehmen kann (nicht aber umgekehrt), genügt für eine Wegnahme bei gleichrangigen Gewahrsamsverhältnissen der Bruch fremden Mitgewahrsams durch einen Mitgewahrsamsinhaber. Entgegen dem Raum, der dieser Problematik typischerweise in Lehrbüchern eingeräumt wird, lässt sich die Fragestellung regelmäßig auf die Feststellung von Allein- oder Mitgewahrsam des Täters reduzieren. Ihre Antwort weist die Richtung, ob Diebstahl oder Unterschlagung vorliegen. Insbesondere bei Kassierern (Beurteilungskriterium: Wer trägt die Verantwortung für den Inhalt der Kasse?) und LKW-Fahrern (Beurteilungsmaßstab: Vorgegebene bzw. kürzere Route?) tritt die Problematik zu Tage. Aktuell hierzu BGH wistra 2015, 272: Ein Mitarbeiter eines DB-Shops, der dort vorgehaltene Blankofahrscheine entwendet, bricht den Gewahrsam seines Arbeitgebers und BGH NStZ-RR 2018, 108 m. Bespr. *Jäger* JA 2018, 390: Ein allein für die Kasse zuständiger Angestellter hat Alleingewahrsam am Kasseninhalt; ein Kontroll- und Weisungsrecht begründet nicht ohne Weiteres Mitgewahrsam des Dienstherrn. **27**

3. Vollendung der Wegnahme

Mit Begründung neuen Gewahrsams tritt **Deliktsvollendung** ein. Der tatsächliche Eintritt der Zueignung der Sache ist hingegen nicht erforderlich, weil der Tatbestand lediglich Zueignungsabsicht verlangt **28** (sog. überschießende Innentendenz). Relevant wird die tatsächliche Zueignung nach der zu § 78a StGB entwickelten Beendigungsdoktrin der hM jedoch für den von der Deliktsvollendung zu scheidenden Zeitpunkt der *Tatbeendigung*. Neben dem Verjährungsbeginn markiert dieser Zeitpunkt zugleich den Abschluss für die Möglichkeit nachträglicher Tatbeteiligung im Wege der Figuren der sukzessiven Beihilfe und der sukzessiven Mittäterschaft. Auch für das Bei-sich-Führen nach § 243 I 2 Nr. 1 StGB stellt dieser Moment die zeitliche Obergrenze dar.

29 Eine **Beobachtung** der Tat schließt deren Vollendung regelmäßig nicht aus. Als Standardargument wird stets die redundante Wendung, der Diebstahl sei kein heimliches Delikt, angeführt (BGH NStZ 2011, 158); der Diebstahl ist aber deshalb kein heimliches Delikt, weil es allein auf die Gewahrsamsneubegründung ankommt und er infolgedessen bei deren Vorliegen auch unter Beobachtung begangen werden kann. Nur ein Versuch soll demgegenüber gegeben sein, wenn bei der Ansichnahme ein *von der Polizei* beobachteter Dieb von vornherein keine Chance hat, die Beute zu bergen. Die zweifelhafte Begründung dieser Ausnahme stellt darauf ab, dass der Gewahrsamsinhaber sein Einverständnis in den Sachherrschaftswechsel erklärt habe, um eine Überführung des Diebes zu ermöglichen (vgl. auch BGH NJW 2017, 1186). Tatsächlich dürfte das kriminalpolitische Argument des durch die provozierte Tat geminderten Unrechts hinter dieser inkonsistenten Ausnahme stehen.

30 Bereits innerhalb einer fremden Gewahrsamssphäre (Bsp.: Ladengeschäft, fremde Wohnung) ist Vollendung bei handlichen Gegenständen möglich, wenn diese in eine sog. **Gewahrsamsenklave** (Körpernahsphäre) verbracht werden (BGH NStZ 2020, 417), also nicht bei sperrigen Gegenständen oder solchen, die sich vor Passieren des Kassenbereichs noch im Einkaufskorb befinden (vgl. dazu BGH BeckRS 2014, 19718: Beladen eines Transporters). Hintergrund ist, dass der Zugriff des Berechtigten ein Übergriff in eine fremde Tabusphäre wäre. Die von der hM bemühte Sphärentheorie führt damit zu einer Vorverlagerung der Strafbarkeit, mit der Folge, dass ein Abstandnehmen von der Tat, indem etwa der Täter die Sache vor Verlassen der fremden Herrschaftssphäre zurückgibt, nicht zur Strafaufhebung aufgrund Rücktritts führt; Berücksichtigung kann dieser Umstand dann nur iRd Strafzumessung finden. Wann eine solche Gewahrsamsenklave vorliegt, ist indes aufgrund des normativen Entscheidungsmaßstabs der Verkehrsanschauung stets eine begründungsbedürftige Einzelfallentscheidung. Die von der Rspr. hierbei erzielten Ergebnisse sind deshalb auch wenig vorhersehbar, wenn das Einstecken von sechs Flaschen Whiskey in zwei mitgebrachten Tüten nicht genügt (BGH NStZ-RR 2013, 276), wohl aber das Einstecken von vier Flaschen Jägermeister in eine Sporttasche (BGH NStZ 2019, 613 m. Bespr. *Hecker* JuS 2019, 723 und *Kudlich* JA 2019, 470).

Bleibt man beim Tatobjekt handlicher Gegenstände, verlässt aber die fremde Herrschaftssphäre, soll ausnahmsweise bereits das **Ergreifen** und Festhalten des Tatobjekts zur Vollendung des Delikts ausreichen, wenn der Berechtigte seine ungehinderte Verfügungsgewalt nur noch gegen den Willen des Täters und unter Anwendung von körperlicher Gewalt wiederherstellen könnte (BGH NStZ 2011, 36: Täter ließ sich vom Opfer dessen Handy übergeben und fasst sodann den Entschluss dieses zu behalten). Legitimieren lässt sich dies jedoch nicht mit der normativen Sicht der hM, nach welcher allenfalls von einer Gewahrsamslockerung des ursprünglichen Gewahrsamsinhabers auszugehen wäre (so auch BGH NStZ 2020, 417), sondern allein mit der Erwägung, dass der Täter ab diesem Zeitpunkt eine stärkere Herrschaftsposition über die Sache ausübt als der ursprüngliche Gewahrsamsinhaber. 31

III. Subjektiver Tatbestand

Der subjektive Tatbestand erfordert **Vorsatz** (§ 15 StGB) bzgl. aller objektiven Tatbestandsmerkmale, bedingter genügt, sowie (als überschießende Innentendenz, vgl. Rn. 35 ff.) **Zueignungsabsicht**. Ebenfalls im subjektiven Tatbestand zu prüfen ist die (objektive) **Rechtswidrigkeit der Zueigung**, sowie der sich hierauf beziehende Tätervorsatz. 32

Die Fremdheit der Sache markiert ein *normatives Tatbestandsmerkmal*, so dass nicht erforderlich ist, dass der Täter den juristischen Wertungsakt zutreffend (nach-)vollzieht. Vielmehr genügt im Wege einer Parallelwertung in der Laiensphäre Tatumstandskenntnis, dh die Kenntnis der dem Wertungsakt zugrundeliegenden Tatsachen. Bezieht sich der Vorsatz nur auf einen bestimmten, vom Täter vermuteten, Inhalt eines Behältnisses, nicht aber auf den tatsächlichen Inhalt, liegt nur ein Versuch hinsichtlich des vorgestellten Inhalts vor. Dogmatisch handelt es sich um eine wesentliche Abweichung des vorgestellten vom tatsächlichen Kausalverlauf. Eine spätere Zueignung des tatsächlichen Inhalts kann aber eine Unterschlagung sein (BGH StV 2013, 440, sowie ausführlich Fall 11, Rn. 119). Eine unwesentliche Abweichung vom Tatplan soll aber dann vorliegen, wenn der Täter von Anfang an vorhatte Geld zu entwenden und sich nur der Betrag ändert (BGH NStZ-RR 2019, 311: Täter entwendet 50 Euro aus einer Geldbörse, statt 300.000 Euro aus einem Tresor, vgl. dazu Rn. 122). 33

Nimmt der Täter irrtümlich an, er sei selbst Eigentümer (wie in dem klassischen Lehrbuchfall des aus einem Schirmständer entnommenen Schirms), fehlt es ebenso am Vorsatz, wie wenn er annimmt, der Berechtigte sei mit der Wegnahme einverstanden. Hält der Täter die 34 eigene Sache hingegen irrtümlich für eine fremde (etwa wenn der Täter einen fremden Schirm aus obigem Schirmständer entnehmen will, aber seinen eigenen erwischt), liegt ein (untauglicher) Versuch vor.

1. Zueignungsabsicht

35 Die Zueignungsabsicht schlüsselt sich auf in die Erfordernisse von **dolus eventualis** bzgl. einer **dauernden Enteignung** und **dolus directus 1. Grades** bzgl. einer **wenigstens vorübergehenden Aneignung**.

36 Der Bezugspunkt der Zueignung ist dabei seit langem umstritten. In der Sache (!) geht es darum, ob der Gegenstand selbst (etwa der aus einem Ausstellungsraum gestohlene Neuwagen) oder der in ihr verkörperte spezifische Wert (der Listenpreis des Neuwagens) Gegenstand der Zueignung ist. Anlass der Diskussion ist damit die Abgrenzung des Diebstahls von Gebrauchsanmaßungen (§ 248b StGB), Sachentziehungen und Sachbeschädigungen (§ 303 StGB) und mittelbar die Umfangsbestimmung des geschützten Rechtsguts.

37 Nach der Vereinigungstheorie (hM) setzt die Zueignung voraus, dass entweder die Sache selbst oder der in ihr verkörperte Wert dem Vermögen des Berechtigten dauerhaft entzogen und dem des Nichtberechtigten zumindest vorübergehend einverleibt wird (BGHSt 35, 152).

38 Relevant wird die Frage regelmäßig, wenn der Täter einen Gegenstand nur für eine bestimmte Zeitspanne entwendet, innerhalb derer er sich die dem Gegenstand innewohnende „Funktion" verschafft hat. Konkret: Entwendet der Täter ein *Sparbuch*, um von diesem Geld abzuheben, ist er nach hM auch dann eines Diebstahls schuldig, wenn er das Sparbuch als solches nach der Abhebung in den Gewahrsam des Berechtigten zurückgelangen lässt. Etwas anderes soll gelten, wenn anstelle des Sparbuchs eine *EC-Karte* tritt, weil die Karte selbst (Sachsubstanz) in den Gewahrsam des Berechtigten zurückgeführt wird und diese im Unterschied zum Sparbuch kein qualifiziertes Legitimationspapier, sondern lediglich Automatenschlüssel sei und damit nicht den dahinterstehenden Wert (Sachwert) verkörpere (*Wessels/Hillenkamp/Schuhr* Rn. 174 ff., 177 ff.). Es fehlt damit am Enteignungsvorsatz.

39 Praxisrelevanz hat die Frage zuletzt (tatsächlich) bei der Entwendung von Pfandflaschen erlangt (BGHSt 63, 215 m. Bespr. *Eisele* JuS 2019, 178 und *Kudlich* JA 2019, 152). Ein Täter hatte auf dem Gelände eines Getränkehandels Pfandflaschen entwendet, um diese gegen Erstattung des Pfandgelds ebendort wieder abzugeben. Neben – für die Eigentumsverhältnisse relevanten – Ausführungen zum deutschen

Pfandsystem hat der BGH festgestellt, dass das Pfandgeld nicht den Sachwert der Pfandflaschen darstelle, weil es lediglich als Anreiz zur Rückgabe der Flaschen diene. Allerdings eignet sich der Täter die Pfandflaschen selbst zu, wenn er diese unter Leugnung des Eigentumsrechts des wahren Eigentümers in das Pfandsystem zurückgelangen lassen will, weil er sich dann eine eigenümerähnliche Stellung an dem Leergut anmaßt. Maßgeblich ist dabei die Vorstellung des Täters über die Eigentumsverhältnisse an den entwendeten Flaschen. Dies stimmt im Ergebnis mit der (älteren) Rspr. in den ähnlich gelagerten *Rückverkaufsfällen* (Rn. 161) überein. Diese nimmt sowohl Zueignungsabsicht an, wenn der Täter eine entwendete Sache unter Verheimlichung des Eigentums an den Eigentümer veräußert, als auch wenn er hierdurch die Rückgabeverbindlichkeit diesem gegenüber erfüllt (BGHSt 24, 115). In der ersten Konstellation maßt sich der Täter – wie im Pfandflaschenfall – die Eigentümerstellung an, in der zweiten ließe sich argumentieren, der spezifische Sachwert sei im Verkaufswert der Sache zu sehen (Sch/Sch/*Bosch* § 242 Rn. 50; *Wessels/Hillenkamp/Schuhr* Rn. 173). Anderes gilt jedoch, wenn der Täter eine Sache entwendet, um sie dem (hinsichtlich der Entwendung) ahnungslosen Eigentümer gegen Zahlung eines Finderlohns zurückzugeben, weil der Täter die Eigentumsposition des Opfers weiter anerkennt und der ausgelobte Finderlohn nicht den in der Sache verkörperten Wert darstellt (RGSt 55, 59); in Betracht kommt dann aber § 263 StGB.

Im Falle der Entwendung eines Kfz für eine Spritztour wird aufgrund der Existenz des § 248b StGB und damit in Abgrenzung zur Gebrauchsanmaßung der Enteignungsvorsatz verneint, wenn der Täter das Fahrzeug derart abstellt, dass mit einer Rückerlangung durch den Berechtigten zu rechnen ist. Dem Umstand des Abstellens kommt dabei *indizielle* Bedeutung für den insoweit maßgeblichen *Willen des Täters (im Zeitpunkt der Wegnahme)* zur Rückführung der entwendeten Sache in den Herrschaftsbereich des bisherigen Gewahrsamsinhabers zu (BGH NStZ 2015, 396). In diesem Fall wird der rechtmäßige Zustand unter Wahrung der Eigentumsordnung alsbald wiederhergestellt, womit der Täter zum Ausdruck bringt, dass er sich in der Rolle eines Fremdbesitzers sieht (*Otto* § 40 Rn. 58). 40

Fall 5 (Fall nach BGHSt 59, 260 m. Bespr. *Kudlich* JA 2014, 873): Thilo (T) hatte sich zusammen mit seiner Freundin Frauke (F) bei der Firma Motor Huber (MH) einen PKW VW Touareg V6 TDI gemietet. Die Rückgabe des Fahrzeugs war für den 02.03.2021 vereinbart. Nachdem T sich am 27.02.2021 von F getrennt hatte und deshalb nicht mehr bei ihr übernachten konnte, behielt er den PKW fortan, um darin zu schlafen. Fahrten mit dem PKW unternahm er 41 während dieser Zeit keine. Am 11.04.2021 wurde T wieder von seiner Ehefrau Elisa (E) aufgenommen, weshalb er das Fahrzeug am Morgen des 12.04.2021 zu MH zurückbrachte. Das Unternehmen MH stellte Strafantrag. Strafbarkeit des T?

I. Eine Strafbarkeit wegen Diebstahls nach **§ 242 I StGB** kommt nicht in Betracht, weil der Gewahrsamsübergang in Erfüllung der Pflichten aus dem Mietvertrag mit dem Einverständnis der MH erfolgte. Ebenfalls abzulehnen ist ein Eingehungsbetrug **(§ 263 I StGB**), weil T zum maßgeblichen Zeitpunkt des Abschlusses des Vertrags, ebenso wie in der Erfüllungsphase (Überlassung des Wagens zur Nutzung) Rückführungswillen hatte und deshalb nicht getäuscht hat.

Dass T seinen Rückführungswillen nachträglich verloren hat, wirkt ebensowenig auf den Zeitpunkt des Vertragsschlusses zurück (Fall eines straflosen dolus subsequens), wie T ab dem 27.02. zur Aufklärung über seinen entfallenen Rückführungswillen verpflichtet ist.

II. Ebenso kommt eine Strafbarkeit wegen Unterschlagung nach **§ 246 I StGB** nicht in Betracht. Das schlichte Nutzen des Pkw als Schlafplatz stellt nach außen keine Manifestation des Zueignungswillens dar. Etwas anderes gilt nach der Rspr. nur dann, wenn infolge der Nichtrückgabe der Verbrauch oder eine erhebliche Wertminderung der Sache eintritt (BGHSt 34, 309).

III. § 248b StGB

1. Fraglich ist, ob die Nutzung des Pkw als Schlafplatz als tatbestandliches Ingebrauchnehmen des Fahrzeugs aufgefasst werden kann. Voraussetzung hierfür wäre die zumindest vorübergehende Nutzung des Pkw seinem bestimmungsgemäßen Zweck entsprechend, dh als Fortbewegungsmittel. T hat nach Ablauf der Mietzeit laut den Feststellungen des Sachverhalts nur in dem Fahrzeug übernachtet.

Anders dürfte iÜ auch nicht zu urteilen sein, wenn es sich bei dem Tatobjekt um ein Wohnmobil gehandelt hätte. Dessen bestimmungsgemäßer Zweck ist zwar auch die Wohnnutzung. Diese unterfällt aber nicht dem Schutzzweck der Ausnahmevorschrift des § 248b StGB.

2. Die Fahrt zur Rückgabe des Pkw stellt zwar ein Ingebrauchnehmen dar. Dieses erfolgte aber nicht gegen den (zumindest mutmaßlichen) Willen des Berechtigten, weil MH gerade ein (in der Rückgabeverpflichtung im Mietvertrag dokumentiertes) Interesse daran hatte, den Besitz am Pkw zurückzuerlangen.

Erg.: T bleibt straflos.

An der Voraussetzung, dass der Wille des Täters auf eine Änderung des Bestandes seines Vermögens oder das des Dritten gerichtet sein muss, fehlt es in den Fällen, in denen er die fremde Sache nur wegnimmt, *um sie „zu zerstören", „zu vernichten", „preiszugeben", „wegzuwerfen", „beiseitezuschaffen" oder „zu beschädigen"* (BGH StV 2016, 642; NStZ 2011, 699, sowie BT/1 Rn. 44). Hintergrund dieser Linie, die sich mittlerweile aufgrund zahlreicher Entscheidungen des BGH in den letzten Jahren zur st. Rspr. verfestigt hat, ist wiederum das Bedürfnis, eine sinnvolle Abgrenzung der Zueignungs-, und gleichermaßen der Bereicherungsdelikte, zu den reinen Sachbeschädigungsdelikten zu ermöglichen. Daraus erklärt sich auch, weshalb der Entzug einer Sache, um diese zu konsumieren, Zueignungsabsicht begründet (BGH bei *Kudlich* JA 2015, 471), weil die Täter damit den wirtschaftlichen Wert der Sache erlangen. Folgerichtig wird daher auch der bestimmungsgemäße Verbrauch einer Sache spiegelbildlich nicht als Sachbeschädigung angesehen (*Fischer* § 303 Rn. 12a). Demgegenüber erfolgt die Wegnahme eines Smartphones, um darauf befindliche, kompromittierende Bilder zu löschen oder den Speicher nach Beweisen zu durchsuchen ohne Zueignungsabsicht (BGH NStZ-RR 2015, 371; NStZ 2012, 627), weil dem Opfer hierdurch lediglich kurzzeitig die Nutzungsmöglichkeit an dem Gerät entzogen ist, was eine Gebrauchsanmaßung markiert; dass ihm die gelöschten Daten endgültig entzogen werden ändert hieran nichts, weil diese kein taugliches Tatobjekt des Diebstahls sind (vgl. Rn. 5). 42

2. Rechtswidrigkeit der Zueignung

Die Rechtswidrigkeit der Zueignung ist von der Rechtswidrigkeit der Tathandlung (Wegnahme) zu unterscheiden. Ebenso wie dort indiziert nach der hM die in Zueignungsabsicht vorgenommene Wegnahme die Rechtswidrigkeit der Zueignung; im Anschluss wird sodann die Frage nach Ausschlussgründen gestellt. Die Rechtswidrigkeit der Zueignung entfällt, wenn ein fälliger, einredefreier Anspruch auf die *konkrete* Sache besteht. Während dies bei *Stückschulden* recht unproblematisch festzustellen ist, lässt ein Anspruch auf eine gattungsmäßig bestimmte Sache (*Gattungsschuld*) die Rechtswidrigkeit regelmäßig nicht entfallen, weil dem Schuldner gem. § 243 I BGB ein Recht zur Konkretisierung zusteht. *Geldschulden* werden von der hM als Unterfall der Gattungsschulden betrachtet und ebenso wie diese behandelt. 43

Hiergegen wendet eine mM ein, dass es bei Geld als Wertsummenträger kein schutzwürdiges Interesse des Schuldners an einer konkreten Stückelung gibt 44

(*Wertsummentheorie*). Dagegen spricht jedoch, dass als konsequente Folge dieser Ansicht Geld auch keine Sache, sondern eine Wertsumme wäre, damit aber schon kein taugliches Tatobjekt iSd § 242 StGB vorliegen würde.

45 Die Rechtswidrigkeit der Zueignung stellt ein normatives Merkmal dar, auf welches sich der Vorsatz des Täters beziehen muss. Grundsätzlich genügt zur Bejahung des Tätervorsatzes auch hier wiederum Tatumstandskenntnis. Allerdings hat die Rspr. in täterfreundlicher Weise in das bekannte Gefüge der Irrtümer eingegriffen:

- Glaubt der Täter, der Schuldner müsse ihm die weggenommene Sache übereignen, bezieht sich der Irrtum auf das Tatbestandsmerkmal „rechtswidrig". Der Täter handelt unvorsätzlich, § 16 StGB. Um dem – bei Lichte besehen vorliegenden – strengen Verbotsirrtum zu entgehen, überträgt der BGH dieses Ergebnis (bei Geldschulden im Zweifel) auf den Fall, dass der Täter glaubt, sein Anspruch beziehe sich auf eine bestimmte Sache aus einer Gattung (BGHSt 17, 87).
- Weiß der Täter, dass er keinen Anspruch auf die konkrete Sache hat, glaubt aber, er dürfe seinen Anspruch selbst durchsetzen, liegt ein regelmäßig vermeidbarer Verbotsirrtum vor, § 17 StGB, weil er an einen nicht existenten Rechtfertigungsgrund glaubt.
- Geht der Täter davon aus, die Zueignung sei rechtswidrig, besteht aber tatsächlich ein Anspruch auf die konkrete Sache, scheitert die Vollendung bereits an der Rechtswidrigkeit der Zueignung. Da der Täter sich allerdings eine Situation vorstellt, bei deren tatsächlichem Vorliegen eine Strafbarkeit gegeben wäre, liegt ein untauglicher Versuch vor.

IV. Besonders schwerer Fall des Diebstahls

46 § 243 StGB beherbergt sog. Strafzumessungsregeln in Form von Regelbeispielen. Diese stellen eine *widerlegbare Vermutung* dafür auf, dass der gegebene Beispielsfall (§ 243 I 2 StGB) als besonders schwer anzusehen ist, weshalb die Anwendung eines strengeren Strafrahmens gerechtfertigt ist (*Fischer*, § 243 Rn. 2). Sie sind deshalb im Anschluss an die Schuld des Täters iRd Prüfung des § 242 StGB anzusiedeln. Gesetzgeberischer Hintergrund dieser Regelbeispielsmethode soll sein, dem Rechtsanwender, dh dem Tatgericht, im Vergleich zu einem Qualifikationstatbestand einen größeren Spielraum bei der Frage der Strafzumessung einzuräumen. Denn ebenso wie das Vorliegen der normierten Merkmale nicht zwingend zu einer Strafschärfung führen muss, sondern das Tatgericht aus besonderen Gründen des Sachverhalts ein Abweichen von der Regelwirkung annehmen kann (und damit die Vermutung des Regelbeispiels widerlegt), ist es im umgekehrten Fall auch möglich einen den normierten Konstellationen im Unrechts- und Schuldgehalt vergleichbaren Sachverhalt als sog. *unbenannten besonders schweren Fall* zu erfassen. Auch wenn die in § 243 StGB benannten Regelbeispiele überwiegend objektiv formuliert sind, ist auch hier das Erfordernis eines subjektiven Moments anerkannt (MüKo/*Schmitz* § 243 Rn. 72).

Praxishinweis: Weil § 243 StGB lediglich Strafzumessungsregeln beherbergt, kommt deren Verwirklichung in der Entscheidungsformel nicht zum Ausdruck, diese lautet deshalb lediglich auf Diebstahl; § 243 StGB ist nur bei den angewendeten Strafvorschriften aufzuführen. Für die Assessorklausur bedeutet dies, dass auch im Obersatz lediglich eine Strafbarkeit wegen Diebstahls unter Nennung von § 243 StGB zu diskutieren ist („A könnte sich eines Diebstahls nach §§ 242 Abs. 1, 243 Abs. 1 S. 2 StGB schuldig gemacht haben"). In einem Strafurteil (ebenso wie in einem dieses vorbereitend abbildenden Schlussvortrag) kommt die Norm erst bei der Bestimmung des konkreten Strafrahmens zum Tragen. 47

1. § 243 I 2 Nr. 1 StGB

Geschützte Räumlichkeiten des sog. Einbruchdiebstahls sind Gebäude, Dienst- oder Geschäftsräume oder andere umschlossene (was nicht zugleich verschlossen bedeutet) Räume. Diese sind zunächst dadurch gekennzeichnet, dass sie jedenfalls auch dazu bestimmt sind, von Menschen betreten zu werden (BGH NStZ 2015, 396). Im Gegensatz zum weitergehend durch die Qualifikationen in § 244 I Nr. 3 und IV StGB geschützten Wohnungseinbruchdiebstahl betreffen sie nicht (auch) die Privatsphäre der Bewohner. 48

- **Einbrechen** meint das gewaltsame, nicht notwendig substanzverletzende (§ 303 StGB), Öffnen einer den Zugang hindernden Umschließung (Bsp: Aufbrechen der Eingangstür). Führt die gewaltsame Öffnung zu einer Substanzverletzung an der Tür, steht die hierdurch verwirklichte Sachbeschädigung in Tateinheit zum Diebstahl (BGHSt 63, 253). 49
- **Einsteigen** ist das Hineingelangen auf einem dafür nicht bestimmten Weg (BGH StV 2014, 481), etwa das Betreten eines Gebäudes über eine Terassentür oder ein Fenster, nicht jedoch durch eine zum ordnungsgemäßen Zugang bestimmte Tür (BGHSt 61, 166).
- Unter den Begriff des **falschen Schlüssels** fällt sowohl der unberechtigt nachgemachte Schlüssel, aber auch ein echter Schlüssel, sofern dieser von demjenigen, dem die Verfügungsgewalt über das Gebäude zukommt, entwidmet wurde. In beiden Fällen ist der Schlüssel vom Berechtigten entweder nicht oder nicht mehr *zur*

Öffnung bestimmt. Mangels (Ent-)Widmungsakt ist ein beim Berechtigten in Vergessenheit geratener Schlüssel daher kein falscher Schlüssel (BGH NStZ 2021 167 m. Bespr. *Kudlich* JA 2021, 255). Bei einem Diebstahl oder sonstigem unbefugten Gebrauch des Schlüssels wird demgegenüber ein falscher Schlüssel bereits mit Erlangung der Kenntnis vom Verlust angenommen. Neben mechanisch wirkenden Schlüsseln sind auch elektronische Schlüssel erfasst, wie etwa bei einem sog. Keyless-Go-System bei Kraftfahrzeugen.
- **Anderes nicht zur ordnungsgemäßen Öffnung ...** meint solche Werkzeuge, die *gegen den Schließmechanismus wirken*, also bspw. Dietriche oder (im elektronischen Bereich) Blackboxen, die einen elektronisch wirkenden Schlüssel ersetzen. Nicht erfasst sind damit Störsender, die lediglich verhindern, dass ein vom Schlüssel versandtes Verschlussignal am zu verschließenden Objekt ankommt (BGH NStZ 2018, 212 m. Bespr. *Kudlich* JA 2018, 229), zu denken ist insoweit an einen unbenannten besonders schweren Fall.
- **Sich verborgen halten** bedeutet Verstecken in einer Weise, die den Täter den Blicken arglos Eintretender entzieht. Die Gleichstellung mit den übrigen Fällen erklärt sich daraus, dass sich der Täter durch das Verborgenhalten den Zeitpunkt des geringsten Gewahrsamsschutzes für seine Tat aussuchen kann.

50 **Sonderfall Kfz-Diebstahl:** Neben den bereits oben angesprochenen Besonderheiten liegt Nr. 1 jedenfalls vor, wenn der Täter die Fahrgastzelle aufbricht, um aus dem Kfz zu stehlen, jedoch auch, wenn der Täter den ganzen Pkw stiehlt. Bricht der Täter dagegen nur den Kofferraum auf und stiehlt daraus, handelt es sich um einen Fall der Nr. 2, weil der Kofferraum nicht dazu bestimmt ist, von Menschen betreten zu werden.

51 Bei dem sämtliche Varianten des § 243 I 2 Nr. 1 StGB umwölbenden Merkmal **zur Ausführung der Tat** handelt es sich um ein subjektives Merkmal, das sicherstellen soll, dass der Täter bereits bei Vornahme einer der Einbruchshandlungen Diebstahlsvorsatz hatte. Hieran fehlt es demnach, wenn der Diebstahlsvorsatz erst nach Verwirklichung des Regelbeispiels gefasst wird. Zur Problematik des Vorsatzwechsels, vgl. nachfolgenden

52 **Fall 6:** Thiago (T) verschafft sich Zugang zur Karstadt-Filiale in Bayreuth, indem er die Seitentür der Filiale mit einem mitgeführten Stemmeisen aufbricht. Sein Plan ist es, teure Smartphones zu entwenden, um diese sodann bei eBay zu verkaufen. Allerdings sind die Smartphones, wie T nun feststellen muss, im Safe eingeschlos-

sen, den er nicht öffnen kann, weil ihm hierzu das notwendige Werkzeug fehlt. Kurzentschlossen greift sich T mehrere Videospiele und einen Kaffeevollautomaten, um diese später zu Geld zu machen. Als er gerade dabei ist, den Laden zu verlassen, sieht er den Lichtstrahl einer Taschenlampe auf ihn zukommen und versteckt sich hinter einem Regal. Da er sich nicht sicher ist, ob er entdeckt wurde, schlägt er die Person mit dem Stemmeisen kurzerhand nieder. Es handelte sich dabei um den Einbrecher Eduard (E), der gerade dabei war, den Schmuck des Hauses zu stehlen. T verlässt die Filiale, E wird vom Sicherheitsdienst aufgefunden und der Polizei übergeben. Die Beute versteckt T vorerst in einer nahe gelegenen Tiefgarage. Er bittet seinen Freund Heinrich (H) für ihn den Abtransport zu übernehmen, weil er denkt, die Polizei sei ihm bereits auf der Spur. H kann den Freundschaftsdienst nicht abschlagen und bringt T die Beute. Strafbarkeit von T und H?

Zusatz: Was ändert sich an der Strafbarkeit des H, wenn er auf Bitte des T die geborgenen Gegenstände, gegen entsprechende Vergütung, direkt an den Elektronikhändler Fuchs (F) bringen will, auf dem Weg dorthin aber von der Polizei, die das gesamte Geschehen beobachtet hatte, gestellt wird?

A. Strafbarkeit des Thiago (T)

I. §§ 242 I, 243 I 2 Nr. 1 StGB an den Videospielen und dem Kaffeevollautomaten

Zwar entwendet T mehrere Gegenstände (Videospiele und Kaffeevollautomaten). Deren Wegnahme beruht allerdings auf dem einheitlichen Entschluss, möglichst Wertvolles zu stehlen. Es liegt ein Fall der natürlichen Handlungseinheit vor.

1. Wegnahme einer fremden beweglichen Sache

Spätestens mit Verlassen der Filiale hat T gegen den Willen des Ladeninhabers neuen Gewahrsam an den Gegenständen begründet. Dass T die Beute erst im Parkhaus versteckt hat, die Beute also noch nicht gesichert hat, ist nur für die Frage der materiellen Beendigung relevant. Vollendet ist die Tat bereits mit der Wegnahme.

2. T handelte vorsätzlich und in der Absicht rechtswidriger Zueignung.

3. T handelte rechtswidrig und schuldhaft.

4. Regelbeispiel des § 243 I 2 Nr. 1 StGB

a) T ist in einen Geschäftsraum eingebrochen, weil er eine den Zugang hindernde Umschließung (Seitentür) gewaltsam geöffnet hat (Aufbrechen mit Stemmeisen).

b) Fraglich ist, ob dies auch zur Ausführung der Tat geschah. Die Einbruchshandlung muss nach der Vorstellung des Täters *Mittel zur Vollendung des Diebstahls* sein. Der Grund für T`s Einbruch lag ursprünglich darin, Smartphones zu stehlen. Diese waren für T jedoch unerreichbar. Im zeitlichen Anschluss hat er deshalb andere stehlenswerte Gegenstände mitgenommen. Konstruktiv möglich wäre deshalb ein fehlgeschlagener versuchter Diebstahl in einem besonders schweren Fall an den Smartphones (es handelt sich hierbei nicht um den Versuch eines Regelbeispiels, weil der Einbruch mit dem Eröffnen des Zugangs zu dem umschlossenen Raum vollendet ist) in Tateinheit mit einem vollendetem (einfachen) Diebstahl an den Videospielen und dem Kaffeevollautomaten *oder* (konkurrenzrechtlich für den Täter ungleich günstiger) ein einheitlicher vollendeter Diebstahl in einem besonders schweren Fall.

Der hier erfolgte **Vorsatzwechsel** ist nach der hM unschädlich, soweit die Konkretisierung des Tatentschlusses nach § 242 StGB reicht. Anders zu entscheiden würde eine Ungleichbehandlung des Diebes mit unspezifiziertem Diebstahlswillen im Vergleich zu demjenigen bedeuten, der sich von Beginn an auf bestimmte Diebstahlsobjekte festlegt und sich anschließend umentscheidet. Ein einheitlicher Vorsatz wird nur dann abgelehnt, wenn der Täter von seinem ursprünglichen Diebstahlsvorsatz ablässt und erst anschließend einen neuen Tatentschluss fasst, geringwertige Gegenstände wegzunehmen.

c) Die Sachen wurden von T im Wege einer einheitlichen Tat (s.o.) entwendet, was zur Folge hat, dass der Gesamtwert der weggenommenen Sachen für den Ausschlussgrund der Geringwertigkeit maßgeblich ist (MüKo/*Schmitz* § 243 Rn. 71). Die Geringwertigkeitsgrenze des § 243 II StGB ist damit bei Weitem überschritten.

Erg.: T hat sich eines Diebstahls (in einem besonders schweren Fall) schuldig gemacht.

II. § 244 I Nr. 1a StGB

Das durch T mitgeführte Stemmeisen unterfällt nicht dem Waffenbegriff, weil es nicht dazu bestimmt und geeignet ist, erhebliche Verletzungen herbeizuführen. Zwar ist umstritten, wann ein anderes gefährliches Werkzeug vorliegt (vgl. Rn. 66 f.). Anerkannt ist jedoch, dass sog. **single use Werkzeuge**, dh Gegenstände, die nur zu einem bestimmten anderweitigen Zweck mit sich geführt werden, nicht andere gefährliche Werkzeuge iSd § 244 I Nr. 1a StGB sind (Sch/Sch/*Bosch* § 244 Rn. 5a). Denn das erhöhte Unrecht gegenüber einem einfachen Diebstahl ist in der potentiellen Eskalation bei unplanmäßigem Tatablauf und dem dann möglichen Übertritt zu den §§ 249 ff. StGB zu sehen. Dem Stemmeisen kam nach den vorliegenden Feststellungen aus der Sicht eines objektiven Beobachters allein der Zweck zu, ein gewaltsames Öffnen der Seitentüre zu ermöglichen. T hat kein anderes gefährliches Werkzeug bei sich geführt.

III. §§ 249 I, 250 II Nr. 1 StGB

1. T hat gegen E Gewalt eingesetzt, weil die Absicht, gegen die Wegnahme geleisteten Widerstand zu brechen oder erwarteten Widerstand zu verhindern, ausreichend ist. T war sich allerdings nicht sicher, ob er entdeckt wurde und wollte potentiellen Widerstand im Keim ersticken. Fraglich ist daher, ob der Gewalteinsatz erfolgte, um die Sache wegzunehmen. Denn eine vollendete Wegnahme würde dazu führen, dass die anschließende Anwendung von Gewalt nicht dem Regime des § 249 StGB, sondern demjenigen des § 252 StGB untersteht. Die Wegnahme war allerdings noch nicht vollendet, weil noch kein Gewahrsam in fremder Herrschaftssphäre begründet wurde. Der Kaffeevollautomat kann wegen seiner Ausmaße bereits nicht in eine Gewahrsamsenklave verbracht werden und hinsichtlich der Videospiele enthält der Sachverhalt keine Feststellungen über deren Anzahl, sowie die Tatsache, dass diese sich in der Körpernahsphäre des T befanden (zu diesem Erfordernis Sch/Sch/*Bosch* § 242 Rn. 39). Aus Sicht des T war der Einsatz des Nötigungsmittels auch erforderlich, um die Wegnahme zu ermöglichen (nach aA muss der Einsatz des Nötigungsmittels die Wegnahme kausal fördern).

2. Der Begriff des gefährlichen Werkzeugs in § 250 II Nr. 1 StGB ist wegen seiner Verknüpfung mit der Tathandlung der Verwendung der Rspr. zufolge anders zu verstehen als in § 250 I Nr. 1a StGB (str., vgl. BGH NStZ 2009, 505). In der konkreten Tatsituation wurde das Stemmeisen nur dazu eingesetzt, einen möglichen Gewahrsamshüter auszuschalten, weshalb das Stemmeisen eine Waffenersatzfunktion einnimmt.

Erg.: T ist strafbar wegen schweren Raubes. Der mitverwirklichte Diebstahl wird in Gesetzeseinheit von § 249 StGB verdrängt.

IV. § 303 I StGB an der Seitentüre

Es ist Tatfrage, ob an der Seitentüre Substanzverletzungen eingetreten sind, wobei bei lebensnaher Auslegung davon ausgegangen werden kann, dass die Türe beim Aufbruch mit einem Stemmeisen beschädigt wird. Vorsatz des T ist gegeben, weil das Aufbrechen der Tür dessen notwendiges Zwischenziel war, um den Diebstahl begehen zu können.

Sonderproblem (hier nicht relevant, da §§ 242, 243 StGB von § 249 StGB verdrängt werden): Verhältnis von § 243 StGB zu § 303 StGB (Rn. 49)?

Die hM geht davon aus, dass die §§ 123, 303 StGB von § 243 I 2 Nr. 1 StGB iVm. § 242 StGB verdrängt werden, wenn sie nicht aus dem regelmäßigen Tatbild des § 243 StGB herausfallen und einen eigenständigen Unrechtsgehalt (was bei der Sachbeschädigung dann der Fall ist, wenn der Erfoglsunwert deutlich über den Normalfall des bei einem Diebstahl eintretenden Schadens hinausreicht) aufweisen. Denn wenn das Tatgericht das Vorliegen eines Regelbeispiels bejaht und die Strafe aus § 243 StGB entnimmt, hat es auch das den §§ 123, 303 StGB zugrundeliegende Unrecht mit abgegolten (Sch/Sch/*Bosch* § 243 Rn. 59). Konstruktiv handelt es sich um einen Fall der Konsumtion, weil §§ 123, 303 StGB im Fall des § 243 I 2 Nr. 1 StGB regelmäßig mitverwirklicht sind.

Dagegen spricht jedoch, dass es sich bei § 243 I 2 Nr. 1 StGB lediglich um ein Regelbeispiel und damit nicht um ein Tatbestandsmerkmal handelt, welches als bloße Strafzumessungsregel nicht in der Lage ist, andere Tatbestände zu verdrängen. Zudem bleibt die mögliche Verschiedenheit der verletzten Rechtsgüter und Rechtsgutsinhaber, dh der eigene Unrechtsgehalt, vollkommen außer Betracht. Nach der Rspr. steht eine zum Zweck des vollendeten Einbruchdiebstahls begangene Sachbeschädigung daher mit dem Diebstahl in Tateinheit (BGHSt 63, 253).

V. T hat die Ladenräume durch Aufstemmen der Seitentüre und zur Nachtzeit betreten. Damit ist er widerrechtlich in fremde Geschäftsräume eingedrungen und hat den Tatbestand des **§ 123 I StGB** verwirklicht.

VI. §§ 223 I, 224 I Nr. 2 StGB ggü. E

1. Durch die Schläge wurde E körperlich misshandelt und verlor sein Bewusstsein, was einen pathologischen Zustand und damit eine Gesundheitsschädigung darstellt. T handelte vorsätzlich. Dass er sich hinsichtlich der Person des E irrte, bedeutet einen unbeachtlichen Motivirrtum.

2. Fraglich ist, ob T rechtswidrig gehandelt hat, da er mit E einen Einbrecher in Aktion niedergestreckt hat. In Betracht kommt der Rechtfertigungsgrund der Nothilfe nach § 32 II Alt. 2 StGB.

a) E ist ebenfalls in die Geschäftsräume eingebrochen um zu stehlen. Damit hat er einen Angriff auf die Rechtsgüter Eigentum und Hausrecht des Ladeninhabers begangen.

b) Dieser Angriff war rechtswidrig, weil E seinerseits nicht gerechtfertigt handelte.

Anders wäre zu entscheiden, wenn der Nachtwächter den T ertappt und durch Festhalten an der Flucht gehindert hätte. Ohne das Eingreifen des Nachtwächters bestünde die Gefahr, dass die Rückerlangungsansprüche des Ladeninhabers wegen Unbekanntheit des Täters erheblich erschwert oder undurchsetzbar werden. Deshalb wäre ein Festhalten des T durch den Nachtwächter durch Selbsthilfe (§ 229 BGB), sowie aufgrund des allgemeinen Festnahmerechts (§ 127 I StPO) gerechtfertigt.

c) Der Angriff war auch gegenwärtig, er fand gerade statt.

d) Die Verteidigungshandlung richtete sich ausschließlich gegen Rechtsgüter des Angreifers.

e) Schließlich war die Verteidigungshandlung auch erforderlich. Voraussetzung hierfür ist der Einsatz des relativ mildesten Mittels nach objektiver ex-ante Beurteilung der konkreten Kampflage. Für den Nothilfeleistenden in Person des T war es objektiv nicht vorhersehbar, welche Gefährlichkeit von E ausgeht. Ex ante stellt sich ein schnelles Überwältigen daher als das mildeste Mittel dar, weil eine zu große Unsicherheit bestand, welche Gefahr von E im Falle der Entdeckung ausgegangen wäre.

f) Da T allerdings (irrtümlich) davon ausging, der Nachtwächter hätte ihn entdeckt, hatte er keine Kenntnis der rechtfertigenden Umstände. Zudem fehlte es ihm am Verteidigungswillen, weil er nur unbemerkt entkommen, nicht aber Rechtsgüter des Ladeninhabers schützen wollte. Damit liegt ein Fall des sog. umgekehrten Tatumstandsirrtums vor. Wie dieser zu behandeln ist, ist allerdings umstritten.

aa) Vereinzelt wurde darauf abgestellt, dass ein Verteidigungswille nicht erforderlich sei (LK[11]/*Spendel* § 32 Rn. 138 ff.), was vorliegend zur Folge hätte, dass sämtliche Voraussetzungen der Nohilfe gegeben wären.

bb) Insbesondere die Rspr. möchte in derartigen Fällen wegen vollendeter Tat bestrafen, weil eine Rechtfertigung das Zusammentreffen von objektivem und subjektivem Rechtfertigungselement verlangt (BGH NStZ 2005, 332).

cc) Demgegenüber soll nach einer Literaturansicht nur eine Strafbarkeit wegen versuchter Tat (in direkter oder analoger Anwendung des § 22 StGB) möglich sein (*Jahn* JuS 2013, 1042).

dd) Für letztere Ansicht spricht, dass das Erfolgsunrecht durch Vorliegen einer objektiven Nothilfelage kompensiert wurde. Das verbleibende Handlungsunrecht erfüllt den Tatbestand des untauglichen Versuchs, weshalb dessen Vorschriften entsprechend anzuwenden sind.

Erg.: T ist strafbar wegen versuchter gefährlicher Körperverletzung.

B. Strafbarkeit des Heinrich (H)

I. §§ 249, 27 StGB

1. Eine vorsätzlich begangene, rechtswidrige Haupttat liegt vor (s.o.).

2. Die Tathandlung des Hilfeleistens ist nach hM zu verstehen als jede Förderung der Haupttat (nach aA ist hingegen Kausalität erforderlich). Da die Haupttat zum Zeitpunkt der Hilfeleistung allerdings schon vollendet war, ist fraglich ob zu ihr überhaupt noch Hilfe geleistet werden kann.

a) Nach der Rspr. ist (sog. sukzessive) Beihilfe auch noch nach Vollendung und bis zur Beendigung der Haupttat möglich (BGH NStZ 2017, 92).

b) Demgegenüber ist Beihilfe nach der hL nur dann möglich, wenn Hilfe noch zu einem tatbestandsmäßigen Handeln geleistet wird.

c) Eine mM hält Beihilfe nach Tatvollendung demgegenüber für gänzlich unmöglich; sie erkennt die Figur der sukzessiven Beihilfe nicht an.

d) Für den Ausschluss der Beihilfe spricht, dass der Gesetzgeber die Anschlussdelikte abschließend in den §§ 257 ff. StGB geregelt hat. Allerdings ist nicht geregelt, was im Stadium zwischen Vollendung und Beendigung gelten soll. Deshalb sollte in der Klausur mit der Rspr. wie folgt abgegrenzt werden:

- Hilfeleistung **vor Vollendung** der Tat: Beihilfe
- Hilfeleistung **nach Beendigung** der Tat: Begünstigung (vgl. BGH NStZ 2013, 463: Nach Beendigung der Tat sind nur noch Anschlussdelikte und keine Beihilfe mehr möglich)
- Hilfeleistung **zwischen Vollendung und Beendigung**: maßgeblich ist die *innere Willensrichtung* des Täters. Will der Hilfeleistende den erfolgreichen Abschluss der Vortat fördern, so ist Beihilfe anzunehmen. Will er dem Vortäter die Vorteile der Vortat sichern, ist Begünstigung anzunehmen.

Vorliegend ist die Vortat vollendet. T hat gegen den Willen des Ladeninhabers neuen Gewahrsam begründet. Beendet ist die Vortat noch nicht; maßgeblich hierfür ist, ob hinsichtlich der Tatbeute noch irgendwelche direkten Eingriffsmöglichkeiten des Eigentümers oder eines Beobachters bestanden hätten oder eine weggenommene Sache endgültig gesichert ist. Materielle Beendigung trat erst ein, als der neue Gewahrsam endgültig gesichert war, folglich mit dem Abtransport der Beute. Zieht man nunmehr die subjektiven Kriterien der Rspr. heran, ist festzustellen, dass H dem T einen Freundschaftsdienst erweisen wollte. Ihm kam es darauf an, dem T die Vorteile der Tat zu sichern.

Tatsächlich zeigt sich hier die Zweifelhaftigkeit des Abgrenzungskriteriums der Rspr., weil sich der Gehilfe regelmäßig keine Gedanken machen wird.

II. § 257 StGB

1. Mit dem durch T begangenen Raub liegt eine rechtswidrige Vortat eines anderen vor.

2. Zu dieser leistete H mit dem Abtransport der Beute Hilfe.

3. Vorsatz und Vorteilssicherungsabsicht liegen ebenfalls vor.

4. Ein Tatbestandsausschluss wegen § 257 III 1 StGB kommt nicht in Betracht, weil H in keiner Weise an der Vortat beteiligt war.

Hätte H von den Umständen des Raubes (nachts, Einbruch, Gewalt gegen Dritten) nichts gewusst, sondern wäre nur von einem einfachen Diebstahl ausgegangen, zu dem er den zweifelnden T ermutigt hätte (psychische Beihilfe: Voraussetzung, dass Tatbegehung objektiv gefördert oder erleichtert wurde und dies dem Gehilfen bewusst war, vgl. BGH NStZ 2014, 351), müsste man sich die Frage stellen, ob der Ausschluss des § 257 III 1 StGB auch diesen Fall erfasst, dh ob das geförderte Delikt mit dem Delikt, an dem sich zuvor als Gehilfe beteiligt wurde, vollständig identisch sein muss. Hintergrund der Vorschrift ist, dass die nachträgliche Unterstützung des Vortäters durch die wegen der Beteiligung bereits verwirkte Strafe mit abgegolten ist. Nach hM hindert § 257 III StGB aber eine Bestrafung wegen Begünstigung nicht, wenn dem Begünstigenden bei der Vortatbeteiligung qualifizierende Umstände unbekannt waren und er hiervon später bei der Begünstigungshandlung Kenntnis hat (*Fischer* § 257 Rn. 5).

Erg.: H ist strafbar wegen Begünstigung

C. Strafbarkeit des Thiago (T)

§§ 257, 26 StGB

1. T hat H zur Begehung der Begünstigung bestimmt, dh seinen Tatentschluss vorsätzlich hervorgerufen.

2. § 257 III 2 StGB nimmt den Anstifter eines an der Vortat Unbeteiligten explizit von der Strafbefreiungsvorschrift des § 257 III 1 StGB aus.

Zusatz: § 259 StGB

1. Die Gegenstände stammen aus einer gegen fremdes Vermögen gerichteten Vortat und wurden von T auch erlangt, da die Vortat abgeschlossen, dh vollendet, ist.

2. Als Tathandlung kommt allein die Absatzhilfe in Betracht, weil H keine eigenständige Verfügungsgewalt über die Gegenstände erlangt, sondern nur den Vortäter T unselbständig beim Absatz unterstützt hat. Allerdings kam es nicht zum Absatzerfolg, weil H auf dem Weg zu F von der Polizei ergriffen wurde.

Setzt eine vollendete Hehlerei einen Absatzerfolg voraus?

aa) Die frühere Rspr. verneinte das Erfordernis eines Absatzerfolgs für den Vollendungseintritt. Zur Tatvollendung reichte daher das bloße Tätigwerden durch eine vorbereitende, ausführende Tätigkeit zum Zweck des Absatzes, auch wenn dieser nicht gelingt. Als Begründung wurde auf den Wortlaut des § 259 StGB verwiesen, sowie auf den Willen des historischen Gesetzgebers, der an der früheren Rechtslage nichts ändern wollte. Einschränkungen wurden durch die Rspr. nur dahingehend gemacht, dass das Absetzen-Helfen als Bemühen um Absatz im konkreten Fall auch geeignet sein musste, die rechtswidrige Vermögenssituation aufrechtzuerhalten oder zu vertiefen, woran es mangels Eignung zur Vollendung fehlen soll, wenn das Diebesgut an einen verdeckten Ermittler vermittelt wird.

bb) Nach der die Gegenposition einnehmenden hL ist, solange kein Absatzerfolg eintritt, nur Versuch gegeben. Dieser Standpunkt kann das überzeugende Argument für sich in Anspruch nehmen, dass die Annahme einer vollendeten Hehlerei bei fehlendem Absatzerfolg den Anwendungsbereich der Versuchsstrafbarkeit nach § 259 III StGB stark verkürzt.

cc) Der 3. Strafsenat des BGH hat nunmehr entschieden, dass eine vollendete Hehlerei durch Absetzen die Feststellung eines Absatzerfolges voraussetzt (NStZ 2013, 584). Die anderen Strafsenate hatten zuvor der Anfrage, die wegen der Abweichung von der bisherigen Rspr. erforderlich wurde (vgl. § 132 III 1 GVG), geschlossen zugestimmt. Damit ist die Rspr. auf die Linie der hL eingeschwenkt. Gleichermaßen setzt eine vollendete Absatzhilfe den Eintritt eines Absatzerfolges voraus (BGH NStZ-RR 2019, 180).

Erg.: Je nach Argumentation ist entweder eine vollendete oder versuchte Hehlerei gegeben. Diese steht zur Begünstigung in Tateinheit, weil beide Delikte unterschiedliche Rechtsgüter schützen (§ 259 StGB schützt das Vermögen, § 257 StGB die Rechtspflege (so jedenfalls die hM)).

2. § 243 I 2 Nr. 2 StGB

Die Sache muss durch eine Schutzvorrichtung (das ausdrücklich genannte verschlossene Behältnis markiert einen beispielhaften Unterfall) gegen Wegnahme **besonders gesichert** sein. Mit Behältnissen sind, im Gegensatz zum umschlossenen Raum der Nr. 1, nur solche Raumgebilde gemeint, die nicht dazu bestimmt sind, von Menschen betreten zu werden; § 243 I 2 Nr. 1 und Nr. 2 StGB schließen sich damit gegenseitig aus. Schutzvorrichtungen sind nach ihrer Beschaffenheit dazu bestimmt, die Wegnahme einer Sache nicht unerheblich zu erschweren. Beispiele sind etwa Einbruchsmelder, Wegfahrsperren oder Alarmanlagen, weil sie dazu dienen den Gewahrsamswechsel durch die Alarmierung hilfsbereiter Dritter zu erschweren (BGH NStZ 2019, 212). Kein Fall des § 243 I 2 Nr. 2 StGB liegt vor, wenn der Täter durch den Einsatz eines Störsenders verhindert, dass das Verschlussignal bei einem Keyless-Go-System am Kfz ankommt. Denn in diesem Fall ist bereits der Kofferraum (vgl. Rn. 50) aufgrund der Wirkweise des Störsenders nicht verschlossen. Hinzukommt, dass das System keine besondere Wegnahmesicherung darstellt, weil es lediglich aus Gründen der Bequemlichkeit an die Stelle des Zündschlosses tritt, das in erster Linie dem Starten des Wagens dient. Entsprechend liegt auch eine Schutzvorrichtung nur vor, wenn diese tatsächlich funktionsfähig und aktiviert ist (BGH BeckRS 2005, 5963). 53

Sonderproblem: Sicherungsetiketten 54

1. Nach der hM stellen Sicherungsetiketten keine besondere Sicherung gegen Wegnahme dar, weil diese erst wirksam werden, wenn der Gewahrsam bereits gebrochen ist; ihr Zweck besteht deshalb lediglich in der Wiedererlangung der Sache (BGH NStZ 2019, 212 m. Bespr. *Jahn* JuS 2018, 1013). Ein unbenannter besonders schwerer Fall (vgl. Rn. 46) sei aber im Einzelfall denkbar. Als Folge dieser Argumentation geht die hM weiter davon aus, dass derartige Sicherungsetiketten auch keine Auswirkungen auf die Zuordnung einer Sache zu einer Person haben, sprich der Begründung einer Gewahrsamsenklave in fremder Herrschaftssphäre nicht entgegenstehen. Zumindest letzteres ist zweifelhaft, weil auf der Grundlage des normativen Gewahrsamsverständnisses der hM der Gewahrsam des Ladeninhabers lediglich gefährdet sein dürfte. Denn für einen objektiven Dritten steht die Zuordnung einer derartig gesicherten Sache zum Ladeninhaber außer Frage.

2. Ein Teil der Lit. führt demgegenüber an, dass Sicherungsetiketten zu einer psychologischen Schranke, gleich einem inneren Hemmnis

beim Täter führen können und deshalb eine besondere Sicherungsvorrichtung darstellen. Problematisch an dieser Ansicht ist allerdings, dass erst eine in der Person des Täters vorliegende, psychische Barriere zur Annahme der besonderen Sicherung führt. Nach dem Wortlaut des § 243 I 2 Nr. 2 StGB muss aber die Sache „durch" die Schutzvorrichtung (und nicht durch ein Hemmnis auf Seiten des Täters) gegen Wegnahme gesichert sein.

3. § 243 I 2 Nr. 3 StGB

55 **Gewerbsmäßig** stiehlt, wer in der Absicht handelt, sich durch wiederholte Diebstähle eine Einkommensquelle von gewisser Dauer und gewissem Umfang zu verschaffen (BGH NStZ 2014, 271). Ein bloß mittelbarer Vorteil genügt nicht (BGH StV 2014, 481). Bereits beim ersten Diebstahl ist gewerbsmäßiges Handeln möglich, wenn der Täter bereits zu diesem Zeitpunkt Fortsetzungswillen, dh die Absicht, weitere Diebstähle zu begehen, hat; ob es tatsächlich zu weiteren Taten kommt ist dann unerheblich (BGHSt 49, 177). Die Wiederholungsabsicht muss sich demnach auf den zugrundeliegenden Tatbestand beziehen und ausdrücklich (im Urteil bzw. Klausursachverhalt) festgestellt sein. Nach der hM ist die Gewerbsmäßigkeit besonderes persönliches Merkmal iSd § 28 II StGB, der zwar nicht direkt, aber „funktionsanalog" zur Anwendung kommen soll.

4. Sonstige schwere Fälle

56 Die in § 243 Abs. 1 S. 2 Nrn. 4–7 StGB benannten Fälle sind bei Weitem nicht so praxis- und klausurrelevant wie diejenigen der Nrn. 1–3. In Klausuren wird indes häufig verfrüht und unkritisch ein Fall des § 243 I 2 Nr. 6 StGB (*Ausnutzen von Notlagen*) angenommen, obwohl gerade nicht jede Lage ausreicht, die mit einer verminderten Selbstschutzmöglichkeit einhergeht (MüKo/*Schmitz* § 243 Rn. 51). *Hilflosigkeit* soll deshalb etwa bei schweren Krankheiten oder Blindheit vorliegen, nicht jedoch allein bei hohem Lebensalter (BGH NStZ 2001, 532). Der Grund der Hilflosigkeit ist aber unerheblich, so dass ein Fall des von § 243 I Nr. 6 StGB erfassten „Schmarotzerdiebstahls" (Sch/Sch/*Bosch* § 243 Rn. 38) auch dann vorliegt, wenn der Täter eine von ihm selbst zuvor aus anderen Gründen herbeigeführte Hilflosigkeit des Opfers für seinen neu gefassten Diebstahlsentschluss ausnutzt (BGH NStZ-RR 2003, 186). Der *Unglücksfall* ist wie bei § 323c StGB zu definieren, wobei angesichts der Schutzrichtung gerade der Unglücksfall zu einer Minimierung des Selbstschutzes des Opfers im Hinblick

auf sein Eigentum führen muss (OLG Hamm NStZ 2008, 218). *Gemeine Gefahr* meint eine konkrete Gefahr für eine unbestimmte Zahl von Menschen oder Sachen von hohem Wert.

Ist ein Fall des § 243 I 2 StGB nicht erfüllt, bedeutet dies nicht **57**
zwangsläufig, dass eine Strafrahmenverschiebung nach § 243 I StGB ausgeschlossen ist (vgl. Rn. 46). Voraussetzung für die Annahme eines **unbenannten besonders schweren Falles** ist, dass aufgrund einer Gesamtabwägung der Unrechts- und Schuldgehalt der Tat so stark vom „durchschnittlichen" Diebstahl abweicht, dass die Anwendung eines strengeren Strafrahmens geboten erscheint (BGHSt 28, 318). Dies wurde etwa – nicht tragend – erwogen beim Diebstahl von Sachen mit hohem Wert (BGHSt 29, 319) oder wenn durch den Diebstahl ein hoher Schaden angerichtet wird (*Fischer* § 243 Rn. 23). Jedenfalls Letzteres hält einem Vergleich mit der Regelung des § 263 III 2 Nr. 2 StGB nicht stand. In der Klausur bietet es sich an von den den Regelbeispielen zugrundeliegenden Leitbildern auszugehen und den zu beurteilenden Sachverhalt mit diesen zu vergleichen.

5. Ausschlussgrund des § 243 II StGB

Nach § 243 II BGB ist ein besonders schwerer Fall ausgeschlossen, **58**
wenn sich die Tat auf eine geringwertige Sache bezieht. Die Geringwertigkeitsgrenze wird von der hM bei ca. **25 Euro** gezogen (*Fischer* § 243 Rn. 25), wobei bei Tateinheit zusammenzurechnen ist. Die Tat muss sich auf eine geringwertige Sache „beziehen", das Tatobjekt muss daher sowohl objektiv als auch nach der Vorstellung des Täters geringwertig sein (BGH NStZ 2012, 571). Daraus resultiert folgendes

Sonderproblem: Vorsatzwechsel **59**

1. Unproblematisch stellt sich die Rechtslage dar, wenn sich der Vorsatzwechsel von einer geringwertigen zu einer anderen geringwertigen Sache vollzieht: Es liegt ein Fall des § 243 II StGB vor (*Fischer* § 243 Rn. 26a).

2. Will der Täter eine geringwertige Sache stehlen, nimmt dann aber doch eine wertvolle Sache weg, handelt es sich nach hM um einen Fall des § 243 I 1 Nr. 1 StGB (Sch/Sch/*Bosch* § 243 Rn. 55). Demgegenüber soll es nach einer aA an einer Verwirklichung der erschwerenden Umstände zur Begehung der Tat fehlen (MüKo/*Schmitz* § 243 Rn. 80), was allerdings den Vorsatzwechsel unbeachtet lässt, wenn allein auf den Ursprungszustand abgestellt wird.

3. Will der Täter zunächst eine wertvolle Sache stehlen, begnügt sich dann aber mit einer geringwertigen Sache, ist nach der hM zu prüfen, ob schon der Versuch (!) die Voraussetzungen eines besonders schweren Falles erfüllt. Ist das zu bejahen, ist der gesamte Diebstahl ein solcher Fall. Dies überzeugt vor dem Hintergrund der subjektiven Auslegung des Merkmals des „Beziehens“ der Tat.

6. Versuch eines Regelbeispiels

60 Aus der Ausgestaltung des § 243 StGB als Strafzumessungsregel resultieren diverse Probleme, wenn das Verhalten des Täters nicht vollumfänglich bis in das Vollendungsstadium reicht. Vier Konstellationen können unterschieden werden (vgl. auch *Huber* JuS 2016, 597):

– Vollendung Grunddelikt und Vollendung des Regelbeispiels: Gesetzlicher Regelfall, dh der Täter ist schuldig eines Diebstahls (nach der Rspr. erscheint auch nur dieser im Tenor, vgl. Rn. 47) und der Strafrahmen bemisst sich aufgrund des vorliegenden besonders schweren Falles nach § 243 StGB.
– Versuch Grunddelikt und Vollendung des Regelbeispiels: Unproblematisch möglich. Nur wegen des geringeren Unrechtsgehalts der versuchten Tat ist iRd Strafzumessung zu prüfen, ob die Regelwirkung hierdurch nicht entkräftet wird (vgl. dazu Rn. 46).
– Versuch Grunddelikt und Versuch des Regelbeispiels: Nach der Rspr. ist der Strafrahmen des besonders schweren Falles anzuwenden, wenn der Täter auch (!) zur Verwirklichung des Regelbeispiels unmittelbar angesetzt hat (Bsp.: Täter ist gerade dabei eine Tür aufzubrechen als er entdeckt wird). Die Lit. will die Indizwirkung des § 243 StGB hingegen nur annehmen, wenn ein Regelbeispiel tatsächlich verwirklicht ist (*Hohmann/Sander* S. 351). Ihr Argument: § 22 StGB spricht vom unmittelbaren Ansetzen zur Verwirklichung des „Tatbestandes“, worunter Strafzumessungsregeln nicht fallen. Die Rspr. hat darauf erwidert, dass es wegen der Anordnung der Versuchsstrafbarkeit in § 242 II StGB auf die allgemeinen Versuchsregelungen nicht ankomme; dem geringeren Maß an Unrecht und Schuld könne durch die fakultative Strafmilderung nach § 23 II StGB Rechnung getragen werden. Überzeugend ist diese Erwiderung freilich nicht, weil § 242 II StGB nur dem Programmsatz des § 23 I StGB geschuldet ist, an den Voraussetzungen der Versuchsstrafbarkeit aber nichts zu ändern vermag. Auch das weitere von der Rspr. angeführte Argument, der Gesetzgeber habe bei Umgestaltung des § 243 StGB zu einer Strafzumessungsregel nichts an der Möglichkeit des Versuchs ändern wollen, lässt den kategorialen Unterschied von Qualifikation

und Strafzumessungsregel (der jedem Prüfling bei Missachtung in der Prüfungsklausur angestrichen wird) außer Acht. Tatsächlich ist die zuletzt durch den 6. Strafsenat wieder angestoßene Diskussion (vgl. BGH NStZ-RR 2020, 312) wenig ertragreich, weil die diskutierten Konstellationen regelmäßig als unbenannter besonders schwerer Fall zu erfassen sein werden.

- Vollendung Grunddelikt und Versuch des Regelbeispiels (Bsp.: Täter will einbrechen, aber die zu überwindende Tür ist schon offen): Nach hM ist ein besonders schwerer Fall nicht ausgeschlossen, aber nicht auf die Indizwirkung des Regelbeispiels zu stützen, sondern auf einen unbenannten besonders schweren Fall.

C. Qualifizierte Fälle des Diebstahls

§ 244 StGB beherbergt, im Gegensatz zu § 243 StGB, *Qualifikationstatbestände*, dh die Voraussetzungen der Norm sind im objektiven und subjektiven Tatbestand zu prüfen (ob im Einheits- oder Trennungsaufbau ist eine Frage der Zweckmäßigkeit) und es besteht eine strenge Tatbestandsbindung. Für die in § 244 I StGB genannten Fälle (Waffen, Bande, Wohnung) ordnet § 244 II StGB eine Versuchsstrafbarkeit an; für den seit 2017 geltenden Verbrechenstatbestand (!) des „Privatwohnungseinbruchdiebstahls" (Rn. 80 ff.) folgt dies bereits aus § 23 I StGB. 61

Besonderheiten ergeben sich insbesondere im Hinblick auf den **Versuchsbeginn**. Während die Rspr. bislang grundsätzlich formuliert hat, dass auch bei Qualifikationstatbeständen auf das Ansetzen zur Verwirklichung des Grundtatbestandes abzustellen sei (BGH NStZ 2017, 86; 2019, 716), wurde diese Position in neueren Entscheidungen zwar nicht aufgegeben (vgl. auch den argumentativen Trick bei BGH NStZ 2020, 353 m. Bespr. *Eisele* JuS 2020, 796: schon immer Ausdruck des Erfordernisses kritischer Prüfung). Der BGH nimmt ein unmittelbares Ansetzen zur Wegnahme aber bereits dann an, wenn der Täter sich beim Beginn des Einbrechens, Einsteigens oder Eindringens vorstellt, dass er nach Überwindung der Sicherung ungehinderten Zugriff auf die erwartete Beute haben wird (BGH NJW 2020, 2570; NStZ 2020, 353; 2020, 729). Konstruktiv bewegt sich diese Annahme auf sicherem Boden, wenn nach § 22 StGB für das unmittelbare Ansetzen zur Tatbestandsverwirklichung die Vorstellung des Täters maßgeblich ist und auch der BGH auf die Wegnahme rekurriert. Sie führt dennoch zu einer beachtlichen Kehrtwende, wenn der BGH in einem Fall, in dem der Täter ein Loch in den Verschluss der Terrassentür eines Wohnhauses gebohrt hatte, die weitere Tatausführung aber unfreiwillig abbrechen musste, ein unmittelbares Ansetzen – ohne Eingehen auf die Vorstel- 62 lung des Täters – abgelehnt hat (BGH BeckRS 2019, 22265), nunmehr aber – unter überzeugend dezidiertem Eingehen auf das Vorstellungsbild – einen versuchten Einbruchdiebstahl annimmt, wenn der Täter einen Zigarettenautomaten unter Nutzung diverser Werkzeuge aufschneiden will, aber keinen Strom zum Betrieb seines Trennschleifers findet und unfreiwillig aufgibt (BGH NJW 2020, 2570 m. Bespr. *Eisele* JuS 2020, 798). Die Konsequenz dieser Entwicklung ist, dass der Täter etwa zur Wegnahme des Familienschmucks ansetzen kann, wenn er sich an der Terrassentür des Wohnhauses zu schaffen macht. Voraussetzung sind aber Feststellungen im Urteil bzw. Klausursachverhalt, dass sich der Täter dabei vorstellt, ohne Hindernisse auf das Stehlgut zugreifen zu können.

63 Keinen Widerspruch dazu stellt es dar, wenn der BGH ein unmittelbares Ansetzen zum Diebstahl an in einer Wohnung befindlichen Gegenständen verneint hat, wenn der Täter erst versucht dem Opfer seinen Schlüssel aus der Hosentasche zu entwenden bzw. das Opfer die Tür nur so weit öffnet, wie es die Sicherheitskette zulässt (BGH NStZ 2018, 616 m. Bespr. *Jäger* JA 2018, 874). Denn in der ersten Variante muss der Täter die Wohnung des Opfers erst noch aufsuchen und öffnen und in der zweiten Variante den Entschluss zur Verübung von Gewalt fassen (worin der Unterschied zum Tankstellenfall liegt, bei dem die Täter von vornherein vorhatten, bei Erscheinen des Opfers an der Tür Gewalt zu verüben, mithin einen Raub zu begehen, vgl. BGHSt 26, 201).

I. § 244 I Nr. 1a StGB

Literatur: *Ransiek* JA 2018, 666; *Rönnau* JuS 2012, 117.

64 Der **Waffenbegriff** umfasst nach einer materiellen Definition Gegenstände, die dazu bestimmt und geeignet sind, erhebliche Verletzungen herbeizuführen. Der formelle Waffenbegriff, der sich an den Anlagen des WaffG orientiert, ist zumindest für die Klausurpraxis ungeeignet und mündet in Prüfungsarbeiten erfahrungsgemäß in beleglosen Behauptungen. Typische Waffen sind demnach Schusswaffen (scharfe Waffen, Luftdruckpistolen) sowie Hieb- und Stoßwaffen (Dolche, Macheten, Springmesser, Schlagringe).

65 Folgende Sonderkonstellationen kehren in der (Klausur-)Praxis häufig wieder:

– *Ungeladene Schusswaffen* sind keine Waffen iSv § 244 I Nr. 1a StGB, wenn sie nicht ohne weiteres mit bereitliegender Munition geladen werden können (BGHSt 45, 249). Die Einschränkung, die ein objektiv zunächst ungeeignetes Tatwerkzeug aufgrund des Mitführens von Munition zur Waffe erhebt, erklärt sich aus dem Begriff des Beisichführens (s.u.). Keine Waffen sind auch nicht funktionsfähige Waffen. *Scheinwaffen* unterfallen generell nicht dem Waffenbegriff, sondern sind unter § 244 I Nr. 1b StGB zu fassen.

- Eine *geladene Schreckschusspistole*, bei welcher der Explosionsdruck nach vorne austritt, ist nach der Rspr. eine Waffe iSv § 244 I Nr. 1a StGB, weil bei entsprechender Verwendung von konkreter Gefährlichkeit auszugehen sei (BGHSt 45, 92). Nach aA handelt es sich um ein gefährliches Werkzeug.
- Ob eine teleologische Reduktion des Qualifikationstatbestandes bei *Berufswaffenträgern* angezeigt ist, ist umstritten, letztlich aber zu verneinen (Beispiel: Ein Polizist, der während seines Dienstes in einem Supermarkt einen Apfel stieht). Zwar wird die Waffe in Erfüllung der Dienstpflicht bei sich geführt. Der Täter ist deswegen aber nicht weniger (abstrakt) gefährlich als ein ohne amtliche Eigenschaft Handelnder (BVerfG NStZ 1995, 76).

Den Waffen gleichgestellt sind **andere gefährliche Werkzeuge**. 66
Während sich bei Waffen deren objektive Gefährlichkeit bereits aus ihrer Bauart und Bestimmung ergibt, kann eine solche Einstufung aufgrund der Weite des Werkzeugbegriffs, der auch neutrale Gegenstände erfasst, nicht vorgenommen werden; angesichts des intrasystematischen Vergleichs mit I Nr. 1b erfasst I Nr. 1a aber allein objektiv gefährliche Werkzeuge. Sicher ist mittlerweile jedenfalls, dass es, anders als ursprünglich vom Gesetzgeber angenommen, keinen Gleichlauf mit der Definition der wortgleichen Wendung in § 224 I Nr. 2 StGB geben kann, weil für § 244 StGB schon das Beisichführen genügt, es also auf die konkrete Art der Anwendung gerade nicht ankommt. Deshalb wurden verschiedene Ansätze zur Bestimmung des gefährlichen Werkzeugs entwickelt:

- Nach einer **subjektiven** Deutung müssen die Gegenstände nicht 67
nur generell geeignet sein erhebliche Verletzungen herbeizuführen, sondern der Täter muss einen inneren Verwendungsvorbehalt umsetzen. Kritik: Zwar dürfte zutreffend sein, dass es eine objektive Bestimmung der Gefährlichkeit eines Gegenstandes aufgrund der Pauschalität des Ansatzes nicht geben kann. Jedoch kann der Verwendungsvorbehalt, wie ein Vergleich mit § 244 I Nr. 1b StGB zeigt, nicht zur Bestimmung des „gefährlichen" Werkzeugs herangezogen werden.
- Eine **objektiv-generelle** Deutung stellt auf eine abstrakte Gefährlichkeit des Werkzeugs ab. Darunter sollen solche Werkzeuge fallen, denen nach allgemeiner Anschauung eine besondere Eignung zur Zufügung von Verletzungen innewohnt (abstrakte Verletzungseignung) und deren Art einen bestimmten gefährli-

chen Einsatz nahelegt. Kritik: Aufgrund der einschränkungslosen Weite der Definition wird letztlich jeder Gegenstand zum gefährlichen Werkzeug erhoben (etwa auch der spitze Bleistift), was sie andererseits praktisch kaum handhabbar macht.

– Schließlich stellt eine **objektiv-konkrete** Sichtweise darauf ab, ob das Werkzeug in der konkreten Tatsituation keine andere Funktion erfüllen kann, als ggf. zu Verletzungszwecken eingesetzt zu werden (Waffenersatzfunktion/single-use-Werkzeuge; bspw. der außerhalb sportlicher Aktivität bei einem Diebstahl mitgeführte Baseballschläger). Im Ausgangspunkt geht auch diese Ansicht davon aus, dass jeder Gegenstand, der seiner objektiven Gefährlichkeit nach dazu geeignet ist erhebliche Verletzungen herbeizuführen, gefährliches Werkzeug sein kann. Dieser Gefahrenverdacht ist allerdings widerlegbar. Nur wenn in der konkreten Situation, aus der Warte eines objektiven Beobachters, der bei sich geführte Gegenstand keine andere Bedeutung haben kann als die eines Verteidigungs- oder Angriffsmittels, liegt ein gefährliches Werkzeug vor (etwa ein nachts mitgeführter Kuhfuß).
– Als gefährliches Werkzeug wurden zuletzt u.a. angesehen: zwei 6cm lange, dicke, magazinierte Hochleistungsnägel für ein Bolzensetzgerät (BGH BeckRS 2020, 38908) oder CS-Reizgasspray (BGH BeckRS 2017, 104192). Insbesondere letzteres ist zweifelhaft, weil die Rspr. hier die objektive Bestimmung des Werkzeugs verlässt und den Fokus auf die konkret gefährliche Verwendung richtet.

68 **Beisichführen** bedeutet, dass die Waffe oder das gefährliche Werkzeug dem Täter oder einem anderen Beteiligten (vgl. § 244 StGB) im Zeitraum zwischen Versuchsbeginn und Beendigung (BGH NStZ-RR 2014, 110) der Wegnahme so zur Verfügung stehen muss, dass er sich dessen jederzeit ohne großen Zeitaufwand und ohne große Schwierigkeiten bedienen kann. Zwischen Vollendung und Beendigung ist ausgehend von dieser Definition nach der Rspr. ein Beisichführen grds. möglich.

– Das Messer auf dem Boden des verschlossenen, mitgeführten Rucksacks erfüllt diese Voraussetzungen demnach nicht, weil der Täter sich dessen nicht ohne Weiteres bedienen kann. Es fehlt damit an der § 244 I Nr. 1 StGB zugrunde liegenden abstrakten Gefährlichkeit von Täter und Tat.
– Gleiches gilt bei einem innerhalb eines Hauses vollführten Raub, wenn sich der Revolver im Handschuhfach des vor dem Haus abgestellten Pkw befindet.
– Befindet sich demgegenüber eine ungeladene Waffe mit Munition in der Jackentasche des Täters und ist die Munition ohne Weiteres

griffbereit, begründet dies die notwendige abstrakte Gefährlichkeit der Tat. Ist die Munition hingegen nicht ohne Weiteres griffbereit, verwirklicht das Tragen einer grundsätzlich funktionstüchtigen Waffe nicht den Tatbestand des § 244 I Nr. 1a StGB.
– Aufgrund des weitgezogenen Rahmens des Beisichführens liegt ein solches auch dann vor, wenn der Täter sich mit der Waffe aus der Tatbeute versieht (BGH NStZ 2015, 85: Während ein Mitangeklagter das Opfer schlug, durchsuchte der Angeklagte die Wohnung des Opfers nach Wertgegenständen und nahm neben Bargeld einen Messerblock an sich).

Sonderfall: Der Täter betritt eine Bank durch den Hintereingang um dort zu stehlen. Dabei hat er einen Revolver bei sich. Bevor er den Raum betritt in welchem das Geld gezählt wird, legt er seinen Revolver auf einen Schrank im Nebenraum, überwältigt den Wachmann und entwendet 20.000 Euro. 69

Inmitten steht die Frage, ob ein sog. **Teilrücktritt vom Versuch der Qualifikation** möglich ist.

1. Wenn der Täter nach Beginn des qualifizierten Delikts von der Verwirklichung des qualifizierenden Merkmals absieht und nur noch das Grunddelikt verwirklicht, soll nach eA ein Teilrücktritt möglich sein.

2. Teilweise wird ein Rücktritt mit der Erwägung verneint, dass es sich beim Diebstahl um ein einheitliches Delikt handele, von dem nur ganzheitlich zurückgetreten werden kann, dh der Täter muss seinen Entschluss zu stehlen vollständig aufgeben.

3. Eine differenzierende Ansicht stellt auf die Struktur des Qualifikationstatbestandes ab. Lässt hiernach der Tatbestand, wie etwa § 244 I Nr. 1 StGB, die Verwirklichung des qualifizierenden Merkmals zu irgendeinem Zeitpunkt ausreichen, kann nicht mehr vom Versuch der Qualifikation zurückgetreten werden, weil die Qualifikation zum Zeitpunkt ihrer Aufgabe bereits vollendet ist.

II. § 244 I Nr. 1b StGB

Die Hauptanwendungsfälle des Beisichführens **ungefährlicher** Werkzeuge sind *Scheinwaffen*, durch Umbau *untauglich gemachte Waffen* oder Mittel zur Fixierung des Opfers. Grundsätzlich werden alle Gegenstände erfasst, die der Täter in der Absicht bei sich führt, sie gegebenenfalls zur Überwindung von Widerstand einzusetzen. Zu einem solchen Einsatz 70 kommen muss es nicht. Auf die objektive Gefährlichkeit kommt es, wie ein Vergleich mit § 244 I Nr. 1a StGB zeigt, ebenso wenig an.

71 Allerdings sollen nach hM Gegenstände, die *offensichtlich ungefährlich* und nur *Mittel der Täuschung* sind, als Drohmittel ausscheiden. Typisches Beispiel ist das kleine Plastikrohr (Labellostift), das in den Nacken des Opfers gepresst wird (BGHSt 38, 116), nicht aber ein schlichter Koffer, weil nach dem *äußeren Erscheinungsbild* nicht erkennbar sei, ob dieser eine Bombe enthält (BGH NStZ 2011, 278, zw.) oder ein Schlüssel, weil dieser bei einer Verwendung als Schlag- oder Stoßwerkzeug gegen empfindliche Körperstellen geeignet sei, ernsthafte Verletzungen zu verursachen (BGH NStZ 2017, 581 m. Bespr. *Jahn* JuS 2018, 85, zw.).

III. § 244 I Nr. 2 StGB

72 Die bandenmäßige Begehung qualifiziert den einfachen Diebstahl, weil die unter den Bandenmitgliedern bestehende Bindung zu einem ständigen Anreiz der Fortsetzung der Zusammenarbeit führt (sog. Organisationsgefahr). Aus diesem Strafgrund leitet die mittlerweile hM ab, dass eine **Bande** erst ab einer Mitgliederzahl von *3 Personen* angenommen werden kann (BGHSt 46, 321).

73 Der ständige Anreiz zur Fortsetzung der Bandentaten setzt voraus, dass die Bandenabrede auf die Begehung einer unbestimmten Vielzahl im Einzelnen noch ungewisser Diebestaten gerichtet ist (sog. *offene Abrede*); nicht ausreichend ist es demgemäß, wenn sich die Abrede auf eine feststehende Menge an zu entwendenden Wertgegenständen bezieht (BGH NStZ-RR 2019, 310). Weiterhin muss es sich ausweislich des Wortlauts des § 244 I Nr. 2 StGB um eine Diebesbande handeln; eine *gemischte Bande*, etwa aus Dieben und Hehlern (vgl. auch § 260 I Nr. 2 StGB), ist nicht erfasst (BGH StV 2015, 113).

74 § 244 I Nr. 2 StGB verlangt neben dem Vorliegen einer Bande, dass der Täter unter Mitwirkung eines anderen Bandenmitglieds stehlen muss. Daraus leitet sich folgende Struktur ab:

Drei Mitglieder muss eine Bande haben (Strafgrund ist Anreizwirkung/Organisationsgefährlichkeit, nicht Ausführungsgefahr)

Zwei der Mitglieder müssen am Diebstahl teilnehmen („unter Mitwirkung ...“)

Einer von ihnen muss Täter sein („wer als Mitglied ... stiehlt“)

Null müssen am Tatort anwesend sein, weil eine Zurechnung der Mitwirkungshandlung möglich ist.

Nichtmitglieder können sich selbstverständlich an Bandentaten beteiligen. Sie werden deswegen aber nicht automatisch zu Bandenmitgliedern und sind nur nach dem Grunddelikt zu bestrafen. Denn nach der hM ist die Eigenschaft als Mitglied einer Bande besonderes persönliches Merkmal iSd § 28 II StGB (BGH NStZ-RR 2021, 7). 75

IV. § 244 I Nr. 3 StGB

Literatur: *Bosch* Jura 2018, 50; *Koranyi* JA 2014, 241.

Der Einbruchdiebstahl nach § 244 I Nr. 3 StGB muss in eine Wohnung erfolgen (vgl. zu den Einbruchshandlungen Rn. 49). Der Begriff der Wohnung, als qualifizierendes Merkmal, ist daher sorgfältig von den übrigen Räumlichkeiten abzugrenzen, die dem Schutzbereich des § 243 I 2 Nr. 1 StGB unterfallen, weil u.a. das Geringfügigkeitsprivileg des § 243 II StGB auf den Wohnungseinbruchdiebstahl keine Anwendung findet. Legitimieren soll sich die unterschiedliche Behandlung von Wohn- und anderen Räumen durch den erhöhten Unwertgehalt solcher in den Kernbereich des Privat- und Intimlebens eindringender Taten. 76

Wohnungen sind abgeschlossene und überdachte Räume, die Menschen zumindest vorübergehend als Unterkunft dienen (BGH NStZ 2008, 514); dass die Wohnung im Tatzeitraum als solche genutzt wird, ist nach der Rspr. nicht erforderlich, weshalb auch unbewohnte Immobilien bis zu ihrer Entwidmung erfasst werden (BGH NJW 2020, 2816). Negativ abgrenzen lassen sich Wohnungen iSd § 244 I Nr. 3 StGB einerseits von Geschäfts- und Ladenräumen (§ 243 I 2 Nr. 1 StGB), andererseits, weil sie nur vorübergehend zur Unterkunft dienen müssen, von der dauerhaft genutzten Privatwohnung (§ 244 IV). Deshalb unterfallen auch Hotelzimmer oder Wohnmobile und Wohnwagen jedenfalls dann dem Wohnungsbegriff, wenn sie Menschen zumindest vorübergehend zur Unterkunft dienen (BGHSt 61, 285). Begründet und beendet wird diese Zweckdienung durch einen *(Ent-)Widmungsakt* der Immobilie als Wohnstätte, weshalb die Wohnungseigenschaft nicht mit dem Versterben der Bewohner verloren geht (BGH NStZ 2020, 484 m. Bespr. *Kruck* JR 2021, 38). 77

Der Legitimationsgrund der Qualifikation (Schutz des Eigentums an höchstpersönlichen Gegenständen und die häusliche Integrität an sich) schließt es nach der Rspr. indes nicht aus, auch Einbruchshandlungen in Nebenräume zu erfassen: 78

– Der Einbruch in eine Wohnung, um aus einem anderen Raum zu stehlen, unterfällt der Qualifikation, weil § 244 I Nr. 3 StGB nicht

verlangt, dass aus der Wohnung gestohlen wird (BGH NStZ 2001, 533).
- Bei einem Einbruch in einen Nebenraum (Garage ...), um von dort aus in die Wohnung zu gelangen, um zu stehlen, ist danach zu unterscheiden, ob die Nebenräume als Teil der Wohnung angesehen werden können. Maßstab sollte auch hier sein, ob hierdurch schon in den Kernbereich des Privatlebens eingedrungen wird (so etwa, wenn eine unmittelbare Verbindung zum Haus besteht (BGH NStZ 2013, 120), nicht aber bei einem Einbruch in eine rein gewerblich genutzte Räumlichkeit eines gemischt genutzten Gebäudes (BGH NStZ 2008, 514)).

79 § 243 I 2 Nr. 1 StGB ist nach hM bei einem Wohnungseinbruchdiebstahl miterfüllt, tritt aber als subsidiär zurück (nach aA darf § 243 StGB iRd der Strafzumessung wegen des Doppelverwertungsverbots des § 46 III StGB nicht angewendet werden).

V. § 244 IV StGB

80 Mit Wirkung zum 22.7.2017 hat der Gesetzgeber in § 244 IV StGB – neben dem Wohnungseinbruchdiebstahl nach § 244 I Nr. 3 StGB – den Einbruchdiebstahl in „dauerhaft genutzte Privatwohnungen“ einer besonderen Strafschärfung unterzogen und zum **Verbrechen** erhoben. Intention des Gesetzgebers war es, der im Begriff der Privatwohnung zum Ausdruck kommenden besonderen Privatsphäre Rechnung zu tragen (in verfahrensrechtlicher Hinsicht sollte durch die Aufstufung des Privatwohnungseinbruchdiebstahls zum Verbrechen die Ausweitung der Ermittlungsbefugnisse nach § 100a II Nr. 1j und § 100g II 2 Nr. 1g StPO legitimiert werden). Dies ist indes nur zum Teil geglückt, weil das StGB nunmehr neben den (bei der gebotenen Schutzbereichsbetrachtung identischen) Wohnungsbegriffen in § 244 StGB mit § 123 f., § 180a, § 201a und § 306a StGB diverse Wohnungsbegriffe kennt, zwischen denen kaum sinnvoll abgegrenzt werden kann (vgl. Sch/Sch/*Bosch* § 244 Rn. 32) und weil Opfer eines Einbruchs weniger deshalb traumatisiert sind, weil ihnen – korrelierend zum Schutzzweck des Diebstahls – Sachen entwendet wurden, sondern weil in ihre Nahsphäre unbefugt eingegriffen wurde.

81 Unter einer **dauerhaft genutzten Privatwohnung** ist nach dem Willen des Gesetzgebers die den Lebensmittelpunkt eines Opfers bildende Räumlichkeit erfasst, also private Wohnungen und Einfamilienhäuser; anders als bei § 244 I Nr. 3 StGB muss die Wohnstätte zur Tatzeit tatsächlich bewohnt sein (BGH NJW 2020, 2816). Schwieriger wird die Abgrenzung bereits bei Hotelzimmern und Ferienwohnungen: Für den Vermieter handelt es sich um bloße Geschäftsobjekte, für die

Mieter um private Lebensbereiche. Weil (und soweit) sie aber auch von ihnen nur zeitweise genutzt werden, wird man eine dauerhafte Nutzung und damit auch den besonders schützenswerten Privatbereich, der dem Gesetzgeber bei der Normschaffung vor Augen gestanden haben mag, nicht annehmen können. Demzufolge kann es auch auf die bereits verstrichene Nutzungsdauer nicht ankommen, weshalb auch die erst frisch bezogene Wohnung bereits dauerhaft genutzt ist.

Die Tathandlungsvarianten sind mit denen des § 244 I Nr. 3 StGB **82** (Rn. 76) identisch, weil der Gesetzgeber lediglich das Angriffsobjekt des Einbruchdiebstahls weiter qualifiziert hat. In Prüfungsarbeiten empfiehlt es sich deshalb zunächst das Einbruchsobjekt festzulegen und erst im Anschluss die Einbruchsvariante zu prüfen.

D. Räuberischer Diebstahl

Literatur: *Becker* NStZ 2015, 701; *Bosch* Jura 2018, 354.

Als eigenständiges, raubähnliches Delikt, schließt sich *zeitlich* an **83** den Diebstahl der räuberische Diebstahl nach § 252 StGB an. Der typische Sachverhalt eines räuberischen Diebstahls zeichnet sich dadurch aus, dass der Täter eines Diebstahls (oder – in seiner qualifizierten Form als – Raubes) einen Gewahrsamsbruch vollführt, die Beute aber noch nicht (iSv Tatbeendigung) gesichert hat und sich im Anschluss hieran unter Einsatz qualifizierter Nötigungsmittel im Besitz (= Gewahrsam) der Beute halten möchte. Im Gegensatz hierzu wendet der Täter beim Raub das qualifizierte Nötigungsmittel an, um den Gewahrsamsbruch zu begehen, so dass beide Delikte in zeitlicher Hinsicht getrennt werden können.

Die Rspr. weicht diesen Unterschied durch die Ausweitung der Qua- **84** lifikation des § 250 StGB auf die Waffenverwendung zur Beutesicherung oder die in Besitzerhaltungsabsicht herbeigeführte konkrete Gefahr einer schweren Gesundheitsschädigung allerdings auf (vgl. BGHSt 52, 376; 53, 234, sowie Rn. 135); außerhalb des Anwendungsbereichs des § 250 StGB nimmt die Rspr. bei Einsatz der Nötigungsmittel zwischen Vollendung und Beendigung demgegenüber einen räuberischen Diebstahl an (BGH BeckRS 2019, 26204).

I. Prüfungsschema

85 **Prüfungsschema: § 252 StGB**

I. Tatbestand

1. Objektiver Tatbestand
   a) Vortat Diebstahl oder Raub
   b) Auf frischer Tat betroffen
   c) Einsatz qualifizierter Nötigungsmittel
2. Subjektiver Tatbestand
   a) Vorsatz
   b) Besitzerhaltungsabsicht

II. Rechtswidrigkeit

III. Schuld

II. Anwendungsbereich

86 Die Anknüpfungstat (Diebstahl/Raub) muss vollendet sein, nur so kann Gewahrsam überhaupt gesichert werden, weil zuvor eine Gewahrsamsverschiebung auf den Täter noch nicht stattgefunden hat. Qualifizierte Nötigungsmittel müssen deshalb **zwischen Vollendung und Beendigung** (zur insoweit erforderlichen Sicherung des Gewahrsams BGH NStZ 2015, 219) eingesetzt werden. Der zeitlich vorherige Einsatz der qualifizierten Nötigungsmittel eröffnet den Anwendungsbereich des Raubes, weil der Täter sich dann von seinem Streben nach Zueignung leiten lässt diese einzusetzen, was den Strafgrund des Raubes markiert (vgl. Rn. 102). Der Einsatz von Nötigungsmitteln nach Beendigung der Wegnahme unterfällt § 252 StGB nicht (*Fischer* § 252 Rn. 4); er ist nur im Hinblick auf das Rechtsgut der körperlichen Unversehrtheit strafrechtlich relevant, weil das Verhindern der Rückerlangung einer weggenommenen Sache nicht als Eigentumsdelikt gesondert unter Strafe gestellt ist.

87 **Täter** ist jedenfalls der an der Vortat täterschaftlich Beteiligte (vgl. § 252: „um *sich* im Besitz des gestohlenen Gutes zu erhalten“, sowie BGH NStZ 2015, 276 m. Bespr. *Jahn* JuS 2015, 78). Nach der Rspr. kann dies auch der Gehilfe sein, wenn er sich im Besitz der Beute befindet und diese für sich sichern will (BGHSt 6, 248). Dies ist allerdings zweifelhaft, weil der Gehilfe während der Vortat den Täter lediglich bei *dessen* Zueignung unterstützt hat, die Besitzerhaltungsab-

sicht aber eine *modifizierte* (iSv zeitlich nach hinten verlagerter) *Zueignungsabsicht* darstellt, was umso größeres Gewicht erlangen muss, als eine Drittbesitzerhaltungsabsicht in § 252 StGB gerade nicht genannt ist.

III. Frische Tat

Auf **frischer Tat** betroffen ist der Täter, wenn ein raumzeitlicher Zusammenhang zwischen Vortat und Einsatz des qualifizierten Nötigungsmittels besteht (BGHSt 9, 255). Den Rahmen der frischen Tat bilden die Zeitpunkte der Vollendung und der Beendigung. (zu weit BGH NStZ 2015, 700: Entdeckung 35 km nach Wegnahme und 31 min. vor Gewaltverübung; Vorsatz diesbezüglich auch erst dann gefasst). 88

Betroffen ist der Täter jedenfalls dann, wenn er wahrgenommen wird. Nach der hM soll dies auch gelten, wenn er unmittelbar bemerkt zu werden droht und sogar, wenn er nur glaubt, er sei entdeckt worden (MK/*Sander* § 252 Rn. 10). Denn der Unrechtsgehalt (Raubähnlichkeit des Unrechts) sei nicht davon abhängig, ob der Täter tatsächlich bemerkt wurde. Nach der Lit. ist in diesen Fällen nur ein Versuch des § 252 StGB denkbar. Mit Recht führt sie an, dass der Wortsinn, als äußerste Grenze der Auslegung, ansonsten überdehnt wird. 89

Fall 7 (nach BGH StV 2013, 445): Thomas (T) fuhr gemeinsam mit einem unerkannt gebliebenen Mittäter (M) ohne Fahrkarte im Nachtzug nach Zürich. Dort hatte er gemeinsam mit M zwei schlafenden Reisenden Bargeld, ein Mobiltelefon und Ausweise gestohlen, wobei er ein Springmesser mit einer Klingenlänge von ca. 10 15cm bei sich führte. Die Zugbegleiterin Franziska (F) wurde auf den herumschleichenden T aufmerksam und erkannte in diesem die Person wieder, die vor Jahren schon einmal im Verdacht stand, schlafende Passagiere bestohlen zu haben, was jedoch nie nachgewiesen werden konnte. Als T von F auf seine Fahrkarte angesprochen wurde, begab er sich zum Gepäckabteil des Fahrradwagens, in dem sich M befand und die Beute versteckt worden war. Von dort aus gingen sie weiter und hatten mehrere Jacken über dem Arm, in denen das Diebesgut verborgen war. Da F sich nicht mit Ausreden zufriedengab, zog T die Notbremse, um mit der Beute flüchten zu können und seine Identifizierung zu verhindern. Um zum Ausgang zu gelangen, drückte T die Zugbegleiterin F an die Wand. Als T auf dem Trittbrett stand, lagen die Jacken mit dem Diebesgut auf dem Boden. Gerade als F nach diesen greifen wollte, zog T das Messer, ließ die Klinge herausspringen und hielt es drohend in Richtung der 90

F. Hierdurch wurde seine erfolgreiche Flucht mit der Beute ermöglicht. Strafbarkeit des T?

Strafbarkeit des Thomas (T)

I. § 265a I Var. 3 StGB

Anknüpfungspunkt: T hat den Zug, ein Verkehrsmittel, ohne Fahrkarte genutzt.

1. Nach einer in der Lit. vertretenen Ansicht bedeutet Erschleichen das Erlangen der eigenen Beförderung durch manipulatives Einwirken auf, Umgehen oder Ausschalten von Sicherungseinrichtungen, die gerade die Entrichtung des Entgelts sicherstellen sollen. Da beim schlichten Benutzen eines Beförderungsmittels jedoch kein täuschungsähnliches Umgehen von Kontrollen vorliegt, wird das bloße Ausnutzen des freien Zugangs nicht von § 265a StGB erfasst.

2. Demgegenüber sieht die Rspr. (BGHSt 53, 122) das unbefugte Benutzen eines Verkehrsmittels dann als Erschleichen an, wenn sich der Täter mit dem „Anschein der Ordnungsmäßigkeit" umgibt. Diese Auslegung verstößt nach Ansicht des BVerfG nicht gegen das Bestimmtheitsgebot. Eine Einschränkung dergestalt, dass eine „täuschungsähnliche Manipulation" erforderlich sei, sei verfassungsrechtlich nicht geboten.

3. Für den BGH spricht, dass § 265a StGB zur Schließung von Strafbarkeitslücken bei der Erschleichung von Massenleistungen als Auffangtatbestand zu § 263 StGB eingeführt wurde (*Fischer* § 265a Rn. 1) und deshalb eine Auslegung der Tathandlung iSe täuschungsähnlichen Umgehens diesen Zweck konterkariert. Gegen die Rspr. spricht, dass sich derjenige, der sich mit dem Anschein der Ordnungsmäßigkeit umgibt, indem er bspw. Zug fährt, genauso verhält, wie alle anderen Fahrgäste auch, weshalb es fragwürdig ist, weshalb diesem Nichtstun die Qualität als Tathandlung des „Erschleichens" zuerkannt werden könnte. Auch lässt sich nicht erklären, warum dieselbe, vor die Klammer gezogene Tathandlung des Erschleichens iRd § 265a I StGB unterschiedlich ausgelegt wird, wenn etwa beim Automatenmissbrauch eine täuschungsähnliche Manipulation stets erforderlich sein soll.

Erg.: T hat sich nicht nach § 265a I Var. 3 StGB strafbar gemacht (aA vertretbar).

II. §§ 242 I, 244 I Nr. 1a StGB an den Wertgegenständen der Passagiere

T hat die Wertgegenstände aufgrund eines einheitlichen Willensentschlusses gegen den Willen der Passagiere in seinen Gewahrsam überführt. Hierbei trug er ein Springmesser bei sich. Waffen sind Sachen, die ihrer Art nach zur Verursachung erheblicher Verletzungen von Personen generell geeignet und bestimmt sind, insb. Schuss-, Hieb- und Stichwaffen. Laut den Feststellungen des Sachverhalts handelte es sich um ein Messer, bei dem T die Klinge herausspringen ließ, weshalb die Verursachung von Verletzungen gerade der bestimmungsgemäße Gebrauch des Messers ist. Beisichführen setzt nicht voraus, dass der Täter den Gegenstand in der Hand hält oder am Körper trägt, ausreichend ist, wenn er sich in Griffweite befindet oder sich der Täter dessen jederzeit ohne nennenswerten Zeitaufwand bedienen kann.

III. § 252 iVm. § 250 II Nr. 1 StGB

1. Mit dem Diebstahl (s.o.) liegt eine taugliche Vortat vor. Dieser ist vollendet (werden Nötigungsmittel zur Erlangung der Sache eingesetzt, greifen die §§ 249 ff. StGB), aber noch nicht beendet (diese zeitliche Grenze ist str.), weil die Beute weiterhin im Zug dem Zugriff des Transportunternehmers ausgesetzt war und deshalb noch kein gesicherter Gewahrsam begründet werden konnte.

2. Die qualifizierten Nötigungsmittel der Gewalt gegen eine Person (an die Wand Drücken der F) und der Drohung mit gegenwärtiger Gefahr für Leib oder Leben (drohendes Entgegenhalten des Messers mit ausgestellter Klinge) wurden von T zielgerichtet eingesetzt.

3. T müsste weiterhin auf frischer Tat betroffen worden sein.

a) Das Betroffensein ist vorliegend sicher festgestellt, weil T als solcher von der Zugbegleiterin F wahrgenommen wurde und sie ihn mit Diebstählen in Verbindung brachte.

b) Fraglich ist nur, ob der von T verübte Diebstahl zu diesem Zeitpunkt noch frisch war. Hierzu muss der Täter in Tatortnähe und spätestens alsbald nach der Tatausführung wahrgenommen werden. Erforderlich ist vor dem Hintergrund der Gleichstellung mit § 249 StGB ein **enger raumzeitlicher** Zusammenhang von Vortat und Einsatz des Nötigungsmittels

T hatte die Diebesbeute nach der vollzogenen Wegnahme zunächst im Gepäckabteil versteckt und später dort wieder an sich genommen. An dem zeitlichen Zusammenhang zwischen dem Diebstahl und dem Einsatz von Raubmitteln zur Beutesicherung fehlt es, weil zwischen der Wegnahme der Beute und der Besitzverteidigung mit

Raubmitteln ein längerer Zeitraum lag (vom auffälligen Herumschleichen des T über den Gang zum Gepäckabteil, bis hin zu dem Kampf um die Jacken).

Erg.: T hat sich nicht nach §§ 252, 250 II Nr. 1 StGB strafbar gemacht.

IV. §§ 253, 255, 250 II Nr. 1 StGB bzgl. Diebesbeute

1. Die qualifizierten Nötigungsmittel der Gewalt gegen eine Person und der Drohung mit gegenwärtiger Gefahr für Leib oder Leben wurden durch T verübt. Es handelt sich um einen Fall der Dreieckserpressung, da die Nötigungsmittel gegen die Zugbegleiterin F gerichtet waren.

2. F duldete aufgrund der eingesetzten Nötigungsmittel die Flucht des T mitsamt der Beute. Zudem musste sie es unterlassen, die Personalien des T festzustellen.

3. Eine Vermögensverfügung ist nach Ansicht der Rspr. nicht erforderlich. Der Streit um diesen Punkt ist hier unerheblich, da es jedenfalls an einem nötigungsbedingten Vermögensnachteil fehlt.

4. Ein Vermögensnachteil ist bei den Fahrgästen bereits durch den Diebstahl eingetreten, dh durch die Nötigung der F entstand kein neuer Vermögensschaden. Es handelt sich um den Fall einer tatbestandslosen Schadensvertiefung. Dies deshalb, weil anderenfalls die Grenzen zwischen § 252 StGB und §§ 253/255 StGB verwischt würden, indem die Hürde des Betroffenseins „auf frischer Tat" bei einer gewaltsamen Beutesicherung nach der Tat unterlaufen würde. Dies spricht dafür, die §§ 253, 255 StGB im Anwendungsbereich des § 252 StGB nicht heranzuziehen.

Erg.: T ist nicht strafbar wegen schwerer räuberischer Erpressung.

V. Verwirklicht ist allerdings der Tatbestand der Nötigung gem. **§ 240 I, II StGB**.

VI. §§ 253, 255, 250 II Nr. 1 StGB bzgl. (erhöhtem) Fahrpreis

1. Zum Einsatz der qualifizierten Raubmittel, s.o.

2. Der Nötigungserfolg liegt in der Duldung der Flucht, ohne die Möglichkeit den Fahrpreisanspruch durchzusetzen.

3. Erforderlichkeit einer Vermögensverfügung?

Es handelt sich um einen Fall der sog. Forderungserpressung. Analog zur Abgrenzung Betrug/Diebstahl dürfte auch die Literaturansicht, die im Gegensatz zur Rspr. eine Vermögensverfügung fordert, jedenfalls auf das Merkmal des Verfügungsbewusstseins verzichten (zur Problematik *Brand* JuS 2009, 899).

4. Der Fahrpreisanspruch des Transportunternehmens kann nicht durchgesetzt werden, da die Personalien des T diesem unbekannt sind.

5. T hat ein Messer mit 10–15cm langer, herausspringender Klinge gegen F eingesetzt. Damit hat er beim Raub eine Waffe verwendet, § 250 II Nr. 1 StGB.

6. T handelte vorsätzlich hinsichtlich des Einsatzes der Raubmittel zur Erzwingung eines Vermögensnachteils, sowie bezüglich der Verwendung einer Waffe.

7. Durch das unerkannte Entkommen wollte T seine Vermögenslage günstiger gestalten. Er hatte Bereicherungsabsicht.

Erg.: T ist strafbar nach §§ 253, 255, 250 II Nr. 1 StGB.

VII. § 145 I Nr. 2 StGB (abstraktes Gefährdungsdelikt)

1. Die grundlose Betätigung des Nothalts bedeutet das Vortäuschen, dass wegen eines Unglücksfalls die Hilfe anderer erforderlich sei.

2. Genau hierauf kam es T an, weil er sich die Möglichkeit verschaffen wollte, aufgrund des Nothalts den Zug zu verlassen.

VIII. Konkurrenzen

Zwischen den Diebstählen besteht, da sie verschiedene Rechtsgutsträger betreffen, keine Gesetzeskonkurrenz. Beruhen sie jeweils auf einem neuen Tatentschluss, stehen sie zueinander im Verhältnis der Tatmehrheit, § 53 StGB. § 265a StGB wäre zu § 253 StGB formell subsidiär. Tatmehrheitlich dazu stehen die schwere räuberische Forderungserpressung und die Nötigung hinsichtlich der Diebesbeute, die zueinander in Tateinheit stehen, § 52 StGB.

IV. Qualifizierte Nötigungsmittel

Das eingesetzte Nötigungsmittel muss sich nicht gegen das Opfer der Vortat richten, ausreichend ist die Angriffsrichtung gegen einen schutzbereiten Dritten. Denn nur dann ist die Bestrafung „gleich einem Räuber“ gerechtfertigt. Umstritten ist, ob es ausreicht, dass der Täter an einen derartigen Schutzwillen des Genötigten (rein innersubjektiv) 91 glaubt. Lässt man dies nicht ausreichen, liegt lediglich ein Versuch des § 252 StGB vor.

V. Subjektiver Tatbestand

92 Hinsichtlich der objektiven Tatbestandsmerkmale (Vortat und Einsatz qualifizierter Nötigungsmittel) ist bedingter Vorsatz ausreichend. Darüber hinaus ist, strukturgleich zu § 249 StGB, iR einer überschießenden Innentendenz Besitzerhaltungsabsicht, dh die Absicht eine gegenwärtige oder unmittelbar bevorstehende Gewahrsamsentziehung zu verhindern, erforderlich. Nach der hM handelt es sich hierbei um eine *modifizierte Zueignungsabsicht*, was zur Folge hat, dass die Zielrichtungen von Raub und räuberischem Diebstahl identisch sind.

93 Daraus ergeben sich folgende Ableitungen:

- Will der Täter nur die Feststellung seiner Person und den dadurch bedingten späteren Verlust des Diebesguts vermeiden, liegt keine Besitzerhaltungsabsicht vor.
- Will der Täter eine Sache nur in seinem Gewahrsam halten, um sie später als Beweismittel zu zerstören, handelt er ebenfalls ohne Besitzerhaltungsabsicht (vgl. hierzu BT/1 Rn. 44).
- Will der Täter sich der Strafverfolgung entziehen, zugleich aber auch das Diebesgut verteidigen, ist Besitzerhaltungsabsicht anzunehmen, da die Verteidigung des Diebesguts nicht der einzige Beweggrund für die Anwendung des Nötigungsmittels sein muss (Konstellation eines Motivbündels).

94 In der Klausur stellt sich häufig das Problem, dass der Gewaltübende handelt, *um einem Dritten den Besitz zu erhalten*. Im Gegensatz zu allen anderen Zueignungsdelikten ist diese Konstellation von § 252 StGB jedoch nicht erfasst. Das Problem behandelt

95 **Fall 8** (nach BGH NStZ 2015, 276 und *Ceffinato/Kalb* JuS 2015, 808): Tanja (T) und Rasputin (R) lernten in einer Kneipe den später geschädigten Julius (J) kennen. Da man sich gut verstand, ging die Gruppe noch in die Wohnung des J um dort weiter zu trinken. Als J kurz in die Küche ging um Bier zu holen, fassten T und R aufgrund einer entsprechenden Idee der T gemeinsam den Entschluss, dem J dessen Notebook zu entwenden. T wollte das Gerät als Ersatz für ihren eigenen, defekten Computer nutzen. Sie nahm das Notebook an sich und steckte es samt Ladekabeln in einen Jute-Beutel. Als sie und R die Wohnung des J verlassen wollten, stellte dieser sie im Wohnungsflur und näherte sich der T, um ihr den Computer wieder abzunehmen. Um „den einmal erlangten Gewahrsam" an dem Notebook nicht wieder zu verlieren, entschloss sich R, die erstrebte

Rückerlangung des Notebooks durch Anwendung körperlicher Gewalt zu verhindern. Hierzu versetzte R dem J in der Folgezeit mehrere Faustschläge und brachte ihn wiederholt zu Boden. Strafbarkeit von T und R?

A. Strafbarkeit der Tanja (T)

I. § 242 I StGB

T hat tätereigenen Gewahrsam bereits in der Gewahrsamssphäre des J erlangt, da sie den Laptop in ihren mitgebrachten Jute-Beutel und damit in eine Gewahrsamsenklave verbrachte (aA vertretbar). Einen bereits gesicherten Gewahrsam setzt die Tatvollendung nicht voraus.

II. § 252, § 223 StGB sind nicht erfüllt, da T selbst keine Gewalt angewandt hat und mangels gemeinsamen Tatplans ihr die Gewaltanwendung des R nicht nach § 25 II StGB zurechenbar ist. Zwar genügt für diesen insoweit auch ein konkludentes Einvernehmen, das nach der umstrittenen Lehre von der sukzessiven Mittäterschaft sogar in das Stadium nach Beginn der Tatausführung fallen kann (BGH NStZ-RR 2014, 73). Jedoch hat T niemals zum Ausdruck gebracht, dass sie mit einer Gewaltanwendung durch den R rechnet oder diese billigt. Auch eine mittelbare Täterschaft kraft Einsatzes eines absichtslos dolosen Werkzeugs kommt nicht in Betracht, weil T noch nicht einmal auf R eingewirkt hat und das Fehlen des Besitzerhaltungswillens bei R keine Herrschaftsposition der T vermittelt. R hat den Entschluss zur Gewaltanwendung vollkommen autonom gefasst. Folgt man der Pflichtdeliktslehre, wäre zwar allein kraft der Stellung als Vortäter eine mittelbare Täterschaft konstruierbar. Allerdings fehlt es bei T jedenfalls an der finalen Verknüpfung zwischen Gewaltanwendung und Besitzerhaltungsabsicht.

Erg.: T hat sich eines Diebstahls schuldig gemacht.

B. Strafbarkeit des Rasputin (R)

I. Die in natürlicher Handlungseinheit verübten Faustschläge erfüllen den Tatbestand des **§ 223 StGB.**

II. §§ 249, 25 II StGB

Zwar hat R Gewalt gegenüber J angewandt. Die Wegnahme durch T war zu diesem Zeitpunkt aber bereits vollzogen, da T mit dem Einstecken des Laptops in den Jute-Beutel bereits Gewahrsam erlangt hatte (s.o.). Damit war der Diebstahl zum Zeitpunkt der ersten Gewaltanwendung bereits vollendet. Eine sukzessive Mittäterschaft kommt mangels Tatherrschaft des R im Ausführungsstadium nicht in Betracht (str., vgl. BT/1 Rn. 44).

III. § 252 StGB

1. R hat im Zeitraum zwischen Vollendung und Beendigung (= Erlangung gesicherten Gewahrsams) des Diebstahls der T Gewalt gegenüber J angewandt.

2. Die hM schließt jedoch aus der Besitzerhaltungsabsicht, dass Täter des § 252 StGB nur derjenige sein könne, der entweder selbst im Besitz der entwendeten Sache ist oder am Diebstahl (mit-)täterschaftlich beteiligt war. R erfüllte keine dieser Voraussetzungen. Besitz am Notebook hatte allein die T. Dieser kann dem R nicht zugerechnet werden. Die Annahme von Mittäterschaft bei Begehung des Diebstahls ergibt sich aus dem Sachverhalt nicht. Die Einfügung der Drittzueignungsabsicht durch das 6. Strafrechtsreformgesetz hat zwar den Anwendungsbereich der Mittäterschaft ausgedehnt, die allgemeinen Abgrenzungskriterien zwischen Täterschaft und Teilnahme in diesem Bereich jedoch nicht außer Kraft gesetzt. Voraussetzung ist weiterhin die gemeinsame Beherrschung des Tatgeschehens aufgrund eines gemeinsamen Tatentschlusses. Nach dem Sachverhalt fehlte es jedoch an jeglichem Einfluss des R auf das Geschehen der Wegnahme: diese war eine Idee der T, die allein handelte und die allein einen Nutzen aus der Tat ziehen sollte. Auch ein eventueller gemeinsamer Tatentschluss vermag vor diesem Hintergrund Mittäterschaft nicht zu begründen.

IV. §§ 253, 255 StGB

Auch eine Sicherungserpressung (Gewaltanwendung durch R führt zur Unterlassung weiterer Versuche, den Laptop zurückzuerlangen) scheidet aus, da das Vermögen des J bereits durch die Wegnahmehandlung der T einen Schaden erlitten hat, der infolge der Gewaltanwendung nicht vertieft wird.

V. § 257 I StGB

Eine rechtswidrige Tat liegt mit dem Diebstahl der T vor. Hilfeleisten ist jede Handlung die objektiv geeignet ist und subjektiv mit der Absicht vorgenommen wird, durch die Vortat erlangte oder entstandene Vorteile gegen Entziehung zu sichern. Dieselbe Tathandlung des Hilfeleistens findet sich allerdings auch im Rahmen der Beihilfe. Mit der Anerkennung der Möglichkeit einer sukzessiven Beihilfe stellt sich daher die Frage, wann im Zeitraum zwischen Vollendung und Beendigung der Vortat von einer Begünstigung ausgegangen werden kann. Nach einer Ansicht soll die Möglichkeit der sukzessiven Beihilfe grundsätzlich ausgeschlossen sein; in Betracht käme allein eine Begünstigung. Überwiegend wird dagegen eine Beihilfe im Zeitraum zwischen Vollendung und Beendigung für möglich gehalten und zur Abgrenzung auf die Willensrichtung des Helfenden abgestellt. Es ist danach zu fragen, ob der Hilfeleistende mit seiner Tat dic Vortat zu einem Abschluss bringen möchte oder es ihm darum geht, die Vorteile der Tat zu sichern. Im ersten Fall soll Beihilfe, im zweiten Begünstigung einschlägig sein.

Nur die erste Ansicht trägt dem Gedanken Rechnung, dass Hilfeleistungen nach der Tat in den §§ 257 ff. StGB geregelt sind. Aber auch die hM kommt vorliegend zu keinem anderen Ergebnis. R wollte durch das Niederschlagen des J den Gewahrsam der T, dh den aus der Tat erlangten Vorteil, sichern. Auch objektiv war das Einschlagen auf J, wie der Sachverhalt gerade zeigt, geeignet, den Gewahrsam gegen Entziehung zu sichern. R handelte dabei auch vorsätzlich und mit der Absicht die T im Gewahrsam zu halten.

Erg.: R hat sich einer Begünstigung schuldig gemacht. In Tateinheit dazu steht eine Nötigung des J, da dieser durch R mittels Gewalt an Restitutionsmaßnahmen gehindert wurde.

Rechtsfolge: „gleich einem Räuber zu bestrafen". Neben dem Straf- **96**
rahmen des § 249 StGB eröffnet dies insbesondere den Anwendungsbereich des § 250 (schwerer räuberischer Diebstahl) und des § 251 StGB (räuberischer Diebstahl mit Todesfolge).

E. Unterschlagung

Literatur: *Kudlich/Koch* JA 2017, 184.

I. Prüfungsschema

97 **Prüfungsschema: § 246 StGB**

I. Tatbestand

1. Objektiver Tatbestand

a) Tatobjekt: fremde bewegliche Sache

b) Tathandlung: rechtswidrige Zueignung

c) Ggf. Anvertrautsein, § 246 II StGB

2. Subjektiver Tatbestand

Vorsatz, dolus eventualis genügt

II. Rechtswidrigkeit

III. Schuld

IV. Ggf. Strafantragserfordernis, §§ 247, 248a StGB

II. Einzelheiten

98 Das Tatbestandsmerkmal der rechtswidrigen **Zueignung** ist bei § 246 StGB (anders als bei § 242 StGB) bereits im objektiven Tatbestand zu prüfen, dh für die Deliktsvollendung ist eine Vollendung der Zueignung erforderlich. Dies ist nach der hM der Fall, wenn der Täter seinen Zueignungswillen durch eine nach außen erkennbare Handlung manifestiert hat (andere stellen – zeitlich später – auf den Eintritt der Enteignung oder der Aneignung ab). Als Beurteilungskriterium ist entscheidend, ob ein objektiver Beobachter bei Kenntnis der Täterabsicht die Handlung als Betätigung des Zueignungswillens ansieht. Rechtswidrig ist eine Zueignung, die im Widerspruch zur Eigentumsordnung steht (vgl. dazu bereits Rn. 43). Beispielhaft:

- Das Verfügen über eine fremde Sache unter Leugnung des fremden Eigentumsrechts ist Zueignung der Sache.
- Dasselbe gilt für die Nichtrückgabe einer geliehenen Sache unter deren Verbrauch, da der Täter wiederum das fremde Eigentums-

recht nicht anerkennt und dies nach außen lebt (vgl. dazu auch Fall 5).

– Eine Zueignung liegt allerdings nicht in der unterlassenen Herausgabe einer fremden Sache, wenn der Täter hiermit eigene Gegenansprüche durchsetzen möchte, weil er dann gerade das fremde Eigentumsrecht anerkennt.

Klassiker: Gibt es eine wiederholte Zueignung nach bereits vorausgegangener Zueignung (sog. **Zweitzueignung**)? 99

Beispiele: Der Täter stiehlt eine Sache und verkauft diese einen Monat später an einen gutgläubigen Dritten; der Täter entwendet Weinflaschen aus einem Pkw und trinkt diese später zu Hause aus.

Nach der *Tatbestandslösung* sind weitere Zueignungen bereits tatbestandslos, da es eine Zueignung nach erfolgter Zueignung nicht geben kann. Nach der *Konkurrenzlösung* ist in der wiederholten Betätigung des Herrschaftswillens eine Zueignung zu sehen, die aber als mitbestrafte Nachtat zurücktritt. Die Konkurrenzlösung ist dabei offen kriminalpolitisch motiviert, wenn mit ihr die Möglichkeit geschaffen werden soll, eine etwaige Förderung der späteren Zueignung durch einen Dritten als Beihilfe zu erfassen.

§ 246 II StGB enthält einen Qualifikationstatbestand, der den Fall 100 erfasst, dass dem Täter die Sache **anvertraut** wurde. Dies ist nach der hM der Fall, wenn der Täter die Sache vom Eigentümer oder einem Dritten mit der Verpflichtung erlangt hat, sie zu einem bestimmten Zweck zu verwenden, aufzubewahren oder zurückzugeben. Das Anvertrauen ist nach hM besonderes persönliches Merkmal iSd § 28 II StGB.

Nach § 246 I a.E. StGB ist die Unterschlagung **formell subsidiär**, 101 wenn die Tat in anderen Vorschriften mit schwerer Strafe bedroht ist. Die Klausel, die sowohl für Taten nach Abs. 1 als auch Abs. 2 gilt, erfasst nach der Rspr. alle tatzeitnah (iSd prozessualen Tatbegriffs) mit der Unterschlagung begangenen Delikte, unabhängig von ihrer Schutzrichtung (BGHSt 47, 243; BGH NStZ-RR 2017, 312). Die Gegenansicht in der Lit. wendet ein, dass nach diesem Verständnis eine gravierende Tat nach § 246 I StGB durch eine Bagatelltat verdrängt werden könnte (bspw. Unterschlagung einer Luxusuhr zeitlich zusammentreffend mit einer Ohrfeige, mit der Folge, dass nur wegen Körperverletzung verurteilt werden könnte) und versteht die Klausel demgegenüber als materielle Konkurrenzregel und wendet sie deshalb nur auf Eigentums- und Vermögensdelikte an (*Fischer* § 246 Rn. 23a).

Kapitel 2. Raub

Strukturell handelt es sich beim Raub um einen Diebstahl unter Einsatz qualifizierter Nötigungsmittel, wobei diese gerade eingesetzt werden müssen, *um* die Wegnahme zu ermöglichen. Strafgrund ist damit der Umstand, dass sich der Täter von seinem Streben nach Zueignung einer fremden Sache leiten lässt, qualifizierte Nötigungsmittel gegen das Opfer einzusetzen. Dieser Strafgrund ist Dreh- und Angelpunkt der zu § 249 StGB bestehenden Auslegungsfragen und deshalb stets im Blick zu behalten. **102**

Die aufgezeigte Struktur verdeutlicht zudem, dass in jedem Raub ein Diebstahl enthalten ist, beide mithin in einem Stufenverhältnis zueinander stehen. Als Folge dessen ist bei Zweifeln bspw. über den Einsatz eines qualifizierten Nötigungsmittels oder die Finalität jedenfalls der Tatbestand des Diebstahls verwirklicht (BGH NStZ 2018, 465). **103**

A. Prüfungsschema

Prüfungsschema: § 249 StGB **104**

I. Tatbestand
1. Objektiver Tatbestand
   a) Qualifiziertes Nötigungsmittel
   b) Wegnahme einer fremden beweglichen Sache
   c) Raumzeitlicher Zusammenhang zwischen Gewaltanwendung und Wegnahme iSe „raubspezifischen Einheit“
2. Subjektiver Tatbestand
   a) Vorsatz
   b) Zueignungsabsicht
   c) Rechtswidrigkeit der Zueignung und Vorsatz diesbezüglich
   d) Finalität zwischen eingesetztem Nötigungsmittel und Wegnahme

II. Rechtswidrigkeit (der Tathandlung)

III. Schuld

B. Im Einzelnen

I. Raubmittel

105 Das Tatmittel der **Gewalt gegen eine Person** umschreibt den nicht notwendig erheblichen Einsatz körperlicher Kraftentfaltung, der sich gegen die Person, gegen die er sich richtet, nicht nur als seelischer, sondern auch als körperlicher Zwang auswirkt, verübt in der Absicht, gegen die Wegnahme geleisteten Widerstand zu brechen oder erwarteten Widerstand zu verhindern. Erforderlich ist eine (nicht notwendig erhebliche) körperliche Kraftentfaltung auf Seiten des Täters und eine physische Zwangswirkung auf Opferseite. Diese unmittelbar oder mittelbar gegen den Körper des Opfers gerichtete Einwirkung muss von diesem (zumindest auch) als körperlicher Zwang empfunden werden; lediglich psychisch vermittelter Zwang genügt nicht (BGH NStZ 2019, 523).

106 **Fall 9** (nach BGH NStZ 2020, 219 m. Bespr. *Kudlich* JA 2020, 150): Gerlinde (G) wurde von ihrem Bekannten Bruno (B) gebeten, ein Fahrzeug anzumieten, welches B bei einem Diebstahl nutzen wollte. B erklärte der G, dass mittels des Mietwagens der Wagen der Olga (O) vorsichtig an einer Ampel heruntergebremst werden sollte. Aus dem stehenden Wagen der O sollte sodann eine Geldtasche entwendet werden. Dieses Vorgehen konnte G mit ihrem Gewissen vereinbaren, weil keine Gewalt angewendet werden sollte. G mietete den Wagen an und übergab diesen dem B. Ohne Wissen der G änderte B den ursprünglichen Plan, suchte die O an ihrem Wohnhaus auf, sprühte dieser mit einem Pfefferspray ins Gesicht und entwendete aus dem Kofferraum des Wagens der O einen Koffer mit 50.000 Euro. Anschließend flüchtete er mit dem von G angemieteten Pkw. Strafbarkeit der G?

I. §§ 249 I, 250 II, 27 StGB

Indem G dem B einen Pkw verschaffte, mit dem B am Wohnhaus der O einen Gedkoffer entwendete, könnte sich G einer Beihilfe zum schweren Raub schuldig gemacht haben.

1. Hierzu müsste zunächst eine vorsätzliche rechtswidrige Haupttat vorliegen.

a) B hat mit dem Koffer aus dem Kofferraum der O eine in deren Gewahrsam befindliche, fremde bewegliche Sache weggenommen.

b) Um die Wegnahme zu ermöglichen sprühte B der O Pfefferspray in deren Gesicht. Dies könnte Gewalt gegen eine Person darstellen.

Der Einsatz eines qualifizierten Nötigungsmittels im Sinne des § 249 I StGB in Form der Gewalt gegen eine Person unterliegt in Abgrenzung zur einfachen Gewalt im Sinne der §§ 240, 253 StGB erhöhten Anforderungen. Gewalt im Sinne des Tatbestandes des Raubes setzt eine unmittelbar oder mittelbar gegen den Körper des Opfers gerichtete Einwirkung voraus. Erforderlich ist, dass der Einsatz auch nur geringer Körperkraft durch den Täter eine körperliche Zwangswirkung beim Opfer zur Folge hat. Lediglich psychisch vermittelter Zwang reicht dagegen nicht aus. Das Sprühen des Pfeffersprays in das Gesicht des Opfers bedingt Reizungen der Schleimhäute sowie Hautrötungen und ist damit unmittelbar gegen den Körper des Opfers gerichtet.

c) B handelte vorsätzlich und mit Zueignungsabsicht.

2. Zu dieser Tat hat G durch die Anmietung des Pkw Hilfe geleistet. Denn der Wagen wurde durch B benutzt um zum Tatort zu kommen und diesen wieder zu verlassen, so dass G mit der Anmietung den Raub gefördert hat.

3. G müsste vorsätzlich bezüglich ihres Tatbeitrags (Hilfeleisten) gehandelt, sowie Vorsatz bezüglich der akzessorischen Haupttat gebildet haben. Fraglich ist vorliegend allein, ob G Vorsatz bezüglich eines Raubes hatte, da sie davon ausging, es werde keine Gewalt angewendet. Nach ihrer Vorstellung sollte die O mittels des von ihr angemieteten Pkw vorsichtig an einer Ampel zum Anhalten gebracht werden. Nach der Vorstellung der B mangelt es damit an einem körperlich wirkenden Zwang bei der O. Eine Vollbremsung oder ein abruptes, starkes Abbremsen der Geschädigten, das gegebenenfalls eine körperliche Reaktion hätte auslösen können, war nach dem Sachverhalt nicht von dem Vorstellungsbild der G umfasst. Die von dem vorgestellten Abbremsvorgang ausgehende Zwangswirkung geht mithin über einen lediglich psychisch vermittelten Zwang nicht hinaus.

Erg.: B hat sich nicht nach §§ 249 I, 250 II, 27 StGB strafbar gemacht.

II. §§ 242, 27 StGB

B hat sich aber einer Beihilfe zum Diebstahl schuldig gemacht.

Gewalt gegen Sachen reicht ausweislich § 249 StGB grundsätzlich nicht für eine Tatbestandsverwirklichung. Eine Ausnahme hiervon wird nur zugelassen, wenn sich die Sachgewalt als *mittelbare körperliche Einwirkung auf die Person* darstellt (Bsp.: Das Opfer hält die 107

Sache mit beiden Händen in Erwartung des Angriffs fest). Im Regelfall der gegen Sachen geübten Gewalt muss in der Klausur § 249 StGB abgelehnt und im Anschluss § 253 StGB geprüft werden. Bsp.: Der Täter zerstört das Mobiliar des Opfers und verlangt von diesem die Preisgabe seines Geldverstecks.

108 Prägen nicht die eingesetzte Kraft, sondern List und Schnelligkeit das Tatbild, liegt keine Wegnahme mit Gewalt vor. Bsp.: Im Rennen entreißt T der Oma O deren Handtasche, bevor diese merkt, wie ihr geschieht. Es handelt sich um einen „offenen" Diebstahl. Auch Fall 12 (Rn. 146) fällt unter diese Kategorie.

109 Das Tatmittel der **Drohung mit gegenwärtiger Gefahr für Leib oder Leben** umschreibt das Inaussichtstellen eines Übels für die beschriebenen Rechtsgüter, auf dessen Eintritt der Täter Einfluss hat oder zu haben vorgibt. Ob der Täter die Drohung verwirklichen kann ist also unerheblich. Ausreichend ist es, wenn er will, dass das Opfer die Verwirklichung für möglich hält.

110 Abgrenzung Drohung **mit**/Drohung **durch** Unterlassen

1. Im ersten Fall droht der Täter aktiv eine bestimmte zukünftige Handlung zu unterlassen (bspw. die Drohung mit der Nichtverhinderung einer Anzeigeerstattung durch einen Warenhausdetektiv oder die Drohung mit Beendigung der geschäftlichen Beziehungen). Die Rspr. nimmt die Tatbestandsmäßigkeit dieser Drohung an, wenn die Verknüpfung von Mittel und Zweck nach allen bei der Wertung zu berücksichtigenden Umständen verwerflich ist, dh es ist *bereits im Rahmen der Tatbestandsfeststellung* die verwerfliche Verbindung von Mittel und Zweck zu prüfen. Die Lit. sieht eine Drohung mit einem Unterlassen demgegenüber nur dann als tatbestandsmäßig an, wenn eine Rechtspflicht des Drohenden zum Handeln besteht, gegen die anderenfalls verstoßen werde.

2. Im zweiten Fall wird die Nötigungshandlung durch ein Unterlassen verwirklicht, was nach allgemeinen Grundsätzen (§ 13 I StGB) nur dann tatbestandsmäßig ist, wenn eine Rechtspflicht zur Unterbindung der Nötigung besteht (bspw. die Mutter, die zusieht, wie ihr Sprössling seinen Mitschülern das Milchgeld abpresst, weil Eltern gegenüber Minderjährigen nicht nur Beschützergaranten, sondern auch zur Verhinderung von Straftaten verpflichtet sind).

II. Begriff der Wegnahme

Das Tatbestandsmerkmal der Wegnahme ist, aufgrund seiner ihm in der Umgrenzung der Anwendungsbereiche von Raub und räuberischer Erpressung zukommenden Funktion, regelmäßig Dreh- und Angelpunkt gutachterlicher Darstellungen. Wichtig ist dabei die Feststellung, dass es – entgegen einem unter Prüflingen regelmäßig anzutreffenden Missverständnis – *keinen raubspezifischen Wegnahmebegriff* gibt. Wegnahme ist auch im Bereich des § 249 StGB der **Bruch fremden** und die **Begründung neuen Gewahrsams**. **111**

Umstritten ist lediglich, wann von einem *tatbestandsausschließenden Einverständnis* ausgegangen werden kann, weil jedenfalls das Merkmal der Freiwilligkeit aufgrund der bestehenden Tatsituation (Anwendung von qualifizierten Nötigungsmitteln gegenüber dem Opfer) strukturell als Entscheidungskriterium ausgeschlossen ist. MaW: Das Opfer, das mit einer Waffe bedroht oder geschlagen wird, verfügt nicht aus freien Stücken über sein Vermögen, weshalb die aus dem Bereich des § 242 StGB bekannte Definition der Freiwilligkeit (Rn. 14 ff.) nicht weiterführt. Während die Rspr. auf das äußere Erscheinungsbild des Geschehens abstellt, hebt die Lit. auf die innere Willensrichtung des Opfers ab („Schlüsselposition"; Kontrollkriterium: Geld oder Leben heißt nicht Geld *oder* Leben, sondern Geld oder Geld *und* Leben). Daher ist nach der Rspr. der Einsatz der Nötigungsmittel, um das Opfer zur Herausgabe oder Preisgabe von Zugangsmöglichkeiten zu veranlassen (Preisgabe des Verstecks; Nennen der Tresorkombination oder PIN), deren Kenntnis dem Täter einen *ungehinderten* Zugriff auf die Sache ermöglicht, regelmäßig ein Fall der §§ 253, 255 StGB (BGH NStZ 2006, 38; BeckRS 2021, 5371). **112**

113 **Fall 10** (nach OLG Celle NStZ 2012, 447 und BGH NStZ 2012, 445): Tina (T) ist Mitarbeiterin des Pizzaservice „Josips" und für die Verwaltung der Kasse verantwortlich. Am Tatabend schloss sie entgegen der Anweisung des selten anwesenden Geschäftsführers gegen 23.25 Uhr die Zugangstür nicht ab, so dass Sepp (S) und Gustl (G), wie zuvor mit T verabredet, maskiert das Lokal betreten konnten. Zu diesem Zeitpunkt zählte T mit dem Mitarbeiter Martin (M) gerade die Tageseinnahmen. S forderte den M auf, sich flach auf den Boden zu legen und stieß ihn derart, dass M auf Hände und Knie fiel. Sodann fixierte S die Hände des M auf dem Rücken und hielt ihm eine geladene Schreckschusspistole an den Hals. Währenddessen hielt sich T im Küchenbereich des Lokals auf und G nahm die Tageseinnahmen von insgesamt 2.035 Euro an sich. S und G verließen sodann das Lokal, während sich die T gegenüber der eintreffenden Polizei als Opfer ausgab. Wie haben sich S und T strafbar gemacht?

A. Strafbarkeit des Sepp (S)

I. §§ 249 I, 250 II Nr. 1, 25 II StGB

1. S hat sowohl Gewalt gegen eine Person (Stoßen des M und Fixierung der Hände), als auch eine Drohung mit gegenwärtiger Gefahr für Leib oder Leben (Halten der Schreckschusspistole an den Hals) verübt.

2. Wegnahme der Tageseinnahmen

a) S selbst hat die Tageseinnahmen nicht weggenommen. Allerdings ist ihm die Handlung des G über die Grundsätze der Mittäterschaft (§ 25 II StGB) zuzurechnen, da ein gemeinsamer Tatplan bestand und beide im Ausführungsstadium wechselseitig zusammenwirkten. G und S wollten die Tat zudem als eigene und auch Tatherrschaft/Tatherrschaftswille ist bei beiden im Ausführungsstadium vorhanden.

b) Handlung des G als Wegnahme?

G müsste fremden Gewahrsam gebrochen und neuen Gewahrsam begründet haben. Bruch ist die Handlung gegen oder ohne den Willen des Gewahrsamsinhabers. Nach dem äußeren Erscheinungsbild stellt sich das Geschehen als Wegnahme dar. Allerdings bestand ein Einverständnis der T mit dem Gewahrsamswechsel, weil mit G und S verabredet war, dass die Ladentür nicht verschlossen wird, damit diese beiden die Tageseinnahmen in ihren Gewahrsam überführen konnten. Voraussetzung für ein wirksames tatbestandsausschließendes Einverständnis ist dabei, dass T auch Gewahrsamsinhaberin war. T ist laut Sachverhalt für die Verwaltung der Kasse verantwortlich und der Geschäftsführer ist selten anwesend. Nach der Verkehrsauffassung haben Kassierer, denen die ausschließliche Verantwortung für den Inhalt der Kasse überantwortet ist, Alleingewahrsam über den Kassenbestand (BGH BeckRS 2015, 12151). Zwar half ihr M beim Zählen der Tageseinnahmen. Da dieser jedoch keine Zuständigkeit für die Kasse besaß, hatte er allenfalls untergeordneten Gewahrsam. In gestuften Gewahrsamsverhältnissen kann jedoch nur der untergeordnete Gewahrsamsinhaber einen Gewahrsamsbruch begehen, nicht der übergeordnete Gewahrsamsinhaber (vgl. Rn. 27).

Nach einer mM, die gestufte Gewahrsamsverhältnisse nicht anerkennt, hat der untergeordnete Gewahrsamsinhaber tatsächlich gar keinen Gewahrsam.

T hat wirksam ihr Einverständnis in den Gewahrsamswechsel erklärt. Es fehlt am Element des Bruchs fremden Gewahrsams. Da S und G von dem Einverständnis wussten, kommt auch die Annahme eines Raubversuchs nicht in Betracht.

II. §§ 253, 255, 250 II Nr. 1, 25 II StGB

1. Qualifizierte Nötigungsmittel wurden eingesetzt (s.o.).

2. M musste im Gefolge der eingesetzten Raubmittel die Wegnahme der Tageseinnahmen dulden.

3. Erforderlichkeit einer Vermögensverfügung?

a) Nach Ansicht der Rspr. wird auch die bloße Duldung der Wegnahme von § 253 StGB erfasst. Die (räuberische) Erpressung wird damit zum Grundtatbestand des Raubes.

b) Demgegenüber verlangt die Lit. eine Vermögensverfügung, weil die (räuberische) Erpressung vorgeblich ein Selbstschädigungsdelikt darstelle. Folge dieser Ansicht ist, dass § 249 StGB und §§ 253, 255 StGB sich gegenseitig ausschließen, dh in einem Exklusivitätsverhältnis zueinander stehen (Sch/Sch/*Bosch* § 249 Rn. 2). Maßgeblich für die Abgrenzung der Delikte sind die innere Willensrichtung des Opfers und die Frage, ob das Nötigungsopfer aus seiner Sicht eine Entscheidungsmöglichkeit bzgl. des Verlustes einer Vermögensposition hatte. Daran fehlt es vorliegend, weil M buchstäblich die Hände gebunden waren und das Geld aufgrund des Zählvorgangs offen auf dem Tisch lag, weshalb S und G ungehindert die Tageseinnahmen ergreifen konnten.

c) Die besseren Gründe sprechen für die Ansicht der Rspr., da, wie vorliegender Fall zeigt, durch das Erfordernis der Vermögensverfügung Strafbarkeitslücken in einem strafwürdigen Bereich entstehen können. Fernab dieses kriminalpolitischen Arguments ist die Qualifizierung der Erpressung als Selbstschädigungsdelikt eine schlichte Folge der Forderung nach dem Erfordernis einer Vermögensverfügung, weshalb die Argumentation, eine Vermögensverfügung sei erforderlich weil es sich bei §§ 253, 255 StGB um ein Selbstschädigungsdelikt handele, einen klassischen Zirkelschluss markiert. Schließlich werden besonders skrupellose Täter durch die Ansicht der Lit. privilegiert, weil sich vis absoluta und das Vorliegen einer Vermögensverfügung gegenseitig ausschließen, womit letztlich den §§ 253, 255 StGB ein anderer Gewaltbegriff zugeordnet wird, als § 240 StGB, der vis absoluta umfasst.

Selbstverständlich ist auch die Auffassung der Lit. gut vertretbar. Argumente für diese Ansicht wären, dass die räuberische Erpressung anderenfalls zum umfassenden Grundtatbestand der Vermögensdelikte erhoben wird, wobei unverständlich bleibt, weshalb der Grundtatbestand bezüglich der Rechtsfolge auf die Qualifikation verweist (§ 255 StGB: „gleich einem Räuber", womit auf den Strafrahmen des § 249 I StGB Bezug genommen wird und zugleich §§ 250, 251 StGB zur Anwendung gebracht werden). Zudem ist die Bereicherungsabsicht in § 253 StGB und § 263 StGB identisch, weshalb auch auf Opferseite eine Vermögensverfügung zu fordern ist. Folgt man dieser Ansicht ist bezüglich der Tageseinnahmen an § 246 StGB zu denken.

4. § 250 II Nr. 1 StGB

Eine Schreckschusspistole, bei welcher der Explosionsdruck nach vorne austritt (der Sachverhalt ist insoweit offen), ist nach Ansicht der Rspr. eine Waffe, da sie bei entsprechender Anwendung konkret gefährlich ist. Demgegenüber kritisiert die Lit. das Anknüpfen an die konkrete Gefährlichkeit. Zutreffend sei vielmehr eine Einordnung der Schreckschusspistole als gefährliches Werkzeug. Vorliegend kann nicht aufgeklärt werden, ob die Voraussetzungen des Waffenbegriffs erfüllt sind. Die Verwendung eines gefährlichen Werkzeugs muss aus nämlichem Grund ausscheiden, da ebenso unklar ist, ob die Schreckschusspistole nach der konkreten Art ihrer Verwendung geeignet war, erhebliche Verletzungen herbeizuführen. Damit bleibt als Auffangtatbestand allein § 250 I Nr. 1b StGB. Eine zweifache Anwendung des Zweifelssatzes dergestalt, dass bei Prüfung des § 250 I Nr. 1b StGB vom Vorliegen einer Waffe auszugehen wäre, ist nicht angezeigt, weil es sich mit der Gefährlichkeit des Gegenstandes um dieselbe Tatsache handelt, bezüglich derer Zweifel bestehen.

5. Der Verlust des Besitzes an den Tageseinnahmen stellt einen Vermögensnachteil dar. Es liegt ein Fall der Dreieckserpressung vor, da Genötigter (M) und Geschädigter (Ladeninhaber) nicht identisch sind. M steht aufgrund seines Anstellungsvertrages aber im Lager des Geschädigten.

6. S handelte vorsätzlich und mit Bereicherungsabsicht.

7. Rechtswidrigkeit der Tathandlung und Schuld liegen vor.

Erg.: S hat sich einer schweren räuberischen Erpressung schuldig gemacht.

III. §§ 239, 25 II StGB

Eine Freiheitsberaubung liegt nicht vor, weil M nur die Hände gefesselt wurden. § 239 StGB schützt aber die persönliche Fortbewegungsfreiheit iS einer Freiheit zur Ortsveränderung. Auch mit gefesselten Händen war es dem M aber noch möglich, sich von seinem derzeitigen Aufenthaltsort wegzubewegen (ebenso BGH StV 2015, 113).

IV. §§ 239a, 25 II StGB

S müsste sich des M bemächtigt haben, um die von ihm geschaffene Lage zu einer Erpressung auszunutzen.

Im Zwei-Personen-Verhältnis (Täter – Opfer) verlangt die Rspr eine eigenständige Bedeutung der Bemächtigungssituation und eine gewisse Stabilisierung der Lage. Damit soll eine unangemessene Ausdehnung des Anwendungsbereichs des § 239a StGB gegenüber den §§ 253, 255 StGB verhindert werden (vgl. näher BT/1 Rn. 199).

Vorliegend hat S den M gestoßen, an den Händen gefesselt und mit der Schreckschusspistole bedroht. Im unmittelbaren Anschluss hieran hat G die Tageseinnahmen an sich genommen. Dieser Geschehensablauf stellt sich derart als Einheit dar, dass nicht davon die Rede sein kann, über die Beherrschungssituation hinaus habe sich gerade aus der stabilisierten Bemächtigungslage eine weitergehende Druckwirkung auf das Opfer ergeben. Nötigung und Bemächtigung fallen vielmehr zusammen.

Exkurs: Ausnutzen der Bemächtigungslage

Der Wortlaut des § 239a StGB verlangt, dass der Täter „die von ihm" geschaffene Lage ausnutzt. In BGH NStZ 2014, 316 hatten zwei anderweitig verfolgte Täter das Opfer entführt und in einen Nachtclub verbracht. Dort sollte vom Opfer verlangt werden, dass es eine Bezeichnung der Angeklagten im Internet als „Kurdenmafia" zurücknehme. Der Angeklagte, der erst im Nachtclub hinzugekommen war, stellte diese Forderung an das Opfer. Er beschloss ferner, dass das Opfer zur weiteren Einschüchterung an einen anderen Ort verbracht werden sollte und verlangte eine (unberechtigte) Entschädigungszahlung von etwa 150.000 Euro.

Das Landgericht verneinte einen erpresserischen Menschenraub, da der Angeklagte an der Entführung nicht mitgewirkt habe, erst später hinzugekommen sei und daher nur eine von anderen geschaffene Situation ausgenutzt habe.

Der BGH stimmt dem insofern zu, als das Ausnutzen einer von anderen Tätern geschaffenen Lage nach dem Wortlaut des § 239a StGB nicht ausreicht. Allerdings enthält der geschilderte Sachverhalt eine Besonderheit: „Befindet sich das Opfer bereits in der Gewalt von Dritten, die dieses entführt oder sich seiner in sonstiger Weise bemächtigt haben, so kommt durchaus in Betracht, dass ein sich erst danach an dem Geschehen beteiligender Täter eigenständig Gewalt über das Opfer erlangt. So liegt es jedenfalls dann, wenn er *durch sein Eingreifen die Situation des Opfers qualitativ ändert* und über das Fortbestehen der Bemächtigungslage nunmehr maßgeblich selbst bestimmt. Es gilt hier nichts anderes als in den Fällen, in denen sich das Opfer aufgrund anderer Umstände bereits in einer hilflosen Lage befindet und sich der Täter dies zunutze macht, um das Opfer in seine Gewalt zu bringen. Tut er dies in der Absicht, die so gewonnene Herrschaft über das Opfer zu dessen Erpressung auszunutzen, so verwirklicht er in beiden Fallgestaltungen den Tatbestand des§ 239a I Alt.1 StGB."

V. S hat sich nach **§§ 240, 25 II StGB** strafbar gemacht. Die Nötigung tritt gegenüber dem spezielleren §§ 253, 255 StGB zurück.

VI. §§ 123 I, 25 II StGB

1. S und G müssten in die Geschäftsräume des Inhabers des Pizzaservice widerrechtlich eingedrungen sein. Eindringen ist das Betreten des geschützten Raums gegen den Willen des Berechtigten. Ein entgegenstehender Wille des Hausrechtsinhabers ist damit bereits auf Tatbestandsebene erforderlich. Ein Einverständnis wirkt tatbestandsausschließend.

Grundsätzlich erteilt ein Ladeninhaber eine generelle Eintrittserlaubnis, die im Hinblick auf den Schutzzweck des § 123 StGB auch nicht konkludent mit der Bedingung verbunden werden kann, sich nach dem Eintritt in bestimmter Weise zu verhalten. Jedoch kann unter dem Gesichtspunkt der Sozialüblichkeit aus tatsächlichen **äußeren Umständen** auf einen entgegenstehenden Willen geschlossen werden. Vorliegend manifestiert sich die deliktische Absicht der Täter bereits äußerlich, indem diese maskiert den Geschäftsraum betreten. Überdies erfolgte das Betreten des Geschäftsraums nach Ladenschluss. Eine generelle Eintrittserlaubnis besteht jedoch nur während der Öffnungszeiten. Da der Ladeninhaber der T die Anweisung gab, den Laden zu schließen, hat er die Befugnis zur Ausübung des Hausrechts auch nicht auf jene übertragen.

2. S handelte vorsätzlich, rechtswidrig und schuldhaft.

Erg.: S hat sich eines Hausfriedensbruchs schuldig gemacht. Die Tat ist absolutes Antragsdelikt, vgl. § 123 II StGB.

B. Strafbarkeit der Tina (T)

I. §§ 253, 255, 250 II Nr. 1, 25 II StGB

Eine Zurechnung der Tathandlungen von S und G nach § 25 II StGB kommt nicht in Betracht. T hatte keine funktionale Tatherrschaft im Ausführungsstadium, da sie nur vor der Tatausführung die Tür offenließ, sich währenddessen aber lediglich im Küchenbereich des Lokals aufhielt. Dieser Tatbeitrag im Vorbereitungsstadium ist auch nicht von solchem Gewicht, als dass er geeignet wäre den Mangel an Tatherrschaft im Ausführungsstadium zu kompensieren, so dass selbst die Vertreter einer modifizierten Tatherrschaftslehre vorliegend nicht zu einer Zurechnung nach den Grundsätzen der Mittäterschaft gelangen würden.

II. §§ 253, 255, 250 I Nr. 1b, 27 StGB/§§ 240, 27 StGB/§§ 123, 27 StGB

1. Vorsätzlich begangene rechtswidrige Haupttaten liegen jeweils vor (s.o.).

2. Durch das Nichtverschließen der Türe hat T die Haupttaten gefördert; deren Realisierung wäre ansonsten erheblich erschwert gewesen. Damit hat T Hilfe geleistet.

3. T handelte vorsätzlich.

4. Rechtswidrigkeit/Schuld

Erg.: T hat sich der Beihilfe zur schweren räuberischen Erpressung und der Beihilfe zum Hausfriedensbruch schuldig gemacht. Die Beihilfe zur Nötigung tritt wiederum zurück.

III. § 266 I Alt. 2 StGB

Eine Untreuestrafbarkeit der T kommt demgegenüber nicht in Betracht. Sie war gegenüber dem Vermögen des Ladeninhabers nicht treupflichtig. Eine Vermögensbetreuungspflicht ist eine durch Eigenverantwortlichkeit geprägte und als Hauptpflicht geschuldete Geschäftsbesorgung in einer wirtschaftlich nicht ganz unbedeutenden Angelegenheit. T ist zwar für die Verwaltung der Kasse verantwortlich. Kassierer sind bei ihren Geschäften aber regelmäßig an feste Regeln gebunden, weshalb ihnen keine eigenständige Entscheidungsbefugnis und auch keine Selbständigkeit zukommen.

Sonderfall: Abnötigen der Preisgabe eines Geldverstecks 114

Beispiel: N, S und A fesseln den (vermeintlichen) Täter eines Diebstahls, um diesen unter Beibringung von Schlägen zu veranlassen sein Geldversteck zu verraten (BGH NStZ 2006, 38).

Nach dem äußeren Erscheinungsbild liegt eine Wegnahme und damit ein Raub(versuch) vor. Die Preisgabe des Verstecks bringt N, S und A noch nicht den Gewahrsam des Geldes, erforderlich ist noch „das Heben des Schatzes". „Angeklagten [haben] den Geschädigten allein deshalb gefesselt, geschlagen und bedroht, um die spätere Wegnahme des Geldes zu ermöglichen. Durch die erzwungene Preisgabe des Verstecks konnte für sich genommen noch kein Vermögensnachteil bewirkt werden … Dementsprechend wird auch bei erzwungener Bekanntgabe der Zahlenkombination eines Tresorschlosses, die den Täter in die Lage versetzen soll, die Beute später selbst wegzunehmen, die Bemächtigungslage nicht zu einer Erpressung ausgenutzt".

In einer neueren Entscheidung wurden diese Grundsätze bestätigt, jedoch dahingehend ergänzt, dass zwischen Nötigungshandlung und Wegnahme der auch sonst erforderliche raumzeitliche Zusammenhang bestehen müsse (BGH NStZ 2019, 411).

III. Subjektiver Tatbestand

115 Der subjektive Tatbestand erfordert sowohl Wegnahme-, als auch Nötigungs**vorsatz**. Hinzukommt die überschießende Innentendenz der **Zueignungsabsicht**, die sich wiederum in dolus eventualis bzgl. einer dauernden Enteignung und dolus directus 1. Grades bzgl. einer wenigstens vorübergehenden Aneignung aufteilt (vgl bereits Rn. 35 ff.).

116 Dient die Wegnahme einer Sache nicht dem Zweck, die Sache für sich oder einen Dritten körperlich oder wirtschaftlich zu erlangen und sie der Substanz oder dem Sachwert nach dem eigenen Vermögen oder demjenigen des Dritten zuzuführen, kommt eine Zueignunsabsicht mangels Aneignungskomponente nicht in Betracht. Die Wegnahme eines Handys, um darauf befindliche Daten auszulesen (Bsp: A nimmt dem B dessen Handy weg, weil er glaubt, darauf Nachrichten zwischen seiner Schwester S und B zu finden), verwirklicht deshalb keine Aneignungsabsicht, weil der Wille lediglich auf Sachentziehung gerichtet ist (BGH NStZ 2012, 627; NStZ-RR 2015, 371; NStZ 2019, 344 m. Bespr. *Eisele* JuS 2019, 402). Dasselbe gilt, wenn der Täter eine fremde Sache nur wegnimmt, um festgenommen und wieder in die JVA verbracht zu werden (BGH NStZ-RR 2019, 248) oder weil er verhindern will, dass die weggenommenen Drogen an Jugendliche verkauft werden (BGH BeckRS 2021, 539).

117 Ändert der Täter im Anschluss an die mit einem solchen Willen erfolgte Neubegründung des Gewahrsams seinen Plan, und will den Gegenstand nun doch für sich behalten, begründet dies mangels Existenz eines dolus subsequens nicht (nachträglich) seine Zueignungsabsicht. Maßgeblicher Zeitpunkt für das Vorliegen der Zueignungsabsicht ist der *Zeitpunkt der Tathandlung*. In Betracht kommt in diesem Fall eine Strafbarkeit wegen Unterschlagung. An einer Aneignungsabsicht des Täters fehlt es auch, wenn dieser eine fremde Sache wegnimmt, um sie alsbald zu zerstören, zu beschädigen oder wenn er damit (lediglich) die Durchsetzung einer anderen Forderung erzwingen will (BGH NStZ 2018, 712). In diesen Fällen genügt es nach der Rspr. auch nicht, dass der Täter – was grundsätzlich ausreichen könnte – für eine kurze Zeit den Besitz an der Sache erlangt (BGH NStZ-RR 2021, 77).

Anders liegt der Fall indes, wenn der Täter zwar die Daten löschen, die **118**
Sache zerstören usw. möchte, darüberhinaus den Gegenstand aber – wenn auch nur vorübergehend – über die für die Datenlöschung (oder den sonstigen verfolgten Zweck) benötigte Zeit *hinaus* behalten will. In dieser, nur in Nuancen abweichenden, Konstellation ist eine Zueignungsabsicht zu bejahen (BGH StV 2020, 667 m. Bespr. *Jahn* JuS 2020, 467).

Fall 11 (nach BGH StV 2013, 440): Tristan (T) liebt teure Desig- **119**
nerkleidung, hat jedoch kein Geld. Um an welches zu gelangen, verfolgt er in den späten Abendstunden Frauen nach Hause, um diese in ihrer Wohnung zu überfallen. Eines Tages folgt er der Kunstlehrerin Birthe (B) und versucht diese in ihre Wohnung zu drücken, als sie gerade die Türe aufschließen will. Bei dem anschließenden Gerangel im Treppenhaus entriss T der B unter Einsatz all seiner Kraft deren Tasche, in der er Bargeld vermutete und flüchtete. In der Tasche befanden sich eine Blockflöte, Ballerina-Schuhe und ein Ringbuch. Enttäuscht nahm er die Flöte an sich, um sie an einen Grundschüler zu verkaufen. Die Tasche warf er, wie von Anfang an geplant, weg.

Strafbarkeit des Tristan (T)

I. § 249 I StGB bzgl. der Tasche

1. T hat mit der Tasche samt Inhalt eine fremde bewegliche Sache weggenommen, weil er unter Ausschluss der B neuen Gewahrsam an dieser begründet hat. Die Wegnahme erfolgte mit Gewalt. T vollzog den Gewahrsamswechsel unter Einsatz von körperlicher Kraftentfaltung.

2. T handelte vorsätzlich. Es kam ihm gerade darauf an, unter Einsatz von körperlichem Zwang neuen Gewahrsam an der Tasche zu begründen, um sich so deren Inhalt zueignen zu können.

3. Fraglich ist, ob T mit Zueignungsabsicht gehandelt hat. Zueignungsabsicht bedeutet dolus directus 1. Grades bezüglich einer wenigstens vorübergehenden Aneignung und Eventualvorsatz bezüglich einer dauernden Enteignung. Dass B ihr Eigentum nicht mehr wiedererlangen würde, nahm T zumindest billigend in Kauf. Aller-

dings kam es ihm auf den erhofften werthaltigen Inhalt der Tasche und nicht diese selbst an. Da der Inhalt der Tasche nicht deren Sachwert konstituiert und T sich weder die Substanz der Tasche noch den ihr innewohnenden Wert in sein Vermögen überführen wollte, fehlt es an der Aneignungskomponente der Zueignungsabsicht.

Merkposten: Nimmt der Täter ein Behältnis nur deshalb an sich, weil er darin Bargeld vermutet, welches er für sich behalten will, eignet er sich das Behältnis nicht zu (st. Rspr., vgl. zuletzt BGH NStZ-RR 2021, 212).

II. §§ 249 I, 22, 23 I StGB bzgl. des vermuteten Inhalts der Tasche

1. Vollendung ist hinsichtlich des vermuteten werthaltigen Inhalts der Tasche nicht eingetreten. Nachdem sie auch faktisch nicht eintreten konnte, handelt es sich um einen Fall des untauglichen Versuchs. Der versuchte Raub ist zudem strafbar; es handelt sich um ein Verbrechen, § 12 I StGB.

2. Vorbehaltloser Tatentschluss

T müsste vorbehaltlosen Tatentschluss gefasst haben, dh er müsste Vorsatz hinsichtlich aller objektiven Tatbestandsmerkmale gebildet haben und sich seiner Täterstellung bewusst gewesen sein. T wollte gerade B's Bargeld wegnehmen und sich zueignen

3. Unmittelbares Ansetzen zur Tatbestandsverwirklichung

T hat unmittelbar zur Tatbestandsverwirklichung angesetzt, wenn es nach seiner Vorstellung zu einer unmittelbaren, konkreten Gefährdung des Rechtsguts kommt. Dies ist vorliegend schon deshalb zu bejahen, da T mit der Wegnahme der Tasche ein Merkmal des gesetzlichen Tatbestandes bereits verwirklicht hat.

Diese teilweise als *Teilverwirklichungslehre* bezeichnete Argumentation darf allerdings nicht dahingehend verabsolutiert werden, dass die Verwirklichung eines jeden Tatbestandsmerkmal den Versuchsbeginn markiert (*Bosch* JURA 2011, 909). Insbesondere bei mehraktigen Geschehensverläufen führt diese „Lehre" zu falschen Ergebnissen (vgl. Rn. 185). Auch der BGH formuliert deshalb hier vorsichtig, dass regelmäßig die Verwirklichung eines Tatbestandsmerkmals genügt (BGH NStZ 2017, 86).

4. T handelte rechtswidrig und schuldhaft.

5. Ein Rücktritt kommt unter Zugrundelegung der Ansicht der hM nicht in Betracht. T konnte den Erfolg mit den ihm zur Verfügung stehenden Mitteln nicht mehr erreichen; genaugenommen konnte er ihn aufgrund der objektiven Untauglichkeit seines Versuchs zu keinem Zeitpunkt erreichen. Der Versuch ist damit fehlgeschlagen und damit nicht rücktrittsfähig.

III. § 246 I StGB an der Blockflöte

1. Zueignung einer fremden beweglichen Sache bedeutet die Manifestation des Zueignungswillens nach außen. T hat neuen Gewahrsam an der Tasche mitsamt deren Inhalt begründet, als er mit dieser den Einflussbereich der B verlassen hatte. In diesem Zeitpunkt erlangte er unter Ausschluss der B die tatsächliche Sachherrschaft.

2. T hat mit dem Entschluss die Blockflöte gewinnbringend zu verkaufen zugleich die Absicht gefasst, sich die Blockflöte zuzueignen. Nachdem diese Absicht erst nach Vollendung der Wegnahme gefasst wurde, handelt es sich um eine Unterschlagung und keinen Raub (BGH NStZ 2011, 36).

3. Rechtswidrigkeit und Schuld

Erg.: T ist strafbar wegen versuchten Raubes in Tatmehrheit mit Unterschlagung.

Ferner muss das Nötigungsmittel eingesetzt werden, *um* die Wegnahme zu ermöglichen (sog. **Finalität**, vgl. nur BGH NStZ 2015, 698; 2016, 472). Denn das Unrecht des Delikts besteht darin, dass sich der Täter von seinem Streben um Gewahrsamserlangung leiten lässt und zur Zielerreichung Nötigungsmittel einsetzt (vgl. erneut Rn. 102). Nicht erforderlich ist, dass die Nötigungsmittel zum Gewahrsamsbruch objektiv erforderlich sind; ausreichend ist nach der hM vielmehr, dass dies aus Sicht des Täters der Fall ist (nach einer vereinzelten mM ist Kausalität zwischen Einsatz des Nötigungsmittels und Wegnahme erforderlich). Eine Mehrheit von Zwecken ist indes unschädlich, wenn das Nötigungsmittel neben anderen Zwecken auch zur Wegnahme eingesetzt wird (Bsp: Der Täter möchte das Opfer mit der Wegnahme zugleich demütigen). Gleiches gilt, wenn der Wegnahmevorsatz erst während einer zunächst anderen Zwecken dienenden, aber noch andauernden Gewalthandlung gefasst wird (Bsp.: Während T den O verprügelt, fasst er einen auf die Erlangung von Geld gerichteten Tatentschluss und schleift das Opfer zu dessen Wohnung, vgl. BGHSt 20, 32; BGH NStZ-RR 2015, 372). 120

Stellt sich der tatsächlich eintretende Finalzusammenhang anders dar, als vom Täter vorgestellt, führt dies nach den Grundsätzen der Abweichung des tatsächlichen vom vorgestellten Kausalverlauf nicht zu einem Entfallen der finalen Verknüpfung, wenn sich die Abweichung *innerhalb der Grenzen des nach allgemeiner Lebenserfahrung Voraussehbaren* hält, dh unwesentlich ist. Dies soll auch dann der Fall sein, wenn der Täter ursprünglich 300.000 Euro aus einem Safe entwenden wollte, sich dann aber mit 50 Euro aus dem Geldbeutel des 121

Opfers begnügt (BGH NStZ-RR 2019, 311) oder wenn er sein Opfer bewusstlos schlagen will und nachdem dies nicht gelingt dazu übergeht, das Opfer ins Krankenhaus einliefern zu lassen, um dessen Abwesenheit zur Wegnahme zu nutzen (BGHSt 61, 197).

122 Sollen die mit der Figur der Kausalverlaufsabweichung erzielten Ergebnisse voraussehbar bleiben, wird man den zuletzt genannten Fall hierunter fassen können, weil die Gewalthandlung (Schlag) nach der Vorstellung des Täters zur Wegnahme führen sollte und lediglich die Gewaltwirkung (Krankenhausaufenthalt anstelle von Bewusstlosigkeit) eine andere war. Demgegenüber folgt die Wegnahme der 50 Euro im ersten Beispiel einem neuen Tatplan (50 Euro aus Geldbeutel anstelle 300.000 Euro aus Safe).

123 Gegen die Übertragung der Grundsätze der Vorsatzabweichung wird bereits grundsätzlich eingewandt, dass es ein Abweichen überhaupt nicht geben kann, wenn es auf eine kausale Verknüpfung zwischen Nötigungsmittel und Wegnahme nicht ankommt und damit der Bezugspunkt der Abweichung nicht existiert (*Eisele* JuS 2016, 754; Sch/Sch/*Bosch* § 249 Rn. 7). Allerdings dürfte die Anwendung der Irrtumsregeln (in modifizierter Form) dennoch zutreffend sein, weil der Täter, der eine andere Sache wegnimmt als bei Einsatz des Nötigungsmittels intendiert, freilich auch seinen Wegnahmevorsatz anpasst (Bsp: Der Täter will Gewalt anwenden, um an die Geldbörse des Opfers zu kommen, entschließt sich nach der Gewaltanwendung aber die wertvolle Uhr des Opfers zu nehmen).

124 Das schlichte **Ausnutzen** der Wirkung von zuvor ohne Wegnahmevorsatz angewandter Gewalt reicht demgegenüber nicht aus, um einen Finalzusammenhang zu begründen (st. Rspr., vgl. BGH StV 2021, 493; 2020, 236; BeckRS 2019, 22264; NStZ-RR 2017, 143). Denn die dem Strafgrund des § 249 StGB zugrundeliegende Gefahr, der Täter lasse sich durch sein Streben um materielle Vorteile leiten qualifizierte Nötigungsmittel einzusetzen, besteht in diesem Fall nicht. Die Rspr. unterscheidet im Einzelfall, wobei folgende Fallgruppen gebildet werden können (wenn auch die Zuordnung nicht immer zweifelsfrei erfolgt, vgl. *Fischer* § 249 Rn. 10 ff.):

– Ist das Opfer aufgrund der vorausgehenden Gewalthandlung, die abgeschlossen ist, wehrlos, besteht bei erst in diesem Zeitpunkt begründetem Wegnahmevorsatz kein finaler Zusammenhang, weil lediglich die *Wirkungen* der zuvor geübten Gewalt andauern. Die Rspr. trennt demgemäß zwischen der Gewalthandlung und der Gewaltwirkung.

- Wirkt die Gewalthandlung (mittelbar) fort, insbesondere weil sich der Täter des Opfers im Sinne einer *Zwangslage* bemächtigt hat, erfolgt die Wegnahme einer Sache final.
- Ist die Gewalthandlung beendet, nimmt der Täter aber hierauf Bezug, kommt durch ein Fortwirken der Gewalt in Gestalt einer *Drohung* das Bestehen eines Finalzusammenhangs in Betracht (BGH NStZ 2019, 674). Eine solche kann sich nach der Rspr. auch daraus ergeben, dass der Täter dem Opfer durch sein Verhalten zu verstehen gibt, er werde zuvor zu anderen Zwecken geübte Gewalt nun zur Erzwingung der jetzt erstrebten vermögensschädigenden Handlung fortsetzen oder wiederholen. Je gravierender die der Wegnahme vorausgehenden körperlichen Übergriffe sind, desto näher liegt es nach der Rspr., dass der Täter für den Fall, dass das Opfer einer Wegnahme entgegentritt, zumindest konkludent mit der Anwendung weiterer Gewalt droht (BGH NStZ-RR 2021, 245).

In der zuletzt genannten Konstellation wird die Abgrenzung zur umstrittenen Konstruktion der *Gewalt durch Unterlassen* (dazu BT/1 Rn. 44) freilich schwierig, insbesondere wenn die Rspr. im Einzelfall verlangt, dass der Täter die Gefahr für Leib oder Leben deutlich in Aussicht stellt, sie also durch ein bestimmtes Verhalten genügend erkennbar macht (BGH NStZ-RR 2017, 143). Zusammenfassen lässt sich diese Rspr. dahin, dass auch der BGH grundsätzlich das Erfordernis der finalen Verknüpfung von Gewalthandlung und Wegnahme fordert. In manchen Fällen argumentiert der BGH aber damit, dass die Gewalt *als Drohung fortwirken* könne bzw. eine *Fortsetzung der Gewaltanwendung* stattfinde (im Gegensatz zum Ausnutzen der fortdauernden Gewaltwirkung). Mit einer den Sachverhalt ausschöpfenden Argumentation werden in entsprechenden Klausurfällen regelmäßig beide Lösungen vertretbar sein.

Zusätzlich fordert der BGH einen *raumzeitlichen Zusammenhang* zwischen dem Einsatz des qualifizierten Nötigungsmittels und der Wegnahme (BGH NStZ 2016, 472). Diese sog. **raubspezifische Einheit** wurde ursprünglich insbesondere in den Fällen der Raubgewalt durch Unterlassen (Klassiker: Täter fesselt Portier, um ohne zu bezahlen das Hotel verlassen zu können. Nachdem er zwischenzeitlich seine Koffer geholt hat, fasst er den Entschluss die Hotelkasse mitzunehmen, vgl. BGHSt 32, 88) thematisiert. Und während dort das Fehlen einer finalen Verknüpfung zwischen Gewalt und Wegnahme bei raumzeitlichem Zusammenhang überwindbar sein soll, hatte der 1. Strafsenat ursprünglich die umgekehrte Konstellation im Blick, in welcher ein Finalzusammenhang zwar besteht (Täter wendet Gewalt an, um Wegnahme zu ermöglichen), die Weg- 125 nahme aber erst um einiges später erfolgt (BGHSt 61, 141). Wird das Idealbild eines Raubes verlassen, weil Raubmitteleinsatz und Wegnahme isoliert nebeneinanderstehen und gerade keine raubspezifische Einheit bilden, sei § 249 StGB abzulehnen (vgl. auch *Bosch* Jura (JK), 2016, 1082; *Eisele* JuS 2016, 654). Zweck des Erfordernisses ist es daher, den für das typische Unrecht des Raubs erforderlichen Funktionszusammenhang zwischen den in § 249 StGB kumulierten Elementen des Diebstahls und der qualifizierten Nötigung sicherzustellen (MüKo/*Sander* § 249 Rn. 1, 34). Mittlerweile ist das Erfordernis der raubspezifischen Einheit anerkannt.

Die Rspr. hat ferner klargestellt, dass es für einen raumzeitlichen Zusammenhang nicht erforderlich ist, dass der Ort der Nötigungshandlung und der Ort des Gewahrsamsbruchs identisch sind; auch verbindliche Werte zur Zeitdauer zwischen Nötigung und Wegnahme bestehen nicht. Entscheidend soll vielmehr sein, ob es zu einer *nötigungsbedingten Schwächung* des Gewahrsamsinhabers in seiner Verteidigungsfähigkeit oder -bereitschaft gekommen ist (BGH NStZ 2020, 355). Eine solche wurde bspw. in einem Fall angenommen, in dem das Opfer nach einem Schlag des Täters auf dessen Kopf ins Krankenhaus verbracht werden musste und der Täter nach der Aufnahme des Opfers im Krankenhaus in dessen Wohnung zurückkehrte und Sachen wegnahm (BGHSt 61, 197).

IV. Vollendung/Versuch

126 **Vollendet** ist der Raub (Nötigung und Wegnahme), wenn die Wegnahme vollendet ist, dh mit der Begründung neuen Gewahrsams. Für die Frage des Wechsels der tatsächlichen Sachherrschaft ist entscheidend, dass der Täter diese derart erlangt, dass er sie ohne Behinderung durch den alten Gewahrsamsinhaber ausüben kann und dieser über die Sache nicht mehr verfügen kann, ohne seinerseits die Verfügungsgewalt des Täters zu brechen. Entreißt der Täter etwa dem Opfer dessen Geldbörse, gelingt es dem Opfer aber den Täter festzuhalten und mit diesem zu ringen, kann der Täter nach der maßgeblichen Verkehrsanschauung die Sachherrschaft über die Geldbörse noch nicht ohne Behinderung durch das Tatopfer ausüben und es liegt ein Raubversuch vor (BGH BeckRS 2019, 37843).

127 **Beendigung** tritt mit Erlangung ausreichend sicherer Verfügungsgewalt über die Beute ein, was bspw. angenommen wurde, wenn die durch mehrere Täter einem Opfer in dessen Wohnung weggenommene EC-Karte einem auf der Straße wartenden Dritten übergeben wird (BeckRS 2021, 5371).

Bis zum Zeitpunkt der Tatbeendigung ist Teilnahme und (sofern anerkannt) sukzessive Mittäterschaft möglich. Ist das Haupttatgeschehen vollständig abgeschlossen, kommt eine Beteiligung hingegen nicht mehr in Betracht. **128**

Der **Versuch** beginnt mit dem Ansetzen zur Nötigungshandlung (MüKo/*Sander* § 249 Rn. 41), die – nach der Tätervorstellung – unmittelbar zur Tatvollendung führen soll, weil nur so eine Abgrenzung zum versuchten Diebstahl möglich ist. Das Ansetzen zur Wegnahme ohne Nötigungshandlung markiert daher keinen Raubversuch, sondern nur den Beginn eines versuchten Diebstahls (*Fischer* § 249 Rn. 17). Ein versuchter Raub liegt deshalb nicht vor, wenn der Täter sich erfolglos am verschlossenen Hintereingang einer Spielhalle zu schaffen macht, um sich im Gebäudeinneren im Toilettenbereich zu maskieren und im Anschluss unter Einsatz qualifizierter Nötigungsmittel die Tageseinnahmen mitzunehmen (BGH NStZ 2020, 598). **129**

C. Schwerer Raub

§ 250 StGB beinhaltet verschiedene *Qualifikationstatbestände*, die den Raub zum schweren Raub machen. § 250 II StGB stellt dabei eine nochmalige Steigerung der in § 250 I StGB aufgeführten Tatmodalitäten dar (Verwenden einer Waffe, statt deren Beisichführen; bandenmäßige Ausführung unter Beisichführen einer Waffe, statt schlicht bandenmäßige Ausführung; Verletzungserfolg bzw. Todesgefahr, statt Gefahr einer schweren Gesundheitsschädigung). Der § 250 II StGB zugrundeliegende, erhöhte Unrechtsgehalt gegenüber § 250 I StGB kommt im Vergleich der Strafrahmen der beiden Absätze zum Ausdruck. **130**

Da jedenfalls § 250 I StGB mit § 244 I StGB weitgehend identisch ist, wird im Folgenden lediglich auf Abweichungen genauer eingegangen.

I. § 250 I Nr. 1a) und b), vgl. § 244 I Nr. 1a) und b) StGB

Nach der Rspr. ist es ausreichend, wenn sich der Täter **nach Vollendung aber vor Beendigung** mit der Waffe oder dem Werkzeug versieht. Anders als bei § 250 II Nr. 1 StGB wird aber eine Kenntnis des Opfers von der Existenz des gefährlichen Werkzeugs nicht verlangt. Der Grund liegt darin, dass § 250 I Nr. 1a StGB die abstrakte Gefährlichkeit unter Strafe stellt, die von einem Täter ausgeht, der sich von seinem Streben nach Wegnahme einer fremden Sache leiten lässt **131** und dabei eine Waffe oder ein anderes gefährliches Werkzeug bei sich führt.

II. § 250 I Nr. 1c) StGB

132 Die Gefahr einer schweren Gesundheitsschädigung ist nicht identisch mit den Folgen des § 226 StGB, vielmehr reicht schon die konkrete Gefahr, dass das Opfer in eine langwierige, ernsthafte Krankheit verfällt oder dass seine Arbeitskraft erheblich beeinträchtigt wird.

III. § 250 I Nr. 2, vgl. § 244 I Nr. 2 StGB

133 Die Bandenabrede muss nicht auf die wiederholte Begehung von Raubtaten gerichtet sein, die fortgesetzte Begehung von Diebstählen genügt ausweislich des Wortlauts (vgl. BGH NStZ-RR 2015, 213).

IV. § 250 II Nr. 1 StGB

134 **Verwenden** ist jeder zweckgerichtete Gebrauch eines objektiv gefährlichen Tatmittels iRd Tatbestandsverwirklichung, dh im Zeitraum zwischen Versuchsbeginn und Vollendung. Ein Verwenden ist dabei nicht nur gegeben, wenn mit der Waffe ihrem Zweck entsprechend Gewalt ausgeübt wird, sondern auch, wenn sie iRd Drohens nur *als Druckmittel* eingesetzt wird (konkret: Pistole muss nicht abgefeuert werden, Androhen des Waffeneinsatzes reicht aus). Denn nach der Konzeption der Raubdelikte bezieht sich das Verwenden auf den *Einsatz des Raubmittels zur Verwirklichung des Raubtatbestandes* und ist deshalb sowohl gegeben, wenn der Täter die Waffe oder das gefährliche Werkzeug als Mittel zur Ausübung von Gewalt gegen eine Person gebraucht, als auch wenn es zur Drohung mit gegenwärtiger Gefahr für Leib oder Leben eingesetzt wird, um die Wegnahme einer fremden beweglichen Sache zu ermöglichen (BGH NStZ 2021, 229).

135 Nach umstrittener (und nicht ganz einheitlicher, vgl. BGH NStZ 2018, 103: Verwirklichung eines Qualifikationstatbestandes nach Vollendung der Wegnahme führt zur Verdrängung des § 249 StGB durch § 252 StGB) Rspr. ist das Werkzeug auch dann „bei der Tat" verwendet, wenn es nach Vollendung des Raubes bis zu dessen Beendigung, dh zur Beutesicherung eingesetzt wird (BGHSt 52, 376; 53, 234). Dies ist zweifelhaft, weil hierdurch der Anwendungsbereich des § 249 StGB systemwidrig auf den des § 252 StGB ausgedehnt wird und die Rspr. außerhalb des Anwendungsbereichs des § 250 StGB anders entscheidet (vgl. BGH BeckRS 2019, 26204, sowie Rn. 84). Jedenfalls muss die Verwendung der Waffe noch oder bereits der

Wegnahme dienen; der Einsatz nur zur Fluchtsicherung genügt nicht (BGHSt 48, 365).

Die Rspr. bestimmt das **gefährliche Werkzeug** nicht anhand seiner generellen Gefährlichkeit, sondern *konkret* (BGH NStZ 2009, 505; BGH bei *Bosch* Jura (JK), 2015, 881), was zu unterschiedlichen Anforderungen an das gefährliche Werkzeug in § 250 I Nr. 1a) und § 250 II Nr. 1 StGB führt (extreme Ausprägung der Relativität der Rechtsbegriffe). Daher werden von der Rspr. auch neutrale Gegenstände, deren objektive Gefährlichkeit sich erst aus der konkreten Art ihrer Verwendung im Einzelfall ergibt, einbezogen (BGH bei *Kudlich* JA 2015, 471). Der überwiegende Teil der Lit. geht demgegenüber von einer Deckungsgleichheit des Begriffsinhalts aus, mit der Folge, dass objektiv ungefährliche Werkzeuge auch von § 250 II Nr. 1 StGB nicht erfasst werden. Unbewegliche Gegenstände fallen nicht unter § 250 II Nr. 1 StGB (BGH bei *Hecker* JuS 2013, 948). **136**

Nach ständiger Rspr. wird eine Waffe oder ein anderes gefährliches Werkzeug nur dann gem. § 250 II Nr. 1 StGB bei der Tat verwendet, wenn es der Täter als Raubmittel oder Mittel der räuberischen Erpressung zweckgerichtet einsetzt, das Opfer die Drohung mit gegenwärtiger Gefahr für Leib oder Leben mittels des gefährlichen Werkzeugs **wahrnimmt** (BGH NStZ 2012, 389; 2017, 26; 2021, 229) und somit in die entsprechende qualifizierte Nötigungslage versetzt wird. Das vom Opfer wahrgenommene Mitsichführen genügt dabei nicht. Die Rspr. begründet dies damit, dass bereits die Drohung erfordert, dass der Bedrohte Kenntnis von dieser erlangt und deswegen in eine Zwangslage gerät. Da sich das Verwenden auf den Einsatz des Nötigungsmittels zur Verwirklichung des Raubtatbestandes bezieht (vgl. Rn. 134) müsse deshalb auch die Waffe oder das gefährliche Werkzeug wahrgenommen werden damit das Opfer in die von § 250 II Nr. 1 StGB qualifizierte Nötigungslage versetzt wird (BGH NStZ 2018, 278 m. Bespr. *Eisele* JuS 2018, 393). **137**

Durch welchen Körpersinn dem Opfer die Bewaffnung vermittelt wird, soll nach der Rspr. indes unerheblich sein. Ebenso wie das verdeckte Tragen einer Waffe genügt, wenn das Opfer unter dem Hemd des Täters eine Ausbeulung wahrnimmt und diesen für bewaffnet hält (BGH NStZ 2008, 687), genügt auch der rein taktile Kontakt, wenn das Opfer das Tatwerkzeug spürt und die Drohung realisiert (BGH NStZ 2011, 158; 2018, 278). Nicht vollkommen widerspruchsfrei ist es allerdings, wenn die Rspr. es ebenso ausreichen lässt, wenn das Opfer das gefährliche Werkzeug als solches zwar nicht visuell wahrnimmt, aber die Drohung des Täters, dieses gegebenenfalls einzusetzen, akustisch vernimmt (BGH NStZ 2021, 229). Dies mag in Fällen zutreffen, in welchen das Opfer das Werkzeug als solches akustisch (Durchladen **138** einer Pistole, Arretieren der Klinge eines Klappmessers) oder taktil (der in den Rücken des Opfers gedrückte Schraubendreher) wahrnimmt, nicht jedoch, wenn die Wahrnehmung allein auf der Aussage des Täters gründet.

V. § 250 II Nr. 2 StGB

139 Zum Begriff der **Waffe** und des **Beisichführens**, vgl. § 244 I Nr. 1a). Das Beisichführen anderer gefährlicher Werkzeuge wird von der Vorschrift nicht erfasst. Relevant wird dies insbesondere bei der Schreckschusspistole, die nach der Rspr. eine Waffe im technischen Sinn darstellt, nach aA jedoch ein gefährliches Werkzeug sein soll (vgl. Rn. 65).

VI. § 250 II Nr. 3 StGB

140 **Schwere körperliche Misshandlung:** Ausreichend sind Verletzungen der körperlichen Integrität, die mit erheblichen oder langandauernden Schmerzen oder mit erheblichen Folgen für die Gesundheit verbunden sind. Schwere Folgen iSv § 226 StGB oder eine schwere Gesundheitsschädigung iSv § 239 III Nr. 2 StGB sind nicht vorausgesetzt. Nach der Rspr. sollen auch Misshandlungen nach Vollendung den Qualifikationstatbestand erfüllen, wenn sie weiter von Zueignungs- oder Bereicherungsabsicht getragen sind. Das Merkmal „bei der Tat" bezieht sich auf die finale Verknüpfung von Gewalt und Wegnahme und erfordert deshalb, dass die schwere körperliche Misshandlung zur Erzwingung der Wegnahme oder zumindest zur Sicherung der Beute verübt wird; ein schlichter raum-zeitlicher Zusammenhang genügt nicht (BGH BeckRS 2021, 8272).

141 **Gefahr des Todes:** Der Raub muss eine andere Person in die **konkrete** Gefahr des Todes bringen, was vom Täter **vorsätzlich** herbeigeführt sein muss. Nach der Rspr. soll dies auch der Fall sein, wenn die konkrete Gefahr nach Vollendung, aber vor Beendigung durch eine Handlung in Beutesicherungsabsicht verursacht wird. „Durch die Tat" ist die Todesgefahr danach nicht mehr verursacht bei einem fehlgeschlagenen Versuch, weil sowohl Zueignungsabsicht, als auch Beutesicherungsabsicht ausgeschlossen sind.

D. Raub mit Todesfolge

I. Prüfungsschema

Prüfungsschema: § 251 StGB 142

I. Tatbestand

1. Unrechtstatbestand des Grunddelikts
2. Eintritt des besonderen Erfolgs
3. Erfolg als spezifische Folge des Grunddelikts
4. Wenigstens leichtfertig (obj. Sorgfaltspflichtverletzung grds. mit Verwirklichung des Grundtatbestands gegeben, hierzu BGH NStZ 2015, 696)

II. Rechtswidrigkeit

III. Schuld

Wegen § 11 II StGB handelt es sich um ein Vorsatzdelikt, so dass Teilnahme möglich ist!

Der Anstifter muss bzgl. der schweren Folge mindestens fahrlässig handeln, vgl. zwingend § 18 StGB!

II. Im Einzelnen

§ 251 StGB markiert ein erfolgsqualifiziertes Delikt, wobei der Erfolg spezifische Folge der Handlung des Grunddelikts (= Einsatz des Raubmittels) sein muss, weil selten ein Mensch durch die Wegnahme einer Sache sterben wird (Ausn.: Wegnahme lebenswichtiger Medikamente, die aber so selten ist, dass die Intention des Gesetzgebers bei Schaffung des Tatbestandes dahin ging, den Todeserfolg als Folge der Gewaltanwendung zu pönalisieren). Als Folge dessen erkennt die Rspr. auch den versuchten Raub mit Todesfolge (= Fall eines erfolgsqualifizierten Versuchs) an (vgl. BGH NStZ 2019, 730 m. Bespr. *Eisele* JuS 2019, 1219). 143

Dieser **gefahrspezifische Zurechnungszusammenhang** verlangt, dass sich im Tode des Opfers im Zuge der Tatbestandsverwirklichung solche Risiken verwirklichen, die typischerweise mit dem Grundtatbestand einhergehen. Hintergrund ist das Erfordernis einer restriktiven Auslegung des § 251 StGB aufgrund dessen deutlich erhöhter Strafdrohung (BGH NJW 2020, 3669); ein bloßer Ursachenzusammenhang genügt diesem speziellen Unrechtsgehalt nicht. Keine größeren 144

Schwierigkeiten bestehen regelmäßig, wenn der Tod des Opfers unmittelbar durch eine Nötigungshandlung bewirkt wird, die der Ermöglichung der Wegnahme dient (Bsp: T bedroht O mit einer Pistole, dabei löst sich ein Schuss, vgl. BGH NStZ 2003, 34).

145 Nach der Rspr. ist dieser besondere qualifikationsspezifische Zusammenhang auch dann gegeben, wenn die den Tod des Opfers herbeiführende Handlung zwar nicht mehr in finaler Verknüpfung mit der Wegnahme steht, sie mit dem Raubgeschehen aber derart eng verbunden ist (äußerste Grenze: Beendigung), dass sich in der Todesfolge die der konkreten Raubtat eigentümliche besondere Gefährlichkeit verwirklicht (BGH NStZ 2019, 730 m. Bespr. *Eisele* JuS 2019, 1219; NStZ-RR 2020, 372). Zu solchen Risiken zählt das freiverantwortliche Dazwischentreten von Dritten oder des Opfers selbst in der Regel nicht (BGHSt 61, 318 zu § 227 StGB). Problematisch ist dieser Zusammenhang insbesondere, wenn der Täter im Laufe der Tat *Wut* entwickelt, die zu einer tödlichen Misshandlung des Opfers führt. In diesem Fall ist genau zu prüfen, ob der Raub zu diesem Zeitpunkt schon vollendet oder im Falle des Versuchs fehlgeschlagen war oder die Wut sich innerhalb dieser zeitlichen Grenzen als in der Tat angelegte Folge darstellt.

146 **Fall 12** (nach BGH NJW 2020, 3669 m. Bespr. *Eisele* JuS 2021, 86 und *Kudlich* JA 2021, 169): Die 84-jährige Ophelia (O), die unter diversen Gebrechen litt, hob von ihrem Konto 600 Euro ab und verstaute das Geld in ihrer Handtasche, die sie in den Korb ihres Rollators legte und den Taschengurt an dessen Griff fixierte. Der habgierige Titus (T) erspähte in einem Park die O mit ihrem Rollator und näherte sich dieser mit seinem Fahrrad von hinten. Er erkannte, dass die Tasche um den Griff des Rollators gewickelt war, zog diese im Vorbeifahren mit einem kräftigen Ruck aber dennoch an sich. O verlor das Gleichgewicht und stürzte auf das Straßenpflaster. Sie erlitt ein Schädel-Hirn-Trauma, musste notoperiert werden und erlangte das Bewusstsein nicht wieder. Der behandelnde Arzt beschloss nach Rücksprache mit den Angehörigen und in Übereinstimmung mit der Patientenverfügung der O diese nur noch palliativ weiterzubehandeln. O verstarb wenig später. Strafbarkeit des T?

Strafbarkeit des Titus (T)

I. §§ 249 I, 250 II Nr. 3b) StGB

1. T hat, indem er die um den Griff des Rollators gewickelte Tasche der O mit einem kräftigen Ruck an sich gerissen hat, Gewalt ange-

wendet. Er hat sogar erhebliche eigene Kraftanstrengungen entfaltet, die sich bei O (und damit gegen eine Person) aufgrund der Verbindung von Tasche, Rollator und dessen Festhalten als körperlicher Zwang ausgewirkt haben (AA *Mitsch* NJW 2020, 3671; wie hier *Eisele* JuS 2021, 86). O verlor in der Folge wegen der Verbindung ihres Rollators mit der Tasche durch den kräftigen Ruck das Gleichgewicht und stürzte schwer. Aufgrund des Festbindens der Tasche am Rollator liegt auch kein Fall eines geschickten Vorgehens des T vor (dann nur Diebstahl, vgl. Rn. 108), weil er gerade kräftig ziehen musste, um die festgebundene Tasche zu erlangen, so dass der Einsatz von körperlicher Gewalt (und nicht List und Schnelligkeit) das Tatbild prägte.

2. T hat mit der Tasche eine fremde bewegliche Sache weggenommen.

3. O wurde durch die Tat nicht nur in die Gefahr des Todes gebracht, diese hat sich sogar in deren Tod realisiert.

4. T handelte vorsätzlich (auch in Bezug auf die Verursachung der Todesgefahr, die er billigend in Kauf nahm) und mit der Absicht rechtswidriger Zueignung.

5. Rechtswidrigkeit (der Tathandlung) und Schuld liegen vor.

II. § 251 StGB

Fraglich ist, ob T durch den Raub wenigstens leichtfertig den Tod der O verursacht hat.

1. Der Unrechtstatbestand des Raubes liegt vor (s.o.).

2. Der besondere Erfolg des § 251 StGB ist mit dem Tod der O eingetreten.

3. Der Todeserfolg müsste zudem spezifische Folge des Raubes sein, dh es müsste der sog. gefahrspezifische Zurechnungszusammenhang vorliegen.

Unzweifelhaft ist das infolge des Sturzes erlittene Schädel-Hirn-Trauma Folge des Einsatzes des Raubmittels durch T. Nach dem Sachverhalt starb die O aber, weil sie aufgrund einer Patientenverfügung nur noch palliativ weiterbehandelt wurde. Damit könnte durch die Umsetzung ihres in der Patientenverfügung niedergelegten Willens ein neuer, den Tod verursachender Kausalverlauf in Gang gesetzt worden sein, so dass der Tod dem T nicht zurechenbar ist. Dies würde allerdings außer Betracht lassen, dass T durch den Einsatz des Raubmittels das Schädel-Hirn-Trauma der O verursachte, infolgedessen sie das Bewusstsein nicht wiedererlangte. Eine solche Situation hatte O in ihrer Patientenverfügung geregelt. Damit hat T die Gefahr geschaffen, die sich in der Ausführung der Patientenverfügung durch die behandelnden Ärzte und Angehörigen realisiert hat, nämlich dass im Falle einer andauernden Bewusstlosigkeit lebenserhaltende Maßnahmen eingestellt werden sollten.

Der 3. Strafsenat stellt darauf ab, dass der in der Patientenverfügung niedergelegte Wille der O Ausdruck ihres verfassungsrechtlich garantierten Selbstbestimmungsrechts ist, wonach ein Patient in jeder Lebensphase, auch am Lebensende, das Recht hat, selbstbestimmt zu entscheiden, ob er ärztliche Hilfe in Anspruch nehmen will. *„Vor dem Hintergrund dieser verfassungsrechtlichen und gesetzgeberischen Wertung ist der Wille des Opfers einer Straftat, dem durch diese in Gang gesetzten tödlichen Verlauf nicht um jeden Preis durch lebenserhaltende Maßnahmen Einhalt zu gebieten, als eine aus der Schwere der Verletzung folgende und mit der Rechtsordnung in Einklang stehende Reaktion zu werten."*

Dem ist im Ergebnis zuzustimmen. Allerdings dürfte es weniger auf die verfassungsrechtliche Verankerung und damit die Notwendigkeit der Achtung des Selbstbestimmungsrechts der O ankommen. Denn diese begründet gerade eine freiverantwortliche Entscheidung, die nach allgemeinen Grundsätzen Zurechnungszusammenhänge unterbricht. Entscheidend ist vielmehr, dass diese Entscheidung nicht aus Anlass der konkreten Situation getroffen wurde, sondern – und hier kommt das Argument zum Tragen – als Ausdruck des Selbstbestimmungsrechts allgemein vor der Tat. Dem Einsatz des Raubmittels wohnt daher auch das Risiko inne, das Opfer in eine Situation zu bringen, in dem es lebenserhaltender Maßnahmen bedarf, diese aber seitens des Opfers abgelehnt werden.

Ausdrücklich offengelassen hat der Senat die Frage, ob anders zu entscheiden ist, wenn ein durch eine Raubtat Geschädigter vernünftigen Gründen zuwider eine durchaus erfolgversprechende Behandlung ablehnt. Nach der Argumentation des Senats müsste auch dies dem Täter zurechenbar sein, weil das Selbstbestimmungsrecht nicht davon abhängt, ob die abgelehnte Behandlung sinnvoll ist oder nicht; anderenfalls würde es durch paternalistische Erwägungen der Allgemeinheit überlagert. Nach der hier vertretenen Argumentation würde das Verhalten den gefahrspezfischen Zurechnungszusammenhang unterbrechen, weil das Opfer aus Anlass der Tat und damit in voller Kenntnis der durch die Tat begründeten Gefahr entscheidet.

Nicht zu empfehlen ist die Argumentation von *Mitsch* (NJW 2020, 3671), wonach § 251 StGB ohnehin einschlägig wäre, weil T der Tod der O jedenfalls zu dem hypothetischen Todeszeitpunkt zuzurechnen wäre, der sich ergäbe, hätten die Ärzte die lebensverlängernden Maßnahmen nicht abgebrochen. Die lebenserhaltenden Maßnahmen wurden aber abgebrochen, hypothetische Verläufe sind – wie sonst auch – unerheblich, es handelt sich um einen Fall der überholenden Kausalität (vgl. BT/1 Rn. 10).

4. T hat den Tod der O wenigstens leichtfertig verursacht, weil es objektiv vorhersehbar und vermeidbar war, dass durch das kräftige Ziehen an der Tasche ein älterer Mensch, der ohnehin auf eine Gehhilfe angewiesen ist, das Gleichgewicht verliert und mit schweren Folgen stürzt. Schon aufgrund der gesetzlichen Regelung der Patientenverfügung ist auch mit dem Vorliegen einer solchen zu rechnen.

5. T handelte rechtswidrig und schuldhaft.

Erg.: T ist strafbar wegen Raubes mit Todesfolge. § 222 StGB wird verdrängt.

Opfer kann nur „ein anderer Mensch“ sein, also auch ein am bisherigen Geschehen Unbeteiligter. Tatbeteiligte scheiden hingegen als Opfer aus. 147

Handlungen **zwischen Vollendung und Beendigung** des Raubes: Die Rspr. und mit ihr ein Teil der Lit. fassen den zeitlichen Anwendungsbereich der Norm weit. Besteht zum Zeitpunkt der den Tod verursachenden Handlung *noch Beutesicherungsabsicht*, erstreckt sich § 251 StGB auch auf die anschließende Flucht (Sch/Sch/*Bosch* § 251 Rn. 4). Nach zutreffender aA fällt die Todesverursachung durch eine final nur zur Beutesicherung eingesetzte Nötigung unter § 252 iVm § 251 StGB. Hierauf erwidert der BGH (kriminalpolitisch), dass § 252 StGB nur Fälle erfasst, in denen der Täter in Beuteerhaltungsabsicht handelt, nicht jedoch Fälle bloßer Fluchtsicherung; diese Strafbarkeitslücke gelte es zu schließen. Dies ist jedoch nicht die Aufgabe der Rspr., sondern des Gesetzgebers. 148

Beispiel: Nachdem der Räuber mit der Beute das Juweliergeschäft verlassen hat, kommt es in der Fußgängerzone zu einer Schießerei mit der Polizei, bei der unglücklicherweise und ungewollt eine Passantin tödlich von einer Kugel des Räubers getroffen wird.

Fall 13 (nach BGHSt 64, 80 m. Bespr. *Eisele* JuS 2020, 275 und *Kudlich* JA 2020, 64): Dagobert (D) braucht Geld. Um an welches zu gelangen, will er Lebensmittelkonzerne erpressen. Sein Plan sieht dabei so aus, Gläschen mit Babynahrung mit einem farb- und geruchlosen Gift zu versetzen. Bei Erfüllung seiner Geldforderungen will er den Lebensmittelkonzernen den Standort der von ihm in den Verkehr gebrachten, präparierten Gläschen verraten. Den Tod 149 von Kindern nahm er hierbei billigend in Kauf. An einem Samstagnachmittag verteilt D fünf Gläser, jedes von ihnen mit einer für Kleinkinder tödlichen Menge Gift versehen, in Drogeriemärkten in Frankfurt. Am Samstagabend schreibt D eine E-Mail an die Polizeibehörden und die Betreiber der Drogeriemärkte, in denen er auf die kontaminierten Gläschen unter Angabe von Marke und Geschmacksrichtung hinweist, seine Forderung stellt und für den Fall der Nichterfüllung androht kommenden Samstag weitere Gläschen in Umlauf zu bringen; die konkret betroffenen Filialen gibt er in dieser E-Mail nicht preis. Die Gläschen können zwischen dem darauffolgenden Sonntag und Dienstag durch die Polizei und Mitarbeiter der Drogeriemärkte aufgefunden werden. Zu weiteren Verbreitungen kommt es nicht, weil D identifiziert und festgenommen wird. Strafbarkeit des D?

Strafbarkeit des Dagobert (D)

I. §§ 253, 255, 250 II Nr. 1, 251, 22, 23 I StGB

Anm.: In einer Klausur würde man die Prüfung mit dem versuchten Mord als schwerstem Delikt beginnen. Der abweichende Aufbau folgt didaktischen Erwägungen.

Indem D die präparierten Gläschen in den Verkehr brachte und seine Geldforderung stellte, könnte er sich einer versuchten schweren räuberischen Erpressung mit (versuchter) Todesfolge strafbar gemacht haben (Fall des Versuchs der Erfolgsqualifikation).

1. Die bedrohten Lebensmittelkonzerne haben keinen Vermögensnachteil erlitten, der Versuch eines Verbrechens ist strafbar.

2. D müsste vorbehaltlosen Tatentschluss bezüglich der Verwirklichung einer schweren räuberischen Erpressung, sowie des Eintritts hierdurch verursachter Todeserfolge gehabt haben.

a) D hat den Betreibern der Drogeriemärkte gedroht, dass das Leben und die körperliche Unversehrtheit von Kunden zu schaden kommen könnten. Damit hat er ein Übel in Aussicht gestellt, auf dessen Eintritt er Einfluss hatte, weil der genaue Standort der mit Gift präparierten Babygläschen nur ihm bekannt war. Eine Gefahr für Leib und Leben kann auch zum Nachteil von mit dem Erpressungsopfer nicht identischen Personen angedroht werden. Hierbei genügt, dass die Bedrohung des Dritten mit Leib- und Lebensgefahren für die genötigte Person selbst ein Übel ist (*Fischer* § 255 Rn. 3).

b) Hierdurch wollte D die Lebensmittelkonzerne zur Zahlung der von ihm erstrebten Geldsumme anhalten. Im Vermögen der Erpressten sollte hierdurch ein entsprechender Nachteil entstehen.

c) Das in die Babynahrung eingebrachte Gift stellt ein gefährliches Werkzeug iSd § 250 II Nr. 1 StGB dar, dass D bei der Durchsetzung seiner Forderung verwendete. Denn nach seiner Vorstellung sollte es im konkreten Fall des Konsums erhebliche Verletzungen bei den betroffenen Kleinkindern verursachen.

d) D hatte Bereicherungsabsicht, weil er seine eigene (desolate) wirtschaftliche Lage durch die Erlangung des Lösegeldes günstiger gestalten wollte. Dabei war ihm bewusst, dass er keinen Anspruch auf das Lösegeld hatte.

e) Nach dem Sachverhalt nahm D den Tod von Kleinkindern infolge der Realisierung des von ihm angedrohten Verhaltens (keine Erfüllung der Forderung = kein Hinweis auf den Standort der kontaminierten Gläschen = Verkauf der Gläschen und Konsum mit Todesfolge) billigend in Kauf, so dass er auch hinsichtlich der Erfolgsqualifikation des § 251 StGB Vorsatz hatte.

3. Indem D die Drohung per E-Mail an die Betreiber der Drogeriemärkte versandte, hat er unmittelbar zur Tatbestandsverwirklichung angesetzt. Denn nach seiner Vorstellung bestand hierdurch eine konkrete, unittelbare Gefährdung deren Vermögens; weitere Handlungen seinerseits waren nach seiner Vorstellung für den Eintritt des Nötigungserfolgs und des Vermögensschadens nicht erforderlich.

4. Fraglich ist, ob D strafbefreiend zurückgetreten ist, weil er mit den Hinweisen in seiner E-Mail (Marke, Geschmacksrichtung, Stadt) eine Kausalkette in Gang gesetzt hat, die letztlich dazu führte, dass die Gläschen aufgefunden werden konnten und kein Kleinkind durch deren Konsum zu Tode kam, § 24 I 1 Alt. 2 StGB.

a) Der Versuch war rücktrittsfähig, dh nicht fehlgeschlagen. D konnte mit den ihm nach dem Absenden der E-Mail zur Verfügung stehenden Mitteln (der Standort der Gläschen war unbekannt und er hatte weitere Gläschen angekündigt) sowohl einen Vermögensschaden der Genötigten als auch den Tod von Kleinkindern weiterhin erreichen.

b) Der Versuch war beendet. D ging nach seiner Vorstellung davon aus, mit dem Aussprechen der Drohung (und dem Verweis auf die von ihm in den Verkehr gebrachten Gläschen) alles seinerseits für den Erhalt der Lösegeldzahlungen Erforderliche getan zu haben. Weitere Handlungen seinerseits waren für ihn nicht erforderlich.

c) Im Falle eines beendeten Versuchs richten sich die Voraussetzungen des Rücktritts nach § 24 I 1 Alt. 2 StGB. Hiernach muss der Täter freiwillig die Vollendung der Tat verhindern. Nicht erforderlich ist dabei, dass er durch seine Hand die Vollendung abwendet. Ausreichend ist, dass er eine Kausalkette in Gang setzt, die für die Nichtvollendung der Tat zumindest mitursächlich ist. Ob es schnellere oder effektivere Möglichkeiten der Erfolgsabwendung gegeben hätte – die er nicht ergriffen hat – ist unerheblich, weil das Erfordernis des ernsthaften Bemühens nur für den Fall des § 24 I 2 StGB gilt. Im Rahmen des § 24 I 1 Alt. 2 StGB kommt es nur darauf an, ob die Vollendung – auf den Täter rückführbar – verhindert wurde.

Vorliegend ist allerdings fraglich, welche Vollendung D verhindern musste. Denn im hier vorliegenden Fall der versuchten Erfolgsqualifikation liegt – untechnisch gesprochen – ein doppelter Versuch vor, derjenige des schweren Raubes (Grunddelikt) als auch derjenige der Verursachung einer Todesfolge (Erfolgsqualifikation). Von beiden kann der Täter zurücktreten, so dass genau zu untersuchen ist, worauf sich der Rücktritt bezieht. Denn während beim Rücktritt vom Grunddelikt zugleich der Anknüpfungspunkt für die versuchte Erfolgsqualifikation entfällt (vgl. *Wessels/Beulke/Satzger* Rn. 1085), berührt der Rücktritt vom Eintritt der schweren Folge den Versuch des Grunddelikts nicht. Der 1. Strafsenat hat in der vorliegenden Sache entschieden: *„Rücktritt vom versuchten erfolgsqualifizierten Delikt ist in den Fällen des Versuchs der Erfolgsqualifikation auch dadurch möglich, dass der Täter das Eintreten der Folge verhindert."*

Hieran könnte man deshalb zweifeln, weil D weitere Taten in Aussicht gestellt hat und deshalb seinen Tatplan aufrechterhielt. Nach Ansicht des 1. Strafsenats habe D den Tod von Kindern durch den Konsum der bereits aufgestellten Babygläschen nicht weiter in Kauf genommen. Denn seine E-Mail enthielt konkrete Hinweise, welche die Polizeibehörden in die Lage deren Auffindens versetzte.

Folgt man dem, ist D vom Versuch der Erfolgsqualifikation des § 251 StGB zurückgetreten. Unberührt hiervon bleibt der Versuch der besonders schweren räuberischen Erpressung, weil D seinen Erpressungsvorsatz gerade nicht aufgegeben hat; zudem war die Qualifikation des § 250 II Nr. 1 StGB bereits vollendet, nachdem durch die Verwendung des Drohmittels die die Qualifikation begründende erhöhte Gefahr schon eingetreten war.

II. §§ 212, 211, 22, 23 I StGB

1. Ein Todeserfolg ist nicht eingetreten, der Versuch eines Verbrechens ist strafbar.

2. D müsste vorbehaltlosen Tatentschluss bezüglich der Tötung von Kleinkindern gehabt haben.

a) D nahm mit dem Aufstellen der vergifteten Babygläschen billigend in Kauf, dass mit deren Inhalt gefütterte Kleinkinder sterben.

Hinweis: Strukturell handelt es sich um einen Fall der mittelbaren Täterschaft, wenn – bei lebensnaher Betrachtung – den Kleinkindern der Gläscheninhalt durch ihre unwissenden Eltern verabreicht wird. Der BGH geht in derartigen Fällen aber meist von unmittelbarer Täterschaft aus.

b) D hatte zudem vorbehaltlosen Tatentschluss bezüglich eines Heimtückemordes. Denn er verwendete ein farb- und geruchloses Gift, womit er die Arg- und Wehrlosigkeit seiner Opfer bewusst ausnutzen wollte. Zwar ist davon auszugehen, dass die Konsumenten jünger als drei Jahre alt und damit zur Bildung von Argwohn nicht fähig waren. Da aber auch die Eltern von dem farb- und geruchlosen Gift nichts mitbekommen sollten, sollte die Arglosigkeit schutzbereiter Dritter ausgenutzt werden (vgl. dazu auch BT/1 Rn. 36).

c) D handelte zudem aus Habgier (Erpressungsforderung) und Ermöglichungsabsicht (Erpressung).

3. Indem D die Gläschen in den Märkten aufgestellt hat, hat er seine Herrschaft über das weitere Geschehen aus der Hand gegeben. Ab diesem Zeipunkt hing es vom Zufall ab, ob, wann und von wem die Gläschen gekauft und konsumiert wurden. Damit bestand aus seiner Sicht eine unmittelbare konkrete Gefährdung des Rechtsguts Leben der potentiellen Konsumenten.

4. D ist aber vom versuchten Mord nach § 24 I 1 Alt. 2 StGB strafbefreiend zurückgetreten (s.o.).

Erg.: D ist strafbar wegen versuchter besonders schwerer räuberischer Erpressung.

Kapitel 3. (Räuberische) Erpressung

A. Prüfungsschema

Prüfungsschema: §§ 253, 255 StGB 150

I. Tatbestand

1. Objektiver Tatbestand
   a) (Qualifiziertes) Nötigungsmittel
   b) Nötigungserfolg
   c) Vermögensverfügung erforderlich?
   d) Vermögensnachteil
2. Subjektiver Tatbestand
   a) Vorsatz
   b) Bereicherungsabsicht (stoffgleich)
   c) Rechtswidrigkeit der Bereicherung
   d) Vorsatz bzgl. Rechtswidrigkeit der Bereicherung
   e) Finalität zwischen Einsatz des Nötigungsmittels und Nötigungserfolg

II. Rechtswidrigkeit

1. Allgemeine Rechtfertigungsgründe
2. Verwerflichkeit der Zweck-Mittel-Relation, § 253 II StGB

III. Schuld

B. Im Einzelnen

I. Nötigungsmittel

Qualifizierte Nötigungsmittel (dazu bereits Rn. 105 ff.) eröffnen den **151** Qualifikationstatbestand des § 255 StGB, mit der Folge der Anwendbarkeit der §§ 250, 251 StGB. Gewalt gegen Sachen fällt unter § 253 StGB (Bsp.: Täter legt Waffen auf einen Tisch und verknüpft seine unberechtigte Geldforderung mit der Drohung „dein Hund muss sonst dran glauben“, vgl. BGH StV 2014, 287). Ein Drohen mit gegenwärtiger Gefahr ist bereits dann gegeben, wenn diese als „Dauergefahr“ in dem Sinne gegenwärtig ist, dass sie jederzeit in einen Schaden umschlagen kann (BGH NStZ 2015, 36). Ein aktuelles Beispiel für eine Drohung mit einem empfindlichen Übel sind die Fälle sog. Ransomware, in denen die Daten auf dem Computer des Opfers durch Schadsoftware verschlüsselt werden und die Täter dem Opfer „anbieten“, diesem den Zugang an seinen Daten durch Zahlung eines Lösegelds (und auch nur dann) wieder einzuräumen (BGH NJW 2021, 2301).

II. Nötigungserfolg

152 Handlung, Duldung oder Unterlassung. Bsp.: Herausgabe von Geld, Verzicht auf das Geltendmachen einer Forderung, nach der Rspr. auch die Duldung der Wegnahme (s. sogleich unter Rn. 154 ff.). Der Nötigungserfolg muss durch den Einsatz des Nötigungsmittels verursacht worden sein und damit *objektiv kausal* auf diesem beruhen. Beugt sich das Opfer demnach nicht dem Druck des Täters, sondern erfüllt dessen Forderung aus anderen Gründen, liegt nur Versuch vor.

III. Vermögensverfügung erforderlich?

153 Von Examenskandidaten wird häufig viel zu pauschal die Frage nach einer Vermögensverfügung aufgeworfen. Tatsächlich ist dieses Kernproblem der Abgrenzung von Raub und Erpressung aber nur in wenigen Sachverhaltskonstellationen wirklich entscheidungserheblich. Es handelt sich um diejenigen Fälle, in denen ein Raub ausscheidet und die Strafbarkeit wegen einer Vermögensstraftat allein an § 253 StGB hängt, weil anderenfalls regelmäßig nur eine Strafbarkeit wegen Nötigung verbleibt: Gewalt gegen Sachen; Täter nimmt eigene Sache weg; abgenötigter Verzicht einer Forderung; fehlende Zueignungsabsicht bzw. Rückführungswille.

154 Die Rspr. verlangt eine Vermögensverfügung nicht, mit der Folge, dass auch die Duldung der Wegnahme dem Anwendungsbereich der Erpressung unterfällt. Ihre Begründung: Anderenfalls käme eine Erpressung nur bei vis compulsiva in Betracht (so tatsächlich *Fischer* § 253 Rn. 4). § 249 StGB ist deshalb in der Konsequenz Qualifikation zu § 253 StGB.

155 Die überwiegenden Vertreter der Lit. nehmen demgegenüber an, dass § 253 StGB eine Vermögensverfügung voraussetzt (MüKo/*Sander*

§ 253 Rn. 13 ff.). Begründet wird dies mit der Ähnlichkeit zum Vergleichspaar Diebstahl/Betrug, da auch die Erpressung ein Selbstschädigungs-, der Raub ein Fremdschädigungsdelikt sei (Sch/Sch/*Bosch* § 253 Rn. 8) – dass es sich hierbei tatsächlich um eine petitio principii handelt, weil die Erpressung erst deshalb zu einem Selbstschädigungsdelikt wird, weil sie eine Vermögensverfügung erfordert, wird zumeist nicht thematisiert. Wie das Vorliegen einer Vermögensverfügung im Folgenden beurteilt werden soll, ist weiterhin umstritten. Teils wird auf das äußere Erscheinungsbild (Geben oder Nehmen?), teils auf die innere Willensrichtung des Opfers (Hängt die Vermögensverschiebung nach seiner Vorstellung von seinem Willen ab?) abgestellt.

Zur Einübung: Ein Täter entwendet unter Anwendung von vis absoluta ein Kfz, will dieses aber nach kurzer Fahrt wieder derart preisgeben, dass mit einer Rückerlangung durch den Eigentümer gerechnet werden kann (Gebrauchsanmaßung). 156

Ein Raub (und damit auch ein Diebstahl) scheidet mangels Zueignungsabsicht aus. Die Rspr. differenziert dabei danach, ob der Täter die Absicht hat, die Sache alsbald an den Eigentümer zurückgelangen zu lassen. Dies ist zu verneinen, wenn das Kfz so zurückgelassen wird, dass es dem Zugriff Dritter preisgegeben und dem Zufall überlassen ist, ob der Berechtigte das Fahrzeug zurückerlangt (Bsp.: unverschlossenes Abstellen im Wald mit Schlüssel im Zündschloss, im Gegensatz zum Abstellen eines Taxis an einem belebten Taxistand). Es bleibt § 248b StGB.

Die Rspr. kommt zur Annahme einer räuberischen Erpressung, da sie diese als umfassendes Grunddelikt aller Vermögenstatbestände interpretiert. Zu einem anderen Ergebnis gelangt die hL, da die nach ihr erforderliche Vermögensverfügung im Falle der gewaltsamen Wegnahme des Kfz nicht vorliegt. Ihre Kritik an der Rspr., diese umgehe die Wertung des § 248b StGB, ist bereits im Ansatz verfehlt; § 248b StGB hat die Verknüpfung der Gebrauchsanmaßung mit dem Einsatz eines Nötigungsmittels überhaupt nicht zum Gegenstand.

IV. Vermögensnachteil

Der Begriff des Vermögensnachteils ist identisch mit dem Vermögensschaden beim Betrug (s. dort, Rn. 186 ff.). Erforderlich ist damit, dass die Vermögenslage des Opfers oder eines anderen (vgl. § 253 StGB) sich nach der Tat ungünstiger darstellt als vorher. Ebenso wie 157 beim Betrug ist dies aufgrund einer *wirtschaftlichen Betrachtung* durch **Gesamtsaldierung der Vermögenswerte** vor und nach der Handlung, Duldung oder Unterlassung des Genötigten zu ermitteln.

158 Mit dem Gleichlauf der Bestimmung des Vermögensschadens ist zugleich vorgegeben, dass iRd § 253 StGB auch eine schadensgleiche Vermögensgefährdung einen Vermögensschaden darstellt. Eine solche liegt nach der Rspr. beispielsweise (bereits) in der erzwungenen Preisgabe einer EC-Karte und deren PIN, weil der Täter mit deren Erlangung ohne Weiteres Zugriff auf den Auszahlungsanspruch des Opfers gegen eine die Karte akzeptierende Bank hat. Das Vermögen des Opfers ist deshalb im Zeitpunkt des Eintritts des Nötigungserfolgs (Herausgabe der Karte bzw. Duldung deren Wegnahme und Preisgabe der PIN) beeinträchtigt (vgl. BGH BeckRS 2020, 11966). An einer konkreten Vermögensgefährdung fehlt es aber dann, wenn das zugehörige Konto keine Deckung aufweist oder der Täter bei einer überwachten Übergabe keine Möglichkeit hat, mit dem erpressten Gegenstand zu entkommen (*Wessels/Hillenkamp/Schuhr* Rn. 716); in Betracht kommt dann nur ein Versuch (MüKo/*Sander* § 253 Rn. 25).

159 Nach umstrittener Rspr. des BGH führt der erzwungene Verzicht auf eine Forderung nur zu einem Vermögensschaden, wenn die Forderung *werthaltig* ist (BGH NStZ-RR 2021, 281). Bsp.: Der seit zehn Jahren arbeitslose und heroinabhängige Z lässt sich vom Taxifahrer T nach Hause bringen. Als T den Fahrpreis iHv 60 Euro kassieren möchte, wird er von Z unter Vorhalten eines Kampfmessers genötigt, das Sich-Entfernen zu dulden (BGH NStZ 2007, 95). Hier soll es am Vermögensnachteil fehlen, weil die Forderung wegen Vermögenslosigkeit des Z ohnehin nicht durchsetzbar war; das Vermögen des T ist bereits dadurch geschädigt, dass er den mittellosen Z nach Hause gefahren hat. Neben Betrug ist daher nur eine Nötigung gegeben. In diesen Bereich gehört auch, wenn dem von einer Prostituierten erzwungenen Geschlechtsverkehr nach der Rechsprechung kein Vermögenswert zukommt (BGH NStZ-RR 2020, 43), wobei der Vermögenswert der Arbeitskraft bei dieser Betrachtung ebenso außen vor bleibt, wie die Friktion, dass im obigen Fall des Taxifahrers der Fahrpreis (bei Werthaltigkeit der Forderung) grundsätzlich erfasst ist.

160 Als beeinträchtigte Vermögensmasse kommt neben derjenigen des Genötigten im Falle der sog. **Dreieckserpressung** auch eine solche in Betracht, deren Schutz der Genötigte wahrnehmen konnte oder wollte. Voraussetzung ist ein *Näheverhältnis* zwischen dem Genötigten und der im Vermögen geschädigten Person (BGHSt 41, 123; BGH NStZ 2020, 286). Typischer Fall wäre etwa die Bedrohung eines Kassierers (Genötigter) in einer Tankstelle mit einer Waffe, woraufhin dieser die Tageseinnahmen (Geschädigter = Tankstelleninhaber) herausgibt. Ein

Näheverhältnis zwischen Genötigtem und Geschädigten besteht aber nicht, wenn der Genötigte durch den Einsatz der Nötigungsmittel gezwungen wird, für den Täter Gegenstände zu entwenden; in einem solchen Fall kommt „lediglich“ eine Strafbarkeit wegen Nötigung in Tateinheit mit Anstiftung zum Diebstahl bzw. mit Diebstahl in mittelbarer Täterschaft in Betracht (vgl. BGH NStZ 2020, 286; BeckRS 2020, 22031).

Sonderproblem: Rückerwerb einer zuvor gestohlenen Sache 161

Beispiel: A stiehlt aus dem Haus des B ein wertvolles Gemälde im Wert von 15.000 Euro. In einem Brief an B macht er deutlich, dass dieser das Gemälde gegen eine „Aufwandsentschädigung“ von 12.000 Euro zurückerlangen könne, anderenfalls werde er das Gemälde nach Asien verkaufen.

Gleichgelagert sind Fallkonstellationen, in denen der Eigentümer einen Finderlohn auslobt und der Täter mit der Rückgabe der zuvor entwendeten Sache erklärt, die Anspruchsvoraussetzungen zu erfüllen. In diesem Fall kann der zweite Handlungsabschnitt einen Betrug erfüllen.

– IRd Diebstahls stellt sich zunächst die Frage, ob Zueignungsabsicht gegeben ist (vgl. auch erneut Rn. 39). Nach der Sachsubstanztheorie ist dies zu verneinen, weil der Täter die Sache dem B als dessen eigene und damit in Anerkennung des bestehenden Eigentums veräußert, nach hM ist aber eine Verfügung kraft angemaßter Eigentümerstellung erforderlich. Die (ältere) Rspr. nahm dennoch Zueignungsabsicht an, weil sie den Wiederbeschaffungswert der Sache als den relevanten Sachwert ansieht (BGHSt 24, 115). Dagegen spricht, dass das Lösegeld zwar an den Besitz an der Sache gebunden, aber nicht im Gemälde selbst verkörpert ist.
– Die Verwirklichung einer Erpressung hängt am Vermögensnachteil. Saldierend könnte man feststellen, dass das Vermögen des B, wenn er zahlt, nur einmal in Höhe von 12.000 Euro gemindert wird, weil er das Gemälde zurückerhält. Dieser Schaden ist bereits durch den Diebstahl eingetreten, der allerdings nicht tatbestandsmäßig ist. Andererseits bleibt zu bedenken, dass die Rückgabe nur die ohnehin bestehende Verpflichtung aus § 861 BGB erfüllt (Sch/Sch/*Bosch* § 253 Rn. 9).

V. Subjektiver Tatbestand

Der subjektive Tatbestand verlangt neben einem auf die Nötigungshandlung, den Nötigungserfolg und den Vermögensnachteil gerichteten **Vorsatz** (dolus eventualis genügt) als überschießende Innentendenz 162 das Vorliegen von rechtswidriger **Bereicherungsabsicht**. Letztere erfordert, dass es dem Täter darauf ankommt, seine wirtschaftliche Lage (oder im Falle von Drittbereicherungsabsicht die eines Dritten) durch die Tat günstiger zu gestalten. Die Rechtswidrigkeit der Bereicherung ist – anders als diejenige der nötigenden Tathandlung – subjektives Tatbestandsmerkmal. Stellt sich der Täter deshalb vor, er habe einen Anspruch auf die abgepresste Sache oder Forderung, liegt ein vorsatzausschließender Tatumstandsirrtum (§ 16 I StGB) vor.

163 Die Bereicherung muss nicht das ausschließliche Ziel der Handlung sein, nicht ausreichend ist aber die Inkaufnahme der Bereicherung als bloße Folge eines anderen Zwecks (etwa das Abpressen eines Handys, um einen Hilferuf zu verhindern). Auch das nötigungsbedingte Erlangen einer Sache, um diese alsbald zu vernichten, geschieht nicht in Bereicherungsabsicht; ebenso beim Abpressen eines Handys, um dessen Daten auszulesen (BGH NStZ 2012, 627) oder um dem Opfer einen Denkzettel zu verpassen (BGH NStZ 2020, 542). Dem Besitz einer Sache kommt in diesen Fällen kein eigenständiger wirtschaftlicher Wert zu. Denn wirtschaftlich messbare Gebrauchsvorteile, die der Täter oder der Dritte für sich nutzen will, liegen in diesen Fällen nicht vor.

164 In jüngerer Zeit wurde durch den BGH vermehrt betont, dass analog zum Raub auch bei der (räuberischen) Erpressung eine **finale Verknüpfung** zwischen dem Nötigungsmittel und der von dem Opfer vorzunehmenden vermögensschädigenden Handlung erforderlich ist, vgl. BGH NStZ 2014, 269:

> „Nicht anders als beim Raub genügt es daher nicht, wenn der Einsatz des Nötigungsmittels nicht zum Zwecke der Herausgabe des Geldes vorgenommen wird, sondern der Täter den Entschluss, dem Opfer eine Handlung abzunötigen, erst nach der Gewaltanwendung oder Drohung fasst.“

165 Das Ausnutzen einer zuvor aus anderen Gründen geschaffenen Bemächtigungslage genügt demnach nicht für die Annahme einer räuberischen Erpressung. Der Täter muss vielmehr die Nötigungslage mit dem Fassen der Bereicherungsabsicht aktualisieren, wofür eine konkludente Drohung genügt (BGH StV 2021, 493). Dass das Opfer nur erwartet, der Täter werde es an Leib und Leben schädigen, genügt jedenfalls nicht (BGH NStZ 2017, 92).

166 Die **Rechtswidrigkeit der Bereicherung** ist wiederum objektives Tatbestandsmerkmal (aber zweckmäßig iRd subjektiven Tatbestandes zu prüfen). Sie liegt vor, wenn nach materiellem Recht kein Anspruch auf den Vorteil besteht. Die damit einhergehende Zivilrechtsakzessorietät kann eine Inzidentprüfung der zivilrechtlichen Rechtslage mit sich bringen. So hat bspw. der Käufer von Betäubungsmitteln, der vom

Verkäufer zu wenig Wechselgeld erhält, aufgrund der Nichtigkeit (§ 134 BGB) aller mit dem Betäubungsmittelerwerb zusammenhängenden schuldrechtlichen und dinglichen Verträge (Durchbrechung des Trennungsprinzips) keinen Anspruch auf das Wechselgeld (BGH NJW 2021, 1966)

Ein *Irrtum* (über das Bestehen einer Forderung) führt zur Rechtsfol- **167**
ge des § 16 I StGB (BGH bei *Hecker* JuS 2014, 366; NStZ-RR 2014, 341; StV 2015, 632). In subjektiver Hinsicht erstrebt ein Täter eine rechtswidrige Bereicherung, wenn er für möglich hält und billigend in Kauf nimmt, dass seine Forderung nicht oder nicht im Umfang des Nötigungsziels besteht oder aber von der Rechtsordnung nicht geschützt wird (BGHSt 48, 322; BGH NStZ-RR 2020, 175). Umgekehrt kommt deshalb ein (untauglicher) Versuch der Erpressung bereits dann in Betracht, wenn ein Anspruch objektiv besteht, der Täter dies aber verkennt (BGH NJW 2021, 1966).

Beispiel (nach BGH BeckRS 2014, 08656): Die Täter hatten in **168**
einem Bordell eine Suite angemietet, fünf Flaschen Champagner bestellt, die Dienste von Prostituierten in Anspruch genommen und hierfür insgesamt 2.600 Euro bezahlt. Beim Verlassen des Bordells verlangten die Prostituierten für die Erbringung sexueller Handlungen weitere Zahlungen. Die Täter wiesen dies nach ausgiebiger Diskussion von sich, da bereits eine erhebliche Summe gezahlt wurde, und wollten das Etablissement verlassen. Dabei wurden sie von drei Sicherheitsleuten gehindert, die auf ein Eintreffen der Polizei zur Feststellung der Personalien der Täter warten wollten. Einer der Täter zog eine halbautomatische Schusswaffe mit Gummigeschossen und gab insgesamt sechs Schüsse ab. Zwei der Sicherheitskräfte wurden teils erheblich verletzt.

Nach dem BGH befand sich der Angeklagte in einem Irrtum gem § 16 I 1 StGB (Rechtswidrigkeit der Bereicherung ist Tatbestandsmerkmal), da er davon ausging, die Leistungen der Prostituierten seien durch Zahlung des erheblichen Betrags bereits entgolten. Damit stellte er sich eine Situation vor, nach welcher kein Anspruch gegen ihn und seine Begleiter bestand, dh es ging ihm um die Abwehr einer nach seiner Ansicht unrechtmäßigen Forderung.

Vertiefung: Aufmerksamen Lesern dürfte der Unterschied zum Fall des von Prostituierten erzwungenen Geschlechtsverkehrs (Rn. 159) aufgefallen sein, dem nach der Rspr. kein Vermögenswert zukommt. Der hier im Raum stehende Anspruch nach § 1 ProstG entsteht nur bei einvernehmlicher Vornahme der vereinbarten sexuellen Handlungen (BGH BeckRS 2020, 9285; NStZ 2011, 278).

169 **Klassiker:** Der Täter der Erpressung hat einen Zahlungsanspruch gegen sein Opfer, verlangt von diesem (Opfer war selbst Vortäter) die Beute aus einer Vortat heraus und droht damit, anderenfalls die Polizei über die Vortaten (des nunmehrigen Opfers) zu informieren.

Ein Vermögensschaden ist nicht gegeben. Zwar hat das Opfer Besitz am Geld verloren, gleichzeitig ist aber auch eine Verbindlichkeit in nämlicher Höhe erloschen.

Die wohl hM bejaht demgegenüber einen Vermögensschaden wegen fehlender Freiwilligkeit der Leistung (vgl. die Erfüllungstheorien zu § 362 BGB) und löst das Problem im subjektiven Tatbestand: Die Bereicherung ist auch rechtswidrig, weil kein Anspruch auf die konkreten Geldscheine bestand (Geldschulden sind Gattungsschulden mit der Folge eines Rechts des Schuldners zur Konkretisierung nach § 243 I BGB). Der Täter befand sich allerdings in einem Tatumstandsirrtum hinsichtlich der Rechtswidrigkeit der Bereicherung, wenn er denkt, er habe einen Anspruch auf die konkrete Sache (s. schon Rn. 45, allerdings ist zu berücksichtigen, dass der Diebstahl das Eigentum schützt, während die Erpressung das Vermögen sichert. Insoweit muss man sich die Frage stellen, ob der Vermögensschutz auch das Auswahlrecht des Gattungsschuldners erfasst und deshalb die Problematik unbesehen auf den Erpressungstatbestand übertragen werden kann).

Im Anschluss an die Ablehnung der Erpressung ist aber stets an § 240 StGB zu denken. Zu prüfen ist schließlich noch eine Hehlerei. Fraglich ist hierbei, ob der Täter, der gegenüber dem Opfer eine Nötigung begeht, zugleich Hehler sein kann (Aufhänger: „Sich-Verschaffen" meint das Erlangen einer eigentümerähnlichen Verfügungsgewalt *im Einverständnis* mit dem Vortäter, vgl. Rn. 262).

Kapitel 4. Betrug

Literatur: *Becker* JuS 2014, 307; *Becker/Rönnau* JuS 2017, 499; *Eisele/Bechtel* JuS 2018, 97; *Kudlich* JA 2013, 551; *Kulhanek* JA 2015, 828; *Rönnau* JuS 2011, 982; *Rönnau/Becker* JuS 2014, 504.

Das *Vermögensschädigungsdelikt* des Betrugs kennzeichnet sich dadurch, dass das Opfer selbst auf der Grundlage falscher Tatsachen eine Verfügung vornimmt, die unmittelbar in einen Vermögensschaden mündet. Aufgrund dieser Kausalkette bietet es sich regelmäßig an, den Betrug „rückwärts zu denken", dh ausgehend von einem festgestellten Vermögensschaden die Frage nach dessen Ursprung zu stellen. Aufgrund des Erfordernisses der Opferverfügung markiert § 263 StGB ein sog. *Selbstschädigungsdelikt*. 170

Hinweis: Erfahrungsgemäß bereitet die Prüfung des Betrugstatbestandes (nicht nur) in Prüfungsarbeiten erhebliche Schwierigkeiten und mündet nicht selten in beleglosen Behauptungen. Die vorgeschlagene gedankliche „Rückwärtsprüfung" des Tatbestandes und eine saubere Ausschöpfung des Sachverhalts helfen bei der Strukturierung der Lösung. Diese Struktur der Betrugsprüfung sollte bereits im Obersatz zum Ausdruck gebracht werden, indem – auch für den Korrektor hilfreich – angegeben wird, gegenüber wem (Getäuschter), zu wessen Lasten (Geschädigter) und zu wessen Gunsten (Täter oder Dritter) eine Strafbarkeit wegen Betrugs erötert wird. 171

A. Prüfungsschema

Prüfungsschema: § 263 StGB 172

I. Tatbestand

1. Objektiver Tatbestand
   a) Täuschung
   b) Irrtum
   c) Vermögensverfügung
   d) Vermögensschaden

e) Kausalität zwischen a)–d)

2. Subjektiver Tatbestand

a) Vorsatz bzgl. 1. a)–e)

b) Bereicherungsabsicht

c) Stoffgleichheit

d) Rechtswidrigkeit des Vorteils

e) Bewusstsein der Rechtswidrigkeit

II. Rechtswidrigkeit

III. Schuld

IV. Regelbeispiele nach § 263 III StGB (§ 263 V StGB ist hingegen Qualifikation)

B. Im Einzelnen

I. Täuschung

173 Eine Täuschung ist ein Verhalten, durch das im Wege der Einwirkung auf das intellektuelle Vorstellungsbild eines anderen eine Fehlvorstellung über Tatsachen erzeugt wird. Diese Einwirkung kann auf verschiedene Weisen erfolgen, genauer: *ausdrücklich*, *konkludent* oder *durch Unterlassen*. Gemeinsam ist all diesen Handlungsweisen, dass ihnen ein bestimmter *Erklärungswert* zukommen muss, was bei einer ausdrücklichen Täuschung („Das Auto ist mangelfrei“) eine Selbstverständlichkeit ist und bei konkludenten Erklärungen (eindrucksvoll BGH NStZ 2015, 158: „Ping-Anrufe“) über eine Normativierung des Inhalts der Erklärung aufgrund des Maßstabskriteriums der Verkehrsauffassung (weitere Nebenkriterien: Erwartungen der Beteiligten, Verteilung des Irrtumsrisikos) erreicht wird. Einem Unterlassen kommt kraft Natur der Sache kein Erklärungswert zu, erforderlich ist daher eine Garantenstellung des Täters für das fremde Vermögen in Form einer Aufklärungspflicht (BGHSt 62, 72; 39, 392), dh die Aufkärungspflicht muss gerade dem Schutz des fremden Vermögens dienen. Diese Schutzfunktion für fremdes Vermögen wird in der Regel auch die Voraussetzungen einer Vermögensbetreuungspflicht begründen (BGH BeckRS 2021, 22339), so dass vorrangig eine Untreue in Betrach kommt; der Anwendungsbereich eines Betrugs durch Unterlassen ist damit tatsächlich sehr schmal.

Nachfolgende Beispiele sollen ein gewisses Gespür für die Bestimmung von Erklärungswerten vermitteln: 174

- Der Verkauf einer zuvor gestohlenen Sache enthält wegen der damit einhergehenden Übereignungsverpflichtung (§ 433 I 1 BGB) die konkludente Erklärung, der Verkäufer sei in der Lage Eigentum zu verschaffen, was wegen § 935 I BGB (Ausnahme: § 935 II BGB) aber rechtlich unmöglich ist.
- Das Besteigen eines Taxis enthält die konkludente Erklärung, der Fahrgast sei zahlungsfähig und zahlungswillig.

  Die Versendung rechnungsähnlicher Schreiben markiert dann eine konkludente Täuschung, wenn der Täter ein tatsächliches Angebotsschreiben durch Rechnungsmerkmale verschleiert.

  (BGH NStZ-RR 2014, 309; BGHSt 47, 1, Leitsatz: „Wer Angebotsschreiben planmäßig durch Verwendung typischer Rechnungsmerkmale so abfaßt, daß der Eindruck einer Zahlungspflicht entsteht, dem gegenüber die – kleingedruckten – Hinweise auf den Angebotscharakter völlig in den Hintergrund treten, begeht eine (versuchte) Täuschung im Sinne des § 263 Abs. 1 StGB").

  Diese Rspr. ist nicht unproblematisch, weil der BGH eine Täuschung mit wahren Tatsachen durch übermäßige Betonung des subjektiven Tatbestandes für zulässig erachtet.
- Der Teilnehmer an einer Sportwette erklärt mit Platzierung seines Wetteinsatzes, jedenfalls bei schon erfolgter Manipulation, konkludent die Manipulationsfreiheit des Ereignisses (BGHSt 51, 165).
- Die Entgegennahme von zu viel herausgegebenem Wechselgeld stellt keine Täuschung dar, weil die Verkehrsauffassung das diesbezügliche Irrtumsrisiko dem Kassierer zuweist.
- Die Vornahme einer Überweisung enthält bei einer Fehlbuchung nicht den Erklärungswert, dem Überweisenden stehe das entsprechende Guthaben auch zu. Denn tatsächlich entsteht auch bei einer Fehlbuchung bis zu deren Korrektur ein Anspruch gegen die Bank auf das Buchguthaben. Die frühere Unterscheidung zwischen Fehlüberweisung und Fehlbuchung wurde durch die Rspr. mittlerweile aufgegeben.
- Das Entfernen eines Strichcodes von einer Ware und deren Zusammenfügen mit einer anderen Ware enthält bei Vorlage dieser Einheit an der Kasse die konkludente Erklärung, dass beide Waren zusammengehören und einheitlich bepreist sind (Bsp.: Der Täter entfernte von einer Schlauchtrommel den EAN-Code und befestigte daran eine Anschlussgarnitur, die unter einem anderen EAN-Code einzeln bepreist war, OLG Karlsruhe bei *Hecker* JuS 2019, 819).
- Ist bei einem Werkvertragsverhältnis (bspw. bei einem Schlüsseldienst) ein individuelles Entgelt nicht vereinbart und rechnet der

Werkunternehmer nach Erbringung seiner Sachleistung ab, erklärt er konkludent, das geforderte Entgelt entspreche dem als vereinbart geltenden Üblichen (BGH NStZ-RR 2020, 213 m. Bespr. *Hecker* JuS 2020, 895)

175 Täuschungsgegenstand sind *Tatsachen* (= gegenwärtige oder vergangene Zustände, Verhältnisse oder Geschehnisse). Nach hM sind auch *innersubjektive Zustände* erfasst (Paradefall: Zahlungsbereitschaft, oder die Bereitschaft zur Rückgabe einer Mietsache); nicht hingegen Rechtsbehauptungen („Ich bin Inhaber einer Forderung“, Standardargument im Prozess: iura novit curia) und Werturteile (bspw. der Wert einer Sache, Ausn.: Die Bewertung enthält zugleich einen Tatsachenkern [„Das Bild ist eine Fälschung“]). Im Grenzbereich bewegen sich Fälle, in denen eine nicht bestehende Forderung geltend gemacht wird. Eine Täuschung kommt hier in Betracht, wenn mit dem Einfordern der Leistung ein Bezug zu einer unzutreffenden Tatsachenbasis hergestellt oder das Vorliegen eines den Anspruch begründenden Sachverhalts behauptet wird (BGH NStZ-RR 2019, 181). Wissen die Opfer vom Nichtbestehen der Forderung, bezahlen aber dennoch aus Lästigkeit, kann eine Täuschung vorliegen, wenn die Umstände, auf die sich die Bewertung als lästig gründet, ihrerseits auf Tatsachen beruhen (im konkreten Fall: dass die Beschuldigten auf jeden Fall über die Möglichkeit verfügen, ihre Forderung durchzusetzen, oder zumindest den Betroffenen Schwierigkeiten zu machen, vgl. OLG Frankfurt a.M. bei *Jahn* JuS 2019, 404).

176 **Fall 14** (Fall nach OLG Celle NStZ 2011, 218): Gernot (G) ist angestellter Außendienstmitarbeiter bei der Schwerfällig GmbH (S). Die S hat allen Außendienstmitarbeitern eine Tankkarte überlassen, die zur Betankung der Flottenfahrzeuge bei ausgewählten Partnertankstellen berechtigt. Bei Aushändigung der Karte hat jeder Mitarbeiter eine Erklärung unterschrieben, wonach er sich verpflichtet, die erhaltenen Tankbelege am Ende eines Abrechnungszeitraums in der Buchhaltung bei Frau Müller (M) abzugeben und die Karte nur für die Betankung der Firmenfahrzeuge zu verwenden. G hat innerhalb eines Abrechnungszeitraums insgesamt fünf Bekannten, die alle nicht bei S als Außendienstmitarbeiter beschäftigt sind, ermöglicht auf die Tankkarte zu tanken. Dafür ließ sich G nach Abzug eines Abschlags von 20% den Wert der Tankfüllung auszahlen. Der S wurde von den Betreibern der Tankstellen ein Betrag von 300 Euro in Rechnung gestellt. G reicht diese Belege bei Frau M in der Buchhaltung ein. Strafbarkeit des G?

Strafbarkeit des Gernot (G)

I. § 266 I StGB

1. Missbrauchsuntreue

a) Durch die ausgehändigte Tankkarte war es G möglich, die S finanziell zu verpflichten, weil er die Abrede zwischen S und den Tankstellenbetreibern zum Ausgleich der Tankrechnungen aktivierte. Damit überschritt er sein rechtliches Dürfen im Innenverhältnis (nur flotteneigene Fahrzeuge) im Rahmen seines rechtlichen Könnens im Außenverhältnis (jedes Fahrzeug).

b) Pflichtwidrigkeit des Handelns

aa) Ob auch iRd Missbrauchstatbestands eine Vermögensbetreuungspflicht erforderlich ist, wird zum Teil angezweifelt. Die hM bejaht dies ausgehend von ihrem Verständnis des Missbrauchstatbestands als eines Spezialfalls des umfassenderen Treubruchtatbestands. Hinzu kommt die verfassungsrechtliche Erwägung (Art. 103 II GG), dass vor dem Hintergrund einer konzeptionell weiten und unscharfen Fassung des § 266 StGB eine konkretisierende und präzisierende Auslegung erforderlich ist. Auch lässt sich das Satzteil „dem, dessen Vermögensinteressen er zu betreuen hat" auf beide Alternativen beziehen.

bb) Eine Vermögensbetreuungspflicht ist eine durch Eigenverantwortlichkeit geprägte und als Hauptpflicht geschuldete Geschäftsbesorgung in einer wirtschaftlich nicht ganz unbedeutenden Angelegenheit (BGHSt 55, 288). Sie kennzeichnet sich insbesondere durch Eigenverantwortlichkeit und Selbständigkeit des Pflichtigen, maW durch die Möglichkeit zur verantwortlichen Entscheidung. Die bloße Pflicht, einen Vertrag zu erfüllen, genügt ebenso wenig, wie die allgemeine vertragliche Nebenpflicht, auf die Interessen des Vertragspartners Rücksicht zu nehmen, weil der bloße Vertragsbruch nicht unter Strafe stehen soll.

Die Pflicht, die Tankkarte nur nach den Vorgaben des Arbeitgebers einzusetzen, stellt eine bloße Vertragspflicht und keine qualifizierte Vermögensbetreuungspflicht dar. Den Außendienstmitarbeitern stand keine über den Vertragszweck hinausgehende Verfügungsbefugnis über die Tankkarten zu. Ihnen war vielmehr nur gestattet, Firmenfahrzeuge mit dieser Karte zu betanken. Eine Vermögensverwaltung, die es ihnen ermöglichte, selbständig und eigenverantwortlich über das Vermögen der S zu verfügen, wurde ihnen hiermit nicht eingeräumt.

II. § 263 I StGB gegenüber M, zulasten der S, zu eigenem Vorteil

1. Indem G die Tankbelege bei der S einreichte, ohne darauf hinzuweisen, dass sich darunter auch solche Belege befinden, die außerhalb der vertraglichen Anweisungen entstanden sind und daher einen Forderungsanspruch der S gegen ihn begründet haben, hat er die M, die innerhalb des Betriebs für die Abrechnungen zuständig war, über Tatsachen getäuscht. Mit der Vorlage der Belege brachte G konkludent zum Ausdruck, die ihm überlassene Tankkarte nur iRd Vereinbarten eingesetzt zu haben. Die Vorlage der Belege diente der S nämlich dazu, die von den Tankstellenbetreibern in Rechnung gestellten Beträge nachzuvollziehen und im Fall von Fehlbuchungen zu Lasten der S Einwendungen zu erheben. Da die Verantwortlichen der S bei den einzelnen Tankvorgängen nicht zugegen waren, konnten sie sich nur auf die Erklärung ihrer Außendienstmitarbeiter verlassen.

2. Hierdurch wurde bei M ein entsprechender Irrtum erregt.

3. Eine Vermögensverfügung ist jedes freiwillige Tun, Dulden oder Unterlassen, das sich unmittelbar vermögensmindernd auswirkt. Die Buchhalterin M verzichtete infolge dieser Erklärung darauf, die durch das vorsätzliche vertragswidrige Verhalten des G in Rechnung gestellten Beträge von diesem zurückzufordern. Dieses Unterlassen stellt eine Verfügung der S dar, weil die M als Buchhalterin objektiv hierzu befugt war und damit auch „im Lager" der S stand (Fall des Dreiecksbetrugs, vgl. näher Rn. 189). Ein Verfügungsbewusstsein ist beim Forderungsbetrug nicht erforderlich, weil es mangels tauglichen Tatobjekts insoweit kein Exklusivitätsverhältnis zum Diebstahlstatbestand gibt.

4. Die S hat es unterlassen Ansprüche gegen G geltend zu machen. Hierdurch ist ihr ein Schaden iHv 300 Euro entstanden.

5. G handelte vorsätzlich und mit Bereicherungsabsicht. Die von den Bekannten des G an diesen gezahlten Beträge sind zwar nicht Folge der täuschungsbedingten Verfügung durch die S gewesen. Der von G erlangte Vorteil ist aber auch darin zu sehen, dass er nach Abschluss der Buchungen aus den entstandenen Ersatzansprüchen der S nicht in Anspruch genommen wurde. Dieser Vorteil ist stoffgleich mit dem auf Seiten der S entstandenen Vermögensschaden.

Exkurs: Diese infolge des Betrugs durch G erlangten 300 Euro stehen G offenkundig nicht zu. Damit sich „Straftaten nicht lohnen", sehen die §§ 73 ff. StGB deshalb vor, dass die durch die Straftat erlangten Gegenstände (§ 73 I

StGB) oder – falls sie wie hier naheliegend die 300 Euro nicht mehr vorhanden sind – deren Wert (§ 73c StGB) eingezogen werden (§ 75 StGB).

Erg.: G hat sich des Betrugs zu Lasten der S schuldig gemacht.

II. Irrtum

Ein Irrtum besteht im Auseinanderfallen von Vorstellung (nach hM verstanden als positiver Befund) und Wirklichkeit. Im Grundsatz bedeutet dies: Das Opfer muss sich (konkret oder abstrakt) Gedanken über den Täuschungsgegenstand gemacht haben. Wer sich keine Gedanken macht (ignorantia facti), kann auch nicht irren. Etwas anderes gilt nach der Rspr. bei standardisierten, auf Massenerledigung angelegten Abrechnungsverfahren der Krankenkassen, weil bei diesen der Prüfungsmaßstab aufgrund des dem Arzt entgegengebrachten Vertrauens herabgesetzt ist; hier soll die stillschweigende Annahme genügen, die Abrechnung sei „in Ordnung“ (BGH NJW 2021, 90). **177**

Abgesehen von dieser Sonderkonstellation wird bereits ein sog. *sachgedankliches Mitbewusstsein* als ausreichend angesehen (vgl. BGH NStZ 2014, 215: Irrtum des Kassierers bei Entgegennahme von Falschgeld; BGH NStZ 2015, 341), wobei darauf zu achten ist, dass diese Figur für *massenhafte* oder *gleichförmige* Geschäfte entwickelt wurde. *Zweifel* schließen einen Irrtum nach der hM nicht aus, wenn der Getäuschte die Möglichkeit der Unwahrheit für geringer hält (BGH NStZ 2003, 313). **178**

Sonderproblem: Irrtum über die Preisgestaltung **179**

- Der Preis selbst ist kein tauglicher Täuschungsgegenstand, weil er ein schlichtes Werturteil darstellt.
- Nach der hM ist die Marktangemessenheit eines Preises tauglicher Täuschungsgegenstand; nur reklamehafte Übertreibungen unterfallen nicht dem Tatsachenbegriff. Begründen lässt sich dies damit, dass die Existenz eines Marktes für ein Gut und die konkreten Marktverhältnisse (bspw. der Preis für eine Wohnung bestimmter Ausstattung in einer bestimmten Lage) objektiv nachprüfbar sind.
- Demgegenüber will eine aA unrichtigen Behauptungen nur dann strafrechtliche Relevanz beimessen, wenn das Opfer von Rechts wegen eine zutreffende Erklärung erwarten konnte.

Fall 15: Theo (T) will gegen die Opfer-GmbH (O) einen Vollstreckungsbescheid erwirken, obwohl ihm gegen diese tatsächlich kei- **180**

nerlei Forderung zusteht. Dazu hat er seine Mutter Mathilde (M), die Geschäftsführerin der O ist, überredet, gegen den Mahnbescheid keinen Widerspruch und gegen den Vollstreckungsbescheid keinen Einspruch einzulegen. T beantragt beim Zentralen Mahngericht für Bayern in Coburg den Erlass eines Mahnbescheids gegen die O wegen einer Geldforderung in Höhe von 21.237,34 Euro. Zur Individualisierung des Anspruchs trägt er bewusst wahrheitswidrig vor, es handele sich um eine Geldforderung aus einem Kaufvertrag über Gartenstühle „gemäß Rechnung für Warenlieferungen vom 13.02.2016". Der Rechtspfleger Richard (R) am AG Coburg erlässt am 09.01.2017 den beantragten Mahnbescheid mit den erforderlichen Hinweisen. Verabredungsgemäß legt M keinen Widerspruch ein. Am 31.01.2017 beantragt T den Erlass des Vollstreckungsbescheids. Dieser wird am 09.02.2017 durch R antragsgemäß erlassen und der O zugestellt. Nach Ablauf der Einspruchsfrist beantragte T einen Pfändungs- und Überweisungsbeschluss in Bezug auf ein Konto der O bei der Sparkasse Bayreuth und erhielt nach dessen Erlass 21.237,34 Euro von der Drittschuldnerin überwiesen. Strafbarkeit des T?

Abwandlung 1: Wie, wenn der Mahnbescheid bzw. der Vollstreckungsbescheid im automatisierten Mahnverfahren erlassen wurden?

Abwandlung 2: Wie, wenn nicht mehr feststellbar ist, ob der Mahnbescheid bzw. der Vollstreckungsbescheid durch einen Rechtspfleger oder im automatisierten Mahnverfahren erlassen wurden?

Abwandlung 3: Wie, wenn M gegen den Mahnbescheid Widerspruch eingelegt hätte?

Strafbarkeit des Theo (T)

I. § 263 I StGB gegenüber R, zulasten der M, zu eigenem Vorteil

1. Täuschung über Tatsachen

Eine Strafbarkeit wegen Betrugs ist möglich, wenn der Antrag von einem Rechtspfleger bearbeitet wurde, weil dann die Täuschung einer natürlichen Person vorliegt. Die schlichte Behauptung, Inhaber einer Forderung zu sein, stellt jedoch eine für § 263 StGB **irrelevante Rechtsbehauptung** dar. Sie beinhaltet jedoch auch eine Täuschung über Tatsachen, wenn sich aus dem Erklärungswert der Äußerung ein objektivierbarer Tatsachenkern ergibt. T hat zur notwendigen Individualisierung des Anspruchs, vgl. § 691 ZPO, weiter vorgetragen (Kaufvertrag, Rechnung vom ...). Ob der Kaufvertrag und eine Rechnung aus Warenlieferung bestehen, ist eine dem Beweis zugängliche Tatsache, ebenso dass ein Vertragsschluss zwischen beiden Parteien stattfand und der Anspruch durch Lieferung einredefrei gestellt wurde. Damit ist erkennbar, welcher tatsächliche Ablauf hinter der Rechtsbehauptung des Antragstellers stehen soll.

Exkurs: Prognosen als tauglicher Täuschungsgegenstand?

BGH NStZ 2015, 89: *„Bei einer Äußerung zu zukünftigen Entwicklungen, mithin einer Prognose, hängt die Frage, ob diese tauglicher Täuschungsgegenstand iSv § 263 StGB ist, davon ab, ob sie Behauptungen über konkrete gegenwärtige oder vergangene Verhältnisse, Zustände oder Geschehnisse enthält oder nicht. In einer Prognose kann daher trotz ihres Zukunftsbezuges bzw. des mit ihr verbundenen Werturteils eine Täuschung über Tatsachen liegen. Das ist etwa dann der Fall, wenn der Täter seine eigene Überzeugung vom Eintritt dieser Prognose vorspiegelt; denn dann täuscht er über eine gegenwärtige innere. Gleiches gilt, wenn die Prognose eine hinreichend bestimmte Behauptung über gegenwärtige tatsächliche Bedingungen ihres Eintritts enthält. Täuscht der Täter über von ihm zugrunde gelegte gegenwärtige Prognosegrundlagen, so täuscht er daher ebenfalls über Tatsachen.“*

2. Irrtum beim Rechtspfleger?

Ein Irrtum ist das Auseinanderfallen von Vorstellung und Wirklichkeit. Nach der hM ist eine positive Vorstellung des Irrenden iSe psychologischen Befunds erforderlich.

a) Der Rechtspfleger prüft wegen § 692 I Nr. 2 ZPO jedoch nicht, ob ein Anspruch tatsächlich gegeben ist, sondern nur, ob die Zulässigkeits- und Prozessvoraussetzungen vorliegen. Der Rechtspfleger macht sich damit keine positive Vorstellung über das Bestehen des Anspruchs oder die zu seiner Begründung vorgetragenen Tatsachen. Mangels Vorstellung kann damit kein Irrtum vorliegen.

b) Der BGH bejaht trotz § 692 I Nr. 2 ZPO einen Irrtum des Rechtspflegers mit folgender Begründung: Der Rechtspfleger ist nach hM verpflichtet, den Antrag auf Erlass eines Mahnbescheids zurückzuweisen, wenn er Kenntnis davon hat, dass der zur Rechtfertigung eines Mahnantrags angebrachte Tatsachenvortrag entgegen der Wahrheitspflicht des § 138 I ZPO unwahr ist und der Anspruch deshalb nicht besteht. Erlässt er den Mahnbescheid, erfolgt dies in dem Bewusstsein, dass die nach dem Verfahrensrecht ungeprüft zu übernehmenden tatsächlichen Behauptungen des Antragstellers pflichtgemäß aufgestellt wurden und wahr sind.

In Widerspruch hierzu steht es allerdings, wenn wiederum der 4. Strafsenat (BGH NJW 2016, 3383) den Irrtum eines Rechtspflegers über die Zahlungsfähigkeit und -bereitschaft eines Bieters im Zwangsversteigerungsverfahren mit der Begründung verneint, dessen Prüfungskompetenz sei im Wesentlichen auf die Überprüfung der Einhaltung der gesetzlichen Verfahrensvorschriften beschränkt.

c) Dagegen spricht jedoch, dass aus der Kenntnis im Einzelfall nicht auf eine nicht bestehende Prüfungspflicht bei Unkenntnis geschlossen werden kann. § 692 I Nr. 2 ZPO steht der Ansicht der Rspr. entgegen.

Folgt man der Rspr.

3. Vermögensverfügung

Der irrende Rechtspfleger verfügt über das Vermögen der geschädigten O. Ein Betrug erfordert nicht die Identität von Verfügendem und Geschädigtem, aber sehr wohl von Getäuschtem und Verfügenden (Fall des sog. Dreiecksbetrugs). Ein Rechtspfleger, der im Mahnwesen funktional Aufgaben eines Richters erfüllt, ist kraft Gesetzes verfügungsbefugt. Seine Handlung kann deshalb dem geschützten Vermögen zugerechnet werden.

4. Vermögensschaden

Hier endgültig eingetreten mit Erlass des Vollstreckungsbescheids. Da die ausgewiesene Forderung vollständig unberechtigt war, entspricht die Schadenshöhe der titulierten Forderung.

5. Vorsatz und Bereicherungsabsicht

6. Rechtswidrigkeit/Schuld

II. §§ 266 I, 26 StGB

1. Vorsätzlich begangene, rechtswidrige Haupttat

a) M muss ihr rechtliches Dürfen im Innenverhältnis im Rahmen ihres rechtlichen Könnens im Außenverhältnis überschritten haben. Die Qualität des Handelns muss rechtsgeschäftlich sein, weil nur dann von der Befugnis Gebrauch gemacht wurde.

Anknüpfungspunkt ist hier das Unterlassen von Verteidigungsmaßnahmen. Grundsätzlich kann ein Missbrauch auch in einem Unterlassen bestehen, wenn diesem rechtsgeschäftlicher Charakter zukommt (bspw. bei Schweigen auf ein kaufmännisches Bestätigungsschreiben oder dem Verjährenlassen einer Forderung (letzteres str.)). Das Unterlassen der Erhebung von Widerspruch und Einspruch führt unmittelbar zur Rechtskraft des Vollstreckungsbescheids, der einen Vollstreckungstitel darstellt, vgl. § 794 I Nr. 4

ZPO. Als Geschäftsführerin war M auch zur Prüfung der Rechtslage und Einleitung der notwendigen Verteidigungsmaßnahmen im Innenverhältnis verpflichtet

b) Ein Unterlassen steht einem Tun aber nur dann gleich, wenn der Täter Garant ist. Eine Vermögensbetreuungspflicht stellt unbestritten eine Garantenpflicht dar (BGH BeckRS 2021, 22339). Eine Vermögensbetreuungspflicht ist die durch Eigenverantwortlichkeit geprägte und als Hauptpflicht geschuldete Geschäftsbesorgung in einer wirtschaftlich nicht ganz unbedeutenden Angelegenheit. M ist Geschäftsführerin der O, als solche leitet sie eigenverantwortlich und selbständig deren Geschäfte.

c) Der Schaden besteht im Vorliegen eines rechtskräftigen Vollstreckungstitels, gegen den nur sehr eingeschränkte Verteidigungsmöglichkeiten bestehen. Beruhend auf diesem wurde bereits ein Pfändungs- und Überweisungsbeschluss (PfÜB) erlassen und der Drittschuldner hat an T geleistet.

d) M handelte vorsätzlich.

2. Laut den Feststellungen des Sachverhalts hat T die M überredet, mithin ihren Tatentschluss hervorgerufen.

3. T hatte Vorsatz bzgl. der Haupttat der M und bzgl. seiner Bestimmungshandlung.

4. T handelte rechtswidrig und schuldhaft. Allerdings war T nicht vermögensbetreuungspflichtig gegenüber der O, so dass nach § 28 I StGB eine Strafrahmenverschiebung eintritt; die Vermögensbetreuungspflicht ist besonderes persönliches Merkmal.

Abwandlung 1:

I. Der Anwendungsbereich des **§ 263 I StGB** ist nicht eröffnet, da nur natürliche Personen getäuscht werden können

II. § 263a I Var. 2 StGB

Hat T das Ergebnis eines Datenverarbeitungsvorgangs durch Verwendung unrichtiger Daten beeinflusst?

1. Wenn man den Tatbestand betrugsnah auslegt: Nein. Nimmt der Rechtspfleger schon keine inhaltliche Prüfung vor, kann nichts anderes für den Datenverarbeitungsvorgang gelten, der diesen nur ersetzt.

2. AA (BGH NStZ 2014, 155; LK/*Tiedemann* § 263a Rn. 68), mit der Begründung, dem Rechtspfleger im nicht automatisierten

Mahnverfahren komme eine Prüfungsmöglichkeit zu. Hiernach hat sich T wegen Computerbetrugs schuldig gemacht.

Abwandlung 2:

1. Folgt man der hier vertretenen Auffassung, gibt es keine Besonderheiten, da T nach beiden Sachverhaltsvarianten nicht strafbar wäre.

2. Folgt man der Rspr., ist eine Wahlfeststellung vorzunehmen, da T in der ersten Sachverhaltsvariante nach § 263 I StGB, in der zweiten nach § 263a StGB strafbar ist. Diese ist auch zulässig (vgl. dazu auch BVerfG NJW 2019, 2837), die Tatbestände sind rechtsethisch und rechtspsychologisch vergleichbar (zur Wahlfeststellung *Ceffinato* Jura 2014, 655). Sie schützen das identische Rechtsgut (Vermögen) und auch die nach einem Teil der Lit. geforderte Identität des Unrechtskerns ist nachweisbar, wenn man bedenkt, dass § 263a StGB vor allem deshalb geschaffen wurde, um der Ersetzung menschlicher Arbeitskraft durch Datenverarbeitungsanlagen Rechnung zu tragen.

Abwandlung 3: Der Antrag auf Erlass des Mahnbescheids ist bloße Vorbereitungshandlung auf dem Weg zum (Vollstreckungs-)Titel. Grundlage der Vollstreckung ist erst der Antrag auf Erlass des Vollstreckungsbescheids. Es fehlt an einer unmittelbar konkreten Gefahr für das Vermögen der O und damit an einem unmittelbaren Ansetzen (aA die Rspr.).

III. Vermögensverfügung

181 Eine **Vermögensverfügung** ist jedes *freiwillige* Tun, Dulden oder Unterlassen, das sich *unmittelbar* vermögensmindernd auswirkt. Irrender und Verfügender müssen identisch sein, nicht hingegen Verfügender und Geschädigter (dann Fall des Dreiecksbetrugs, vgl. Rn. 189). Darüber hinaus verlangt die hM beim Sachbetrug ein **Verfügungsbewusstsein**, um eine Abgrenzung zum Trickdiebstahl zu ermöglichen (etwa der Klassiker des Vorbeischmuggelns von Ware an der Kasse, vgl. dazu Rn. 22). Beim Forderungsbetrug (regelmäßig Verfügung durch Nichtgeltendmachung eines Anspruchs) soll, weil ein Diebstahl mangels tauglichen Tatobjekts nicht in Betracht kommt, ein Verfügungsbewusstsein hingegen nicht erforderlich sein.

182 **Hinweis:** Fehl geht es, in Prüfungsarbeiten iRd Vermögensverfügung die Frage der Abgrenzung zum Trickdiebstahl aufzuwerfen (was aber unverhältnismäßig oft zu lesen ist). Diese ist Folge des durch das Erfordernis der Vermögensverfügung bedingten Exklusivitätsverhältnisses der beiden Tatbestände, aber weder Tatbestandsmerkmal beim Betrug, noch beim Diebstahl. Oder anders formuliert: Der Betrug erfordert eine Vermögensverfügung, dh ein freiwilliges Tun, Dulden oder Unterlassen, das sich unmittelbar vermögensmindernd auswirkt und beim Tatobjekt einer Sache mit Verfügungsbewusstsein vorgenommen wird. Liegt dieses vor, kommt ein Diebstahl nicht in Betracht, weil die Freiwilligkeit der Verfügung den Bruch fremden Gewahrsams ausschließt; eine Vermögensverfügung ist ein tatbestandsausschließendes Einverständnis. Ob ein Diebstahl oder ein Betrug vorliegt, ist die Folge dieser Voraussetzungen.

Unmittelbarkeit bedeutet, dass das Tun oder Unterlassen des Opfers ohne weitere Handlungen des Täters zu einer Vermögensminderung führt. Daran fehlt es etwa, wenn ein Zeitschriftenwerber sein Opfer veranlasst, ein leeres Blatt zu unterschreiben, das er später mit einem Vertragstext versieht. Gleiches gilt, wenn durch die Handlung des Getäuschten nur eine Zugriffsmöglichkeit iSe Gewahrsamslockerung für den Täter geschaffen wird (BGH NStZ 2016, 727). 183

Zum Verständnis: Das Merkmal der Freiwilligkeit des Opferverhaltens grenzt den Betrug von der Erpressung ab. Darin liegt letztlich auch die Schwierigkeit der hL im Bereich des § 253 StGB begründet, ihre Ansicht des Erfordernisses einer Vermögensverfügung mit Leben zu füllen, weil das Merkmal der Freiwilligkeit aufgrund der Tatsituation des § 253 StGB von vornherein ausscheiden muss (vgl. Rn. 112). 184

Das Merkmal der Unmittelbarkeit der vermögensschädigenden Wirkung grenzt den Betrug vom Diebstahl ab, wird beim Sachbetrug aber durch das zusätzliche Merkmal des Verfügungsbewusstseins ergänzt.

Fall 16 (nach BGHSt 64, 314 und *Ceffinato* JuS 2021, 597): Um seine finanziell angespannte Situation zu verbessern, hat Peter (P) auf das Stellenangebot des Thomas (T) auf einer Webseite im Darknet mit diesem Kontakt aufgenommen. Thomas (T) ist Teil einer international agierenden kriminellen Organisation und bewohnt in der Türkei ein Hotelzimmer, von dem aus er ältere Menschen in Deutschland anruft. Diesen spiegelt T vor, er sei Polizeibeamter und wolle sie über einen bevorstehenden Einbruch einer 185 ausländischen Bande in ihr Wohnhaus in Kenntnis setzen, von dem die Polizei soeben durch einen Informanten erfahren habe. Ziel des T ist es, die Angerufenen von einer vermeintlich bestehenden Gefahrenlage für ihre Wertgegenstände zu überzeugen und diese zu veranlassen, die Wertsachen an einen Komplizen auszuhändigen, um somit seine eigene Vermögenslage günstiger zu gestalten. P und T kommen überein, dass P gegen eine Beteiligung an der Beute von 30% die „Arbeit vor Ort" übernehmen soll.

Gemäß diesem Tatplan ruft T bei Rentnerin (R) an. Diese hat aber am Vortag einen Fernsehbericht über falsche Polizeibeamte gesehen und erkennt den Trick. Sie informiert deshalb die Polizei. Unterdessen gibt T, der nicht bemerkt hat, dass R seinen Angaben keinen Glauben schenkte, P deren Adresse bekannt. Am Wohnhaus der R angekommen, ist sich P jedoch unsicher, ob es sich bei dem gegenüber dem Anwesen der R geparkten Transporter um ein Zivilfahrzeug der Polizei handelt, was tatsächlich der Fall ist. Er geht nunmehr davon aus, dass er, wenn er bei R klingelt, festgenommen wird, und will sich entfernen. Dabei wird er jedoch vom Polizeibeamten X angesprochen und zum Stehenbleiben aufgefordert. P flieht. Strafbarkeit des P?

Strafbarkeit des P

I. §§ 263 I, II, 22, 25 II StGB gegenüber und zulasten der R

1. Der Betrugsversuch ist strafbar (§ 263 II), eine dem P zurechenbare Deliktsvollendung liegt jedenfalls mangels Vermögensschadens bei R nicht vor.

2. P muss weiterhin vorbehaltlosen Tatentschluss, dh Vorsatz bezüglich aller objektiven Tatbestandsmerkmale gehabt sowie die Absicht rechtswidriger Bereicherung gefasst haben.

a) P wollte auf das Vorstellungsbild der gutgläubigen R einwirken. Er wollte vorgeben Polizeibeamter zu sein und die Wertgegenstände der R zur Sicherung vor der durch T vorgespiegelten, vermeintlich bestehenden Bedrohungslage zu schützen. Mithin wollte er die R täuschen.

b) Auf Grundlage dieser – mit den objektiven Begebenheiten nicht übereinstimmenden – (Fehl-)Vorstellung sollte ihm R ihre Wertsachen aushändigen und damit irrtumsbedingt über ihr Vermögen verfügen. Der Besitzverlust sollte zum Eintritt eines Vermögensnachteils führen, weil sich die Vermögenslage der R auf der Grundlage der gebotenen Gesamtsaldierung nach der Verfügung bei wirtschaftlicher Betrachtung nachteilig im Vergleich zur Situation vor der Herausgabe dargestellt hätte.

c) Durch die Tat wollte P seine eigene Vermögenslage günstiger gestalten, weil ihm nach der mit T getroffenen Verabredung ein Anteil an der Beute zukommen sollte. Dieser stellt die Kehrseite des Vermögensnachteils der R dar und wäre somit stoffgleich mit diesem.

3. Fraglich ist allerdings, ob P bereits unmittelbar zur Tat angesetzt hat, dh ob das Stadium des strafbaren Versuchs bereits erreicht wurde.

a) Beurteilungsgrundlage ist insoweit nach § 22 StGB das Vorstellungsbild des Täters; die Bestimmung des konkreten Versuchsbeginns ist daher einzelfallabhängig. Zu messen ist sie bei einem Alleintäter nach hM daran, ob der Täter – nach dieser Vorstellung – die Schwelle zum „Jetzt-geht's-los" überschritten hat und damit in die Sphäre der Rechtsgüter des Opfers eingedrungen ist oder ob zum ungestörten Einmünden des Handelns in die Tatbestandsverwirklichung noch weitere wesentliche Zwischenschritte erforderlich sind. Als Folge dessen ist ein unmittelbares Ansetzen regelmäßig jedenfalls dann zu bejahen, wenn der Täter bereits Tatbestandsmerkmale erfüllt hat (sog. Teilverwirklichungslehre), beispielsweise bei einer Körperverletzung oder einem Totschlag den Stich gegen das Opfer ausgeführt hat.

b) P hat zwar selbst noch nicht auf das Vorstellungsbild der R eingewirkt, da er sich dieser gegenüber noch nicht als falscher Polizeibeamter zu erkennen gegeben hat. Ihm war jedoch bewusst, dass T sich, dem gemeinsamen Tatplan entsprechend, der R gegenüber bereits als Polizeibeamter ausgegeben hatte, als er mit dieser telefonisch in Kontakt trat. Dieses Verhalten, das eine Täuschung der R über die Eigenschaft des T als Polizeibeamter und die Tatsache einer bestehenden Bedrohungslage für ihr Vermögen darstellt, könnte dem P nach den Grundsätzen der Mittäterschaft zurechenbar sein (§ 25 II StGB), so dass bereits aufgrund dieser Täuschung ein unmittelbares Ansetzen zu bejahen ist.

aa) Die Voraussetzungen der Mittäterschaft liegen vor. P und T haben den gemeinsamen Tatplan gefasst, unter Vorspiegelung falscher Tatsachen an die Vermögenswerte irrtumsbedingt verfügender Opfer zu gelangen. Auch sollte nach diesem Tatplan jeder von beiden Ausführungshandlungen vornehmen. Der Tatbeitrag des T bestand im Aufbau der Legende, P sollte in Fortführung der Täuschung den Vermögensnachteil der Opfer herbeiführen. Nach dem

Tatplan waren beide Handlungsbeiträge auch derart essenziell, dass ohne den jeweils anderen der Plan seinen Sinn verloren hätte.

bb) Nach hM ist das Versuchsstadium im Fall der Mittäterschaft bereits dann erreicht, wenn einer der Mittäter plangemäß unmittelbar zur Tatbestandsverwirklichung angesetzt, mithin das Versuchsstadium erreicht hat. Den weiteren Mittätern wird dieses Verhalten sodann nach § 25 II StGB zugerechnet. Dies ist zwar nicht unumstritten geblieben; im Schrifttum wird, zumeist ausgehend von einer eng verstandenen Tatherrschaftstheorie, vereinzelt verlangt, dass jeder Mittäter für sich das Versuchsstadium erreicht haben müsse.

Eine Stellungnahme ist hier allerdings entbehrlich, da auch nach der herrschenden Gesamtlösung kein unmittelbares Ansetzen zum Versuch vorliegt. Zwar hat T, dem P zurechenbar, eine Täuschung verübt und damit ein Tatbestandsmerkmal des § 263 I StGB erfüllt. Bei mehraktigen Geschehensverläufen, wie insbesondere dem Betrug, tritt eine unmittelbare konkrete Gefährdung des Rechtsguts jedoch noch nicht zwingend durch Verwirklichung bereits eines Tatbestandsmerkmals ein. Nach der Vorstellung des P sollte eine solche Gefährdung erst eintreten, wenn er sich der R gegenüber als Polizist zu erkennen gegeben hätte und diese dadurch zur Herausgabe ihrer Wertsachen veranlasst worden wäre. Denn nach dem gemeinsamen Tatplan sollte die R ihr Vermögen gerade nicht bereits infolge der Täuschung des T an die Täter übermitteln (beispielsweise durch Postversand oder Gewahrsamsaufgabe an einem öffentlichen Ort) – dann wäre ein unmittelbares Ansetzen zu bejahen. Vielmehr war – zum Zeitpunkt des Anrufs des T – aus Tätersicht als weiterer Zwischenschritt erforderlich, dass die R ihrerseits dazu ansetzte, die Wertsachen zu übergeben.

Die sog. Teilverwirklichungslehre führt zu keinem anderen Ergebnis. Insbesondere handelt es sich bei ihr nicht um eine allgemeine normative Regel, sondern um das Ergebnis der Anwendung der Grundsätze zum unmittelbaren Ansetzen. Sie entbindet daher nicht von der Prüfung, ob die Verwirklichung eines Tatbestandsmerkmals nach der Tätervorstellung auch im Einzelfall zu einer unmittelbaren konkreten Gefährdung des Rechtsguts geführt hat. Dies war hier nicht der Fall.

4. Mangels unmittelbaren Ansetzens des P zur Verwirklichung eines Betrugs scheidet eine Strafbarkeit nach §§ 263 I, II, 22 StGB aus.

II. §§ 132 Var. 1, 25 II StGB

Indem T sich in dem Telefonat mit der R als Polizeibeamter ausgab, könnte sich P einer gemeinschaftlichen Amtsanmaßung schuldig gemacht haben.

1. Mit der Ausübung eines öffentlichen Amtes befasst sich, wer sich als Inhaber eines solchen Amtes ausgibt und dabei eine Handlung vornimmt, die sich als Ausübung des angemaßten Amtes darstellt. T hat sich als Polizeibeamter ausgegeben und die R vor einer vermeintlich bestehenden Bedrohungslage für ihr Vermögen gewarnt. Damit hat er sich mit der Ausübung einer polizeilichen Tätigkeit befasst. Dies geschah auch unbefugt, da T nicht zur Vornahme der Amtshandlung berechtigt war.

2. Ob diese Handlung dem P zugerechnet werden kann, bemisst sich erneut nach den Grundsätzen des § 25 II StGB. Dabei war ein solches Vorgehen zur Vorbereitung und Plausibilisierung des nachfolgenden Betrugs vom Tatplan vorausgesetzt. Allerdings hat P im Ausführungsstadium keinen Tatbeitrag geleistet, was wiederum dann unschädlich wäre, wenn dieser Mangel durch anderweitige Tatbeiträge aufgewogen würde. Nach dem gemeinsamen Tatplan kam dem P auch insoweit eine wichtige Funktion zu. Da die Amtsanmaßung im Gesamttatplan ohne die Abholung der Wertsachen durch P sinnlos gewesen wäre, kommt dessen Tatbeitrag auch eine derart wichtige Rolle zu, die geeignet ist den Mangel seines Tätigwerdens im Ausführungsstadium zu überwinden. Aufgrund des nicht unerheblichen Beuteanteils hatte P auch ein Interesse an der Tatbegehung.

Eine Zurechnung nach den Grundsätzen der Mittäterschaft ist von vornherein aber nur dann möglich, wenn es sich bei § 132 Var. 1 StGB um kein eigenhändiges Delikt handelt, bei diesen kommt eine gemeinschaftliche Tatbegehung – ebenso wie eine solche durch einen anderen nach § 25 I Var. 2 StGB – nicht in Betracht.

Die Kategorie des eigenhändigen Delikts ist bis heute jedoch durch erhebliche Unschärfen geprägt, da die ihr unterfallenden Delikte zum Teil durch Ausschluss der mittäterschaftlichen Zurechnung und damit auf der Grundlage eines Zirkelschlusses ermittelt werden. Nach der neueren Rspr. stellt § 132 Var. 1 StGB kein solches Delikt dar, da das maßgebliche Unrecht in der Gefährdung des geschützten Rechtsguts und nicht in einem eigenhändigen verwerflichen Tun liege. Begründet man die Strafwürdigkeit eines Verhaltens mit der hM durch die Rechtsgutstheorie, liegt allerdings der Strafgrund eines jeden Delikts in der Beeinträchtigung des geschützten Rechtsguts. Bereits dies zeigt die Untauglichkeit der Kategorie des eigenhändigen Delikts. Vielmehr können durch Mittäter solche Delikte nicht begangen werden, bei denen sich der Täter nach der Ausgestaltung des Tatbestands selbst in einer spezifischen Tatsituation befunden hat oder sonderpflichtig sein muss. Beides ist bei § 132 Var. 1 StGB nicht der Fall, weshalb die Konstruktion einer gemeinschaftlichen Amtsanmaßung möglich ist.

3. P handelte vorsätzlich, rechtswidrig und schuldhaft.

Erg.: P hat sich einer Amtsanmaßung schuldig gemacht.

IV. Vermögensnachteil

186 Ein Vermögensschaden liegt vor, wenn unter Berücksichtigung aller Vor- und Nachteile der Wert des Vermögens nach der Verfügung gegenüber demjenigen vor der Verfügung geschmälert ist, ohne durch **unmittelbar** aus der Verfügung fließende *Äquivalente* wirtschaftlich voll ausgeglichen zu sein. Unmittelbar bedeutet in diesem Zusammenhang, dass die Vermögensverfügung selbst Vorteil und Nachteil zugleich hervorbringt (BGH NJW 2021, 90); durch die Tat begründete Schadensersatzansprüche, ebenso Anfechtungs- und Gewährleistungsrechte, kommen deshalb nicht als Äquivalent in Betracht (BGHSt 54, 69; BGH BeckRS 2021, 21677). Rein technisch geht es um eine vergleichende Saldenbildung (Prinzip der Gesamtsaldierung) *vor und nach der Vermögensverfügung* unter Berücksichtigung von Mittelzu- und -abflüssen.

187 Die Bestimmung des Zeitpunkts der Vermögensverfügung ist deshalb für die Schadensbemessung essentiell, wenn bei einem bereits im Zeitpunkt des Vertragsschlusses vollendeten **Eingehungsbetrug** die Geldwerte der eingegangenen/erlangten Aktiva und Passiva bei Abschluss zu vergleichen sind (BGH NStZ 2016, 674), wohingegen bei einem (echten) **Erfüllungsbetrug**, bei welchem die Täuschung des Vertragspartners erst in der Erfüllungsphase stattfindet, ein Wertvergleich zwischen erhaltener und vertraglich geschuldeter Leistung anzustellen ist (vgl. instruktiv BGH NStZ 2016, 539). Hat der Täter demgegenüber bereits bei Vertragsabschluss getäuscht und wirkt diese Täuschung in der Erfüllungsphase fort (sog. **unechter Erfüllungsbetrug**), bemisst sich der Schaden nach der Differenz zwischen dem Wert der erbrachten Leistung und demjenigen der Gegenleistung (BGHSt 60, 1), was zur Folge hat, dass ein Schaden ausscheidet, wenn der entrichtete Preis dem Marktwert der gelieferten Ware entspricht (*Wessels/Hillenkamp/Schuhr* Rn. 542).

In diesem Zusammenhang zu erwähnen ist auch BGH NStZ 2012, 629 – Plagiatsfelgen-Fall (unechter Erfüllungsbetrug), der sich **nicht** in die oben genannte Dogmatik einfügt: Der Täter hatte nachgemachte Felgen in Italien zu einem Preis von 800 Euro je Felgensatz erworben und diese dann als originale Porsche-Felgen verkauft. Hierzu brachte er auf den Felgen ein Porscheemblem an. Die Felgen besaßen keine Freigabe durch das Kraftfahrtbundesamt, waren vom Täter aber mit einer falschen Prüfnummer versehen worden. 188

→ „Wird bei einem Kauf über Umstände getäuscht, die den Verkehrswert der Sache maßgeblich mitbestimmen, erleidet der dadurch zum Kaufabschluss bewogene Kunde einen Schaden regelmäßig nur dann, wenn die Sache objektiv den vereinbarten Preis nicht wert ist. Unerheblich ist demgegenüber regelmäßig, ob die gelieferte Ware von geringerem Wert ist als die vertraglich vereinbarte".

→ Ist die Sache ihren Preis wert, sei an einen individuellen Schadenseinschlag zu denken (dazu s. Rn. 195 f.).

Im Wirtschaftsleben wird derjenige, auf dessen Willen der Täter täuschend einwirkt, häufig nicht Inhaber der beeinträchtigten Vermögensmasse, sondern deren Sachwalter sein. In diesem Fall der Personenverschiedenheit von Getäuschtem/Verfügendem auf der einen und Geschädigtem auf der anderen Seite (sog. *Dreiecksbetrug*, vgl. zur Dreieckserpressung Rn. 160), bedarf es der Zurechnung der irrtumsbedingten Verfügung zum Opfervermögen. Während die Rspr. – mit schwer voraussehbaren Ergebnissen – darauf abstellt, ob der Getäuschte im Lager des Geschädigten steht, verlangt eine (im Ansatz restriktivere) Ansicht in der Lit., dass der Getäuschte objektiv (aA subjektiv) zur Verfügung über das Opfervermögen befugt ist. 189

1. Vermögensbegriff

Die Reichweite des strafrechtlichen Vermögensbegriffs ist auch heute noch umstritten, wobei sich der Schwerpunkt der Diskussion mittlerweile vom Vermögensinhalt auf die Schadensbemessung verlagert hat. Nach der Rspr. gilt der *wirtschaftliche Vermögensbegriff*, wonach Vermögen die Summe aller wirtschaftlich wertvollen Güter (nach Abzug der Verbindlichkeiten) ist. Die hL versucht demgegenüber zwischen einem juristischen und einem ökonomischen Vermögensbegriff zu vermitteln. Vermögen ist danach die Summe aller wirt- 190 schaftlich wertvollen Güter, soweit ihnen der Schutz der Rechtsordnung zugutekommt.

Hauptsächlich kommt es in folgenden Fällen zum Treffen der beiden Ansichten:

191 – Ein Auftragskiller wird, wie von Anfang an geplant, vom Auftraggeber nicht bezahlt. Da sein Anspruch aus einem sittenwidrigen Rechtsgeschäft resultiert, genießt er wegen des Widerspruchs zu außerstrafrechtlichen Vorschriften keinen Vermögensschutz. Anderenfalls würde das Strafrecht zivilrechtlich nicht geschützte Vermögenswerte schützen. Die Rspr., die stets ihre Nähe zum wirtschaftlichen Vermögensbegriff betont, kommt zu demselben Ergebnis, indem die Werthaltigkeit des Anspruches anerkannt, ein Vermögenswert aber unter dem Hinweis auf die Einheit der Rechtsordnung verneint wird. In den auch hierhergehörenden Dirnenlohn-Fällen ordnet die Rspr. seit Geltung des § 1 S. 1 ProstG jedenfalls die Forderung der Prostituierten nach (einvernehmlicher) Leistungserbringung dem strafrechtlich geschützten Vermögen zu (BGH NStZ 2016, 283). Obwohl eine solche Ausnahmeregelung zu § 138 BGB im Betäubungsmittelrecht nicht ersichtlich ist, unterstellt die Rspr. *Rauschgift* in offenem Widerspruch zu den Dirnenlohn-Fällen dem strafrechtlichen Vermögensschutz (aA die Lehre, vgl. *Wessels/Hillenkamp/Schuhr* Rn. 535 f.).

Auf die Spitze getrieben wird dieser Unterschied, wenn der 5. Strafsenat im Zusammenhang mit der Rechtswidrigkeit einer angestrebten Bereicherung sämtliche Verpflichtungs- und Verfügungsgeschäfte (mit Recht) für nichtig erklärt (BGH NJW 2021, 1966).

192 – Ein Auftragskiller (oder ein Drogendealer) gibt vor, nur gegen Vorauskasse zu töten (Drogen zu liefern), bleibt dann aber wie von Anfang an geplant seine Leistung schuldig. Durch die Hingabe des Geldes ist ein Vermögensschaden eingetreten, da „gutes Geld" selbst nach der Vermittlungslehre dem Vermögensbegriff unterfällt und die Übereignung als solches wertfrei ist (BGH NStZ 2002, 33).

193 – Ein Dieb wird durch eine Täuschung um seinen unrechtmäßigen Besitz gebracht (ebenso denkbar, dass ein Betrüger erpresst wird). Die Rspr. geht von einem Vermögensschaden aus, weil dem Diebesgut ein faktischer Geldwert zukomme (vgl. auch BGH NStZ-RR 2018, 221 zum Schutz des Vermögens einer Terrororganisation). Die Vermittlungslehre kann zu beiden Ergebnissen gelangen, je nachdem, ob man den deliktischen Besitz als rechtlich anerkannt einordnet, wofür ua die §§ 859 ff. BGB streiten.

194 – Nach der hM unterfällt der staatliche Anspruch auf Zahlung einer Geldstrafe oder eines Bußgelds nicht dem durch § 263 StGB geschützten Vermögen. Denn auch wenn diesen Posten eine Bedeutung im Staatshaushalt zukommt, besteht ihr Sinn nicht in der staatlichen Einnahmenerzielung (BGHSt 43, 381).

2. Lehre vom individuellen Schadenseinschlag

Ein individueller Schadenseinschlag – gemeint sind diejenigen Fälle, in welchen der Leistung nach objektiven Maßstäben eine wirtschaftlich gleichwertige Gegenleistung gegenübersteht, was nach dem BGH streng vorrangig zu prüfen ist (BGH bei *Kudlich* JA 2014, 875 ff.) – konnte nach der bislang hM die Annahme eines Vermögensschadens begründen, wenn (BGHSt 16, 321) **195**
- die Gegenleistung für den Betroffenen nicht oder nicht in vollem Umfang zu dem vertraglich vorausgesetzten Zweck oder in anderer zumutbarer Weise verwendbar ist,
- die Gegenleistung das Opfer zu vermögensschädigenden Folgemaßnahmen nötigt oder
- die Gegenleistung zur Folge hat, dass der Betroffene nicht mehr über die Mittel verfügen kann, die zur ordnungsgemäßen Erfüllung seiner Verbindlichkeiten oder sonst für eine seinen persönlichen Verhältnissen angemessene Wirtschafts- oder Lebensführung unerlässlich sind.

Inwieweit dieser Figur nach der Untreue-Entscheidung des BVerfG (E 126, 170) noch eine Berechtigung einzuräumen war, war zunächst unklar. Das BVerfG hatte entschieden, dass für die Schadensbemessung allein wirtschaftliche Kriterien entscheidend seien und diese nicht durch normative Erwägungen überlagert werden dürften. Genau dies ist jedoch die Funktion der Lehre vom individuellen Schadenseinschlag. Der 2. Strafsenat des BGH hatte sodann (BGH NStZ 2016, 149) unter Berufung auf einen das Problem nicht ausschöpfenden Beschluss des BVerfG (NJW 2013, 365) die Figur in das post-Verschleifungsverbot-Zeitalter überführt, mittlerweile wird die Frage allenfalls noch vereinzelt angesprochen (BGH BeckRS 2020, 13656; NStZ-RR 2018, 283 m. Bespr. *Eisele* JuS 2018, 1109). Die obigen Fallgruppen gelten daher weiterhin. Zur Begründung dieses Ergebnisses wird angeführt, die Lehre vom individuellen Schadenseinschlag habe einen wirtschaftlichen Hintergrund, weil der Nutzen eines Guts nicht für alle Marktteilnehmer gleich sei, sondern für die Individuen unterschiedliche Werte hätte (*Wessels/Hillenkamp/Schuhr* Rn. 550). Tatsächlich wird umgekehrt „ein Schuh draus", weil auch die hM damit keiner strikten wirtschaftlichen Betrachtungsweise folgt, sondern in ihrem Vermögensbegriff personelle Elemente anerkennt (vgl. *Ceffinato* NZWiSt 2015, 90). **196**

3. Zweckverfehlungslehre

197 Insbesondere in Fällen des Bettel- und Spendenbetrugs

Beispiel: T geht von Tür zu Tür und wirbt Spenden ein. Dem O spiegelt er vor, dass der Nachbar N doppelt so viel gespendet habe wie O. Vgl. auch (lesenswert) OLG München BeckRS 2014, 00901 m. Bespr. *Hecker* JuS 2014, 561 ff.

(aber etwa auch beim Subventionsbetrug) wird die Frage der Zweckverfehlung relevant.

- Nach eA verlangt der Vorwurf des Betrugs eine unbewusste Selbstschädigung durch das Opfer (u.a. steht dahinter der Gedanke, dass es sich beim Betrug um einen Fall der vertypten mittelbaren Täterschaft handelt). Beim Bettel- und Spendenbetrug ist sich das Opfer aber darüber bewusst, dass der Verfügung kein Äquivalent gegenübersteht und diese deshalb vermögensmindernd ist.
- Nach der Rspr. ist ein Betrug gegeben, weil dieser nicht voraussetzt, dass dem Opfer der vermögensmindernde Charakter seiner Verfügung verborgen bleibt. Insofern reicht es aus, dass die Täuschung kausal für die Verfügung geworden ist und diese nicht mit einem unmittelbaren wirtschaftlichen Äquivalent einhergeht.
- Nach hM erfolgt eine Strafbarkeitserweiterung durch die Lehre der Zweckverfehlung. Voraussetzung ist, dass ein wirtschaftlicher oder sozial anerkannter Zweck verfolgt wird (eventuell taugliches Messkriterium: steuerliche Absetzbarkeit) und dass die Leistung, die ihren Zweck verfehlt, nicht durch ein wirtschaftliches Äquivalent ausgeglichen wird.

4. Zeitpunkt des Schadenseintritts (= Vollendung)

198 Nach der st. Rspr. des BGH begründet auch eine sog. schadensgleiche (konkrete) Vermögensgefährdung bereits einen Schaden (klausurrelevant sind insbesondere die Fälle des Eingehungs-/Anstellungsbetrugs). Ein Schaden ist hiernach exemplarisch bei einem Eingehungsbetrug bereits mit Vertragsschluss eingetreten, weil der eingegangenen Verbindlichkeit keine werthaltigen oder realisierbaren Forderungen gegenüberstehen. Etwas anderes gilt allerdings, wenn der Vertrag nur zur Zug-um-Zug-Leistung verpflichtet (wie regelmäßig bei Grundstücksgeschäften). In diesem Fall sichert das Leistungsverweigerungsrecht die in ihrer Bonität beeinträchtigte Gegenforderung (BGH NStZ 2018, 713).

199 Kommt der Täter nachträglich zu Geld oder erlangt Zahlungswilligkeit, ist dies allenfalls iRd Strafzumessung relevant. Eine mM befürwortet demgegenüber eine analoge Anwendung der Regelungen zur tätigen Reue aus den § 264 VI, § 264a III, § 265b II StGB, um einer

durch die Vorverlagerung der Strafbarkeit eingetretenen Ungleichbehandlung gegenüber dem Rücktritt vom Versuch zu entgehen. Denn letzterer kommt wegen der eingetretenen Vollendung nicht in Betracht.

Beim sog. *Phishing* von Bankzugangsdaten tritt ein Vermögensschaden iSe konkreten Vermögensgefährdung bereits dann ein, wenn der Täter über die Zugangsmöglichkeiten zu dem fremden Bankaccount verfügt und Überweisungen tätigen kann (*Ceffinato* NZWiSt 2016, 464). Analog dazu tritt ein Vermögensschaden in den *EC-Karten-Fällen* ein, wenn der Täter durch die Tat die fremde EC-Karte und die zugehörige PIN-Nummer erlangt, weil ihm hiermit die jederzeitige Zugriffsmöglichkeit auf den Auszahlungsanspruch des Berechtigten gegenüber der die Karte akzeptierenden Bank eröffnet ist (BGH BeckRS 2020, 11966, sowie BGH NStZ-RR 2020, 44 zum gleichgelagerten Kontoeröffnungsbetrug). Etwas anderes gilt in beiden Fällen, wenn das Konto, zu dem die Zugangsdaten erlangt wurden, keine Deckung aufweist; dann ist im Zeitpunkt der Vermögensverfügung des Opfers nicht damit zu rechnen, dass der Täter auf dessen Vermögen zugreifen kann. **200**

Das BVerfG hat in zwei grundlegenden Entscheidungen das Institut des Gefährdungsschadens zwar nicht für verfassungswidrig erklärt, aber eine **genaue Bezifferung des Schadens** verlangt (BVerfGE 130, 1). Hintergrund dieses sog. Bezifferungsgebots ist der Umstand, dass aus dem Vorliegen einer täuschungsbedingten Vermögensverfügung nicht auf den Eintritt eines Schadens geschlossen werden kann, wozu die Figur der schadensgleichen Vermögensgefährdung die Tatgerichte geradezu eingeladen hat. Dies zeigt, dass auch in diesen Fällen tatsächlich ein Schaden eingetreten sein muss, weil sonst dessen Höhe nicht bestimmt werden kann Die Bezeichnung als Vermögensgefährdung ist irreführend (aber anerkannt). **201**

Hintergrund: Das offenkundige Anliegen dieser erstmals im Bereich der Untreue entwickelten Rspr. war, einer Vermengung der Tathandlung mit dem Taterfolg vorzubauen, weil anderenfalls die eigenständige Bedeutung des Schadensmerkmals in Frage gestellt würde. Inwieweit dies in der Praxis umgesetzt wird, ist fraglich, wenn der BGH in Fällen fehlerhafter Schadensbemessung auszuschließen vermag, dass kein Schaden entstanden ist (was plakativ schon dann der Fall ist, wenn sich das Vermögen um einen Euro gemindert hat), mit dieser Begründung den Schuldspruch billigt und dann lediglich die Strafaussprüche aufhebt. Für die Klausur empfiehlt sich dieses Vorgehen nicht. Soweit möglich sollte eine Bezifferung des Schadens vorgenommen werden, wobei dieser regelmäßig in der Höhe der eingegangenen Verpflichtung oder der erbrachten Leistung, also in voller Höhe, bestehen wird. **202**

203 Die Kriterien für die Schadensbemessung werden immer noch durch die Rspr. entwickelt, die im Grundsatz von einer wirtschaftlichen Bemessung ausgeht (BGHSt 60, 1; 58, 102). Das BVerfG hatte bereits in seiner Untreue-Entscheidung (BVerfGE 126, 170) diesen Weg aufgezeigt und zu dessen Ausfüllung auf die Grundsätze des Bilanzrechts verwiesen. Doch ebenso wie die Rspr. aufgrund der gebotenen Einzelfallgerechtigkeit ihren wirtschaftlichen Vermögensbegriff nicht konsequent durchzuhalten vermag (Rn. 191), gelingt es ihr nicht, eine Schadensbemessung originär ökonomischen Ursprungs zu begründen (vgl. zur Kritik *Ceffinato* NZWiSt 2015, 90).

204 **Fall 17** (nach BGH BeckRS 2020, 41132): Ingolf (I) ist Rechtsanwalt und wurde vom Insolvenzgericht in Bayreuth in diversen Verfahren als Insolvenzverwalter eingesetzt. Obwohl I gut im Geschäft ist, reichen die erzielten Vergütungen nicht für die Finanzierung seiner exklusiven Freizeitgestaltungen. I greift daher auf die ihm übertragenen Insolvenzmassen zu und hat die auf den Insolvenzkonten vorhandenen und eingehenden Gelder auf sein Kanzleikonto überwiesen und dort im Rahmen seines Kanzleibetriebs verbraucht. Konkret wies die zugehörige Masse zum Insolvenzverfahren der B-GmbH (B) ein Guthaben von 150.000 Euro auf. Nach dem Zugriff des I befinden sich nur noch 100 Euro auf dem Konto.

Um zu verhindern, dass der Schwindel auffliegt, gibt I in seinem Sachstandsbericht einen unzutreffenden Guthabenstand der Insolvenzmasse an. Zur Plausibilisierung seiner Angaben fügt er dem Bericht einen zuvor von ihm bearbeiteten Kontoauszug der C-Bank bei, der ein Guthaben des Insolvenzkontos von 150.000 Euro ausweist. Die zuständige Insolvenzrechtspflegerin schenkt den Angaben des I glauben und nimmt deshalb keine Maßnahmen zur Sicherung der Masse der B vor. Zum Zeitpunkt der Falschangaben verfügte I noch über unbelastetes Immobilienvermögen in Höhe von 900.000 Euro. Die B konnte nach Aufdeckung der Tat ihre Forderung in der Einzelzwangsvollstreckung in Höhe von 30% sichern. Strafbarkeit des I?

Strafbarkeit des Ingolf (I)

I. § 266 Abs. 1 Alt. 1 StGB zu Lasten der Insolvenzmasse im Verfahren der B

1. Als bestellter Insolvenzverwalter ist die Vermögensbetreuung der Insolvenzmasse Hauptflicht des I, dem bei der Gestaltung seines Amtes auch ein Spielraum zukommt. I ist daher gegenüber der B vermögensbetreuungspflichtig.

2. Diese Pflicht müsste I verletzt haben, indem er ohne entsprechenden Auftrag im Grundverhältnis das Guthaben des Insolvenzkontos der B auf sein Kanzleikonto transferierte. Während die Missbrauchsalternative (§ 266 Abs. 1 Alt. 1 StGB) diejenigen Fallgestaltungen erfasst, in denen der Täter eine ihm eingeräumte rechtliche Befugnis im Rahmen seines rechtlichen Könnens missbraucht, dh seine im Außenverhältnis bestehende Erlaubnis über die Vorgaben des Innenverhältnisses hinaus ausdehnt, erfasst die Treubruchalternative (§ 266 Abs. 1 Alt. 2 StGB) insbesondere die Fälle der faktischen Verletzung der Vermögensbetreuungspflicht. Demzufolge stellt der klassische „Griff in die Kasse" einen Anwendungsfall der Treubruchuntreue dar, wohingegen die zum Erlöschen von Forderungen führende Anweisung jedenfalls dann ein Fall der Missbrauchsuntreue ist, wenn Inhaber des Kontos und damit Anspruchsinhaber die B ist.

3. Durch die Treupflichtverletzung müsste der B ein Vermögensschaden entstanden sein. B ist, auch wenn über ihr Vermögen das Insolvenzverfahren eröffnet wurde, weiterhin Inhaber des Vermögens. Dieses wurde geschädigt, wenn ein Vergleich der Vermögenslage vor und nach der Treupflichtverletzung bei der erforderlichen wirtschaftlichen Betrachtung zu einer Minderung des Vermögenssaldos führt.

Vorliegend bestand vor den Zugriffen des I ein Anspruch der B auf Auszahlung des Guthabens in Höhe von 100.000 Euro plus der im Laufe der Zeit eingezogenen Verbindlichkeiten von 50.000 Euro. Diese sind durch die widerrechtlichen Transaktionen bis auf einen Restbestand von 100 Euro erloschen. Der dem Vermögen der B zugeführte Schaden besteht daher in Höhe der Entnahme und kann auf 149.900 Euro beziffert werden.

Zwar stehen den Entnahmen Schadensersatzansprüche aus § 823 Abs. 2 BGB iVm § 266 Abs. 1 StGB in namlicher Höhe entgegen. Voraussetzung für eine Kompensation ist nach st. Rspr. allerdings, dass der wirtschaftliche Wert des Vermögens nicht durch ein *unmittelbar* aus der Treupflichtverletzung fließendes Äquivalent wirtschaftlich voll ausgeglichen wird. Erst durch die Tatbestandsverwirklichung entstehende Ansprüche finden bei der Bemessung eines Vermögensschadens deshalb keine kompensatorische Berücksichtigung (BGHSt 52, 323).

4. I handelte vorsätzlich, rechtswidrig und schuldhaft.

Sofern I – praxisnäher – stetig auf das Insolvenzkonto zugreift und sich zum Ausgleich seiner Finanzierungslücken zeitnah Gelder überweist, liegt in jeder Handlung eine eigenständige Untreue. Die einzelnen Taten stehen dann im Verhältnis der Tatmehrheit zueinander und unterliegen auch eigenständig der Verfolgungsverjährung.

II. § 263 Abs. 1 StGB gegenüber der Insolvenzrechtspflegerin zu Lasten des Vermögens der B zu eigenem Vorteil

Indem I gegenüber der Rechtspflegerin einen falschen Kontostand angab und diese es daraufhin unterließ zur Sicherung der Vermögensinteressen der B tätig zu werden, könnte er sich eines Betrugs strafbar gemacht haben.

1. I hat in seinem Sachstandsbericht gegenüber der Rechtspflegerin erklärt, das Insolvenzkonto weise ein Guthaben von 150.000 Euro auf, obwohl der Kontostand tatsächlich nur 100 Euro betrug. Damit hat er auf das Vorstellungsbild der Rechtspflegerin eingewirkt, um eine Fehlvorstellung über Tatsachen zu erzeugen. I hat getäuscht.

2. Bei der Rechtspflegerin müsste als Folge der Täuschung ein Irrtum entstanden sein. Dies setzt eine – nach der Rspr. positive – Fehlvorstellung über Tatsachen voraus, der die Rechtspflegerin vorliegend unterlag, weil sie den Angaben des I Glauben schenkte.

3. Die Rechtspflegerin müsste weiterhin aufgrund dieses Irrtums über das Vermögen der B verfügt haben. Eine Vermögensverfügung ist jedes freiwillige Tun, Dulden oder Unterlassen, dass sich unmittelbar vermögensmindernd auswirkt. Vorliegend kommt allein ein Unterlassen in Betracht, weil die Rechtspflegerin aufgrund des Sachstandsberichts des I keine Unregelmäßigkeiten feststellen konnte und deshalb auch keine Maßnahmen, wie etwa die Abberufung des I oder die Einsetzung eines Sicherungsverwalters, in die Wege leitete.

Die Rechtspflegerin unterließ damit zwar täuschungsbedingt. Ihre Verfügung betraf aber nicht ihr eigenes Vermögen, sondern dasjenige der B. In einem solchen Fall des Dreiecksbetrugs ist erforderlich, dass die Vermögensverfügung dem Vermögensinhaber zurechenbar ist (Rn. 189). Unter welchen Voraussetzungen eine Zurechnung des Verhaltens eines Dritten erfolgen kann (Stichworte: Lagertheorie, Befugnistheorie) ist bis heute nicht eindeutig geklärt. Vorliegend war die Rechtspflegerin aber schon kraft ihres Amtes dazu verpflichtet, bei Unregelmäßigkeiten in der Insolvenzverwaltung des amtlich bestellten I auf eine Sicherung des Vermögens der Insolvenzschuldnerin B hinzuwirken.

4. Das Unterlassen der Rechtspflegerin müsste schließlich zu einem Vermögensnachteil der B geführt haben. Dies ist – im Grundsatz wie bei der Untreue, nur mit Austausch des Bezugspunkts der Saldenbildung – dann der Fall, wenn eine wirtschaftliche Betrachtung der Vermögenswerte der B vor und nach der Vermögensverfügung der Rechtspflegerin eine Einbuße ergibt, ohne dass diese durch ein unmittelbar aus der Verfügung fließendes Äquivalent wirtschaftlich voll ausgegelichen wurde.

a) Vorliegend kommt allein der Schadensersatzanspruch gegenüber I, der nicht Bestandteil des Untreueschadens ist (s.o.), als beeinträchtigter Vermögenswert in Betracht. Als eigenständiger Vermögenswert kann er Gegenstand einer nachfolgenden Vermögensschädigung sein, weil er bei wirtschaftlicher Betrachtung Vermögensbestandteil ist (BGH NStZ 1994, 586). Der Schaden ist dabei auch nicht mit dem durch die Untreue verursachten Schaden identisch. Denn die Untreue bedingt den Entnahmeschaden, während der Betrug zu einer Beeinträchtigung des im Anschluss entstehenden Regressanspruchs führt. Es handelt sich damit nicht um einen Anwendungsfall des sog. Sicherungsbetrugs, bei dem bereits ein tatbestandlicher Schaden zu verneinen wäre (vgl. zur Sicherungserpressung BGH NStZ 2012, 95).

b) Die Schadensbemessung bereitet indes Schwierigkeiten, da festgestellt und beziffert werden muss, inwieweit der Schadensersatzanspruch durch das Unterlassen von Sicherungsmaßnahmen bei wirtschaftlicher Betrachtung in seinem Wert gemindert wurde. Vorliegend steht fest, dass I zum Zeitpunkt der Täuschung noch über Vermögen verfügte. Der Schadensersatzanspruch war demnach nicht von vornherein wertlos. Vielmehr hätte die zeitnahe Einleitung von Sicherungsmaßnahmen die Forderung in Höhe von 150.000 Euro in vollem Umfang erfüllt. Da in der Einzelzwangsvollstreckung nur noch 30%, dh 50.000 Euro erlöst werden konnten, beträgt der Schaden 100.000 Euro.

5. Konkurrenzen: Der Sache nach sichert I sich mit seinem Vorgehen die aus der Untreue erlangten Vorteile. Denn bei wirtschaftlicher Betrachtung entspricht der Schadensersatzanspruch dem Entnahmenschaden, weil durch die Rückzahlung des entnommenen Betrags zugleich der Schadensersatzanspruch erfüllt würde. Infolgedessen weist der Betrug gegenüber der vorausgehenden Untreue keinen eigenständigen Unrechtsgehalt auf. Der Betrug wird als mitbestrafte Nachtat von der Untreue konsumiert.

Im Originalfall wurde I (die Vermögensdelikte betreffend) nur wegen Betrugs verurteilt. Die Treupflichtverletzungen lagen alle schon lange zurück, weshalb der Eintritt von Strafverfolgungsverjährung im Raum stand. Das Landgericht hatte wohl deshalb die Strafverfolgung nach § 154 StPO auf die Betrugssachverhalte beschränkt. Dies – ebenso wie eine Strafverfolgungsverjährung – führt dazu, dass der Bestrafung des I wegen Untreue ein Verfahrenshindernis entgegensteht (Meyer-Goßner/Schmitt Einl. Rn. 145). Nach st. Rspr. entfällt die Straflosigkeit einer Nachtat, wenn der Vortat ein Verfolgungshindernis entgegensteht (BGHSt 60, 188).

III. § 267 Abs. 1 Var. 2, 3 StGB

Indem I einen ursprünglich von der C-Bank erstellten Auszug des Insolvenzkontos derart verändert hat, dass dieser anstelle von 100 Euro ein Guthaben von 150.000 Euro belegt, hat er der C-Bank nachträglich eine von dieser nicht abgegebene Erklärung untergeschoben und damit die Urkunde verfälscht. Durch die Vorlage dieser verfälschten Urkunde gegenüber der Rechtspflegerin hat der I diese auch dem Rechtsverkehr zugänglich gemacht, mithin gebraucht. I handelte vorsätzlich und mit der Absicht zur Täuschung des Rechtsverkehrs, weil es ihm gerade darauf ankam, dass die Rechtspflegerin den verfälschten Kontoauszug zur Kenntnis nimmt und es deswegen unterlässt, Sicherungsmaßnahmen zugunsten der Insolvenzmasse einzuleiten.

Erg: I hat sich wegen Untreue in Tatmehrheit mit Urkundenfälschung schuldig gemacht; das Gebrauchen der Urkunde stellt, weil I dies von Anfang an vorhatte, die materielle Beendigung des Verfälschens dar.

V. Subjektiver Tatbestand

205 Der subjektive Tatbestand verlangt zunächst Vorsatz, wobei dolus eventualis genügt, sowie die Absicht rechtswidriger Bereicherung (kupiertes Erfolgsdelikt). Letztere meint das Streben um eine günstigere Gestaltung der eigenen Vermögenslage. Hieran fehlt es etwa, wenn der Täter eine Warenbestellung auf fremden Namen ausschließlich deshalb vornimmt, um den Namensinhaber zu ärgern. Wichtig ist, dass die Absicht *stoffgleich* sein muss, dh die Entreicherung des Opfers muss gleichsam als Kehrseite der Bereicherung des Täters entsprechen (BGH BeckRS 2021, 21677).

206 **Beispiel:** Ein Provisionsvertreter erschleicht sich die Vertragsunterschrift eines Kunden, legt den so abgeschlossenen Vertrag bei seinem Auftraggeber vor und bekommt für den Abschluss eine Provision ausbezahlt.

- Es handelt sich um einen fremdnützigen Betrug zugunsten des Auftraggebers gegenüber dem „Kunden", da der eigene erlangte Vorteil (Provision) nicht stoffgleich mit dem erlittenen Nachteil ist (Vertragskosten).
- Zudem liegt Betrug gegenüber dem Auftraggeber vor, weil kein Anspruch auf die Provision besteht.
- *Erlangt der Provisionsvertreter demgegenüber nur eine Blankounterschrift und muss den Vertragstext noch ergänzen, fehlt es mangels Unmittelbarkeit bereits an einer Vermögensverfügung!*

Die Rechtswidrigkeit der Bereicherung ist objektives Tatbestandsmerkmal. Hieran fehlt es, wenn der Täter einen unbegründeten Anspruch abwehren oder einen fälligen, einredefreien Anspruch durchsetzen will. Auch diesbezüglich muss der Täter wiederum vorsätzlich handeln, so dass bspw. ein Irrtum über das Bestehen eines solchen Anspruchs den Vorsatz ausschließen würde (BGHSt 42, 268). **207**

Fall 18: Alex (A) bewirbt sich um eine Stelle als wissenschaftlicher Mitarbeiter bei der Großkanzlei Höher & Weiter in München. Einstellungsvoraussetzung ist der Erwerb des Ersten Staatsexamens mit mindestens der Note „vollbefriedigend". Da A das Examen endgültig nicht bestanden hat, hat er das Zeugnis seiner Freundin Gudrun (G) mittels Tipp-Ex und Schreibmaschine derart verändert, dass am Ende sein Name darauf steht. A ist sich bewusst, dass sein Vorgehen jedem Sachbearbeiter mit einem bloßen Blick aufgefallen wäre. Deshalb reicht er das Zeugnis nicht im „Original" ein, sondern schickt es per Fax an den Partner Hilmar (H). Dem völlig überarbeiteten H fällt die mit bloßem Auge wahrnehmbare Täuschung nicht auf, so dass A eingestellt wird. Für eine 70-Stunden-Woche erhält er ein branchenübliches Entgelt von 1.250 Euro pro Woche. Die ihm übertragenen Arbeiten erfüllt A zur vollen Zufriedenheit seines Vorgesetzten. Strafbarkeit des A? **208**

Strafbarkeit des Alex (A)

I. § 267 I Var. 1, 2 StGB bzgl. des veränderten Zeugnisses

Es ist zu empfehlen, in Fällen der Urkundenfälschung penibel nach den verschiedenen Tatobjekten zu differenzieren, um auch alle verwirklichten Tatbestände vollständig zu erfassen. Hier demnach das „Werk" des H und das Fax.

1. Herstellen einer unechten Urkunde (§ 267 I Var. 1 StGB). Unecht ist eine Urkunde, wenn sie nicht von dem stammt, der in ihr als Aussteller bezeichnet ist. Aussteller der Urkunde ist das Landesjustizprüfungsamt (LJPA), Ersteller der Urkunde ist A. Das neue Zeugnis ist eine Urkunde. Es handelt sich um eine verkörperte Gedankenerklärung, die zum Beweis im Rechtsverkehr bestimmt und geeignet ist (dazu OLG Bamberg bei *Jahn* JuS 2013, 566: „Kennkarte Deutsches Reich" kein von einer Behörde im Jahre 2010 ausgestellter Pass) und den Aussteller erkennen lässt.

2. Verfälschen einer echten Urkunde (§ 267 I Var. 2 StGB). Verfälschen ist jede nachträgliche Änderung des beweiserheblichen Inhalts einer Urkunde, indem dem Aussteller eine Erklärung untergeschoben wird. Verfälschen ist eine Änderung der Beweisrichtung. Das Zeugnis der G wurde nachträglich so verändert, dass der Anschein erweckt wurde, A hätte das Erste Staatsexamen erfolgreich abgelegt. Damit wurde dem LJPA eine Erklärung untergeschoben.

3. Jedes Verfälschen ist das Herstellen einer unechten Urkunde durch Unterdrücken einer echten. Deshalb ist die Variante des Verfälschens spezieller als die des Herstellens.

4. Gebraucht (§ 267 I Var. 3 StGB) wurde das Original nicht, weil es keinem Dritten im Rechtsverkehr zugänglich gemacht wurde, sondern bei A verblieb.

5. Vorsatz und Handlung zur Täuschung im Rechtsverkehr. Nach hM genügt für die Täuschungsabsicht dolus directus 2. Grades, da die Täuschung nicht Handlungsmotiv des Täters sein muss, sondern allein auf die Rechtsgutsbeeinträchtigung Bezug nimmt. Erforderlich ist der Vorsatz, eine andere Person aufgrund eines Irrtums zu rechtserheblichem Verhalten zu veranlassen. A benötigte die gefertigte Vorlage, um diese an H faxen zu können. Sie war damit notwendiges Zwischenziel um die Einstellungsvoraussetzungen gegenüber H nachweisen zu können.

II. § 267 I Var. 1, 3 StGB durch Herstellen des Fax

1. A hat mit dem Fax ein Werk geschaffen. Fraglich ist, ob es sich dabei um eine Urkunde handelt. Nach hM ist eine **Fotokopie** keine Urkunde, wenn sie nach außen als Reproduktion erscheint. In diesem Fall will der Aussteller gerade nicht Gewähr für die Richtigkeit der Wiedergabe übernehmen, auch fehlt es am Erfordernis der eigenen Gedankenerklärung. Soll eine im Wege der Fotokopie hergestellte Reproduktion hingegen nach außen **als Original erscheinen**, liegt eine Urkunde vor. Die Fotokopie rückt dann zur Urkunde auf

(sog. Scheinurkunde). Nach der Rspr. gelten diese Regeln auch für **Telefaxschreiben**. Auf den Fall angewandt war das Fax so schlecht, dass es nicht den Anschein eines vom Aussteller herrührenden Originals erweckte, sondern nur aufgrund der Nachlässigkeit des H als solches durchging. Eine Urkunde liegt demnach nicht vor.

Demgegenüber will ein Teil der Lit. den Empfängerausdruck des Telefax wegen des automatischen Aufdrucks der Absenderangaben einer beglaubigten Kopie gleichsetzen oder als Urkunde ansehen. Ob dies genügt ist fraglich, da die fehlende Ausstellererkennbarkeit nicht der einzige Einwand gegen die Urkundseigenschaft ist (vgl. *Kudlich* PdW BT II, Fall 163, der zudem danach differenzieren will, ob das Fax vollständig an die Stelle von Originalschriftstücken treten soll, dann Urkunde, oder ob der Faxverkehr nur dem Austausch von eigentlich im Original vorzulegenden Schriftstücken dient, dann Behandlung als Kopie).

Bejaht man die Urkundeneigenschaft ist wie folgt weiter zu prüfen:

2. A hat das Telefax dem H auch in einer Weise zugänglich gemacht, dass dieser es wahrnehmen konnte. Er hat von der unechten Urkunde Gebrauch gemacht, § 267 I Var. 3 StGB.

3. A handelte vorsätzlich hinsichtlich der Tathandlung und der Merkmale der Urkunde, sowie zur Täuschung im Rechtsverkehr, da er den H über die Einstellungsvoraussetzungen täuschen wollte.

III. § 268 StGB

Eine technische Aufzeichnung setzt nach der Legaldefinition in § 268 II StGB das selbsttätige Bewirken der Darstellung durch das technische Gerät voraus. Bei einer Fotokopie ist die Entstehung der Darstellung nicht diesem Prinzip der Automation zu verdanken, weil der Kopierer keine neue Information erzeugt, vielmehr sind Input und Output identisch. Gleiches gilt für das Telefax. Auch hier wird bloß ein Sachverhalt originalgetreu wiedergegeben.

IV. § 263 I StGB gegenüber H, zu Lasten der Kanzlei

H wurde über die Erfüllung der Einstellungsvoraussetzungen seitens A getäuscht. Darauf beruht sein Irrtum, wenn er A aufgrund dessen eingestellt hat. Es handelt sich um einen Fall des Anstellungsbetrugs (Unterfall des **Eingehungsbetrugs**, vgl. auch *Kretschmer* Jura 2016, 1436). Als Partner war H auch objektiv zur Anstellung des A befugt (Fall des Dreiecksbetrugs). Fraglich ist, ob ein Vermögensschaden bei der Kanzlei eingetreten ist. Denn A hat seine Arbeit zur vollen Zufriedenheit seines Vorgesetzten erfüllt. Damit stehen sich der Anspruch des A auf Gehaltszahlung und der Anspruch der Kanzlei auf Erbringung der Arbeitsleistung äquivalent gegenüber. Ein Vermögensschaden setzt bei privatwirtschaftlichen Anstellungsverhältnissen jedoch voraus, dass bei einer Gesamtsaldierung aller Vor- und Nachteile der wirtschaftliche Wert des Vermögens gemindert ist, ohne durch ein unmittelbar aus der Verfügung fließendes Äquivalent voll ausgeglichen zu sein. Maßgeblich ist iRd Eingehungsbetrugs ein Vergleich der versprochenen Vergütung mit der zu erwartenden Arbeitsleistung. Damit kann ein Schaden bei Entsprechung von Leistung und Gegenleistung nur angenommen werden, wenn die Entgeltzahlung auch nach leistungsunabhängigen Kriterien erfolgt, bspw. bei einer zusätzlichen Vergütung für den Erwerb eines Doktortitels oder einer bestimmten Qualifikation oder wenn die wahrzunehmenden Aufgaben eine besondere Vertrauenswürdigkeit und Zuverlässigkeit erfordern (BGH NStZ 2020, 291).

Vgl. auch BGH NStZ 2014, 640: Zwischen einer Krankenkasse und einem häuslichen Pflegedienst wurde vertraglich der Einsatz von speziell geschulten Pflegekräften vereinbart, da es die Situation des Pflegebedürftigen erforderte. Der Pflegedienst setzte normal qualifizierte Krankenschwestern und Pfleger ein. Nach Ansicht des BGH stelle die Entsendung nicht ausreichend qualifizierter Pflegekräfte eine Nichtleistung dar, weshalb der Schaden in voller Höhe der entrichteten Vergütung bestehe.

Vorliegend wurde A nach Leistung bezahlt. Die nachträgliche Leistungserbringung kann dabei im Zeitpunkt der Entscheidung des Gerichts als Indiz (BGHSt 45, 1) für die Ausgeglichenheit von Aktiva und Passiva bei Vertragsschluss herangezogen werden. Kein anderes Vorgehen liegt der Figur des unechten Erfüllungsbetrugs zugrunde, wenn die Rspr. im Zusammenhang mit der Erbringung der versprochenen Leistung im Anschluss an einen Eingehungsbetrug von einer *Materialisierung des Schadens* spricht (BGHSt 60, 1). Ein Vermögensschaden ist damit abzulehnen.

Vertiefung: Anstellungsbetrug bei Beamtenstellung

„In den eine Beamtenstellung betreffenden Fällen ist im Hinblick auf den Eintritt eines Vermögensschadens zwischen der fehlenden fachlichen Eignung und der fehlenden persönlichen Eignung zu unterscheiden. Täuscht der Beamte über für das Amt rechtlich unerlässliche Anforderungen an die fachliche Qualifikation, die nach Gesetz oder Verwaltungsvorschrift notwendige Voraussetzung für die Anstellung oder eine Beförderung ist, fehlt es regelmäßig an der Gleichwertigkeit von Leistung und Gegenleistung. Der Beamte gilt als für sein Amt untauglich, auch wenn er zufriedenstellende dienstliche Leistungen erbringt, weil er – unter rechtlichen Gesichtspunkten – keine

gleichwertige Gegenleistung für die ihm gewährten Bezüge zu erbringen vermag. Gleiches gilt für falsche Angaben zum Lebensalter und zur Laufbahn, wenn er infolgedessen unberechtigt ein höheres Gehalt erlangt.

Täuscht der Beamte hingegen über Umstände seiner persönlichen Eignung, die für das Amt unerlässlich sind, kommt es für das Vorliegen eines Vermögensschadens – wiederum unabhängig von der Qualität der erbrachten Leistungen – darauf an, ob die Täuschung Umstände betrifft, die der Einstellung des Täters rechtlich entgegenstehen. Wenn der Beamte wegen fehlender persönlicher Eignung nicht hätte eingestellt werden dürfen oder hätte entlassen werden müssen, ist demgemäß ein Vermögensschaden anzunehmen." (BGH NStZ 2020, 291)

VI. Regelbeispiele

§ 263 III StGB enthält eine Reihe von vertypten Strafschärfungsgründen (vgl. zur Regelungstechnik Rn. 46 f.), die in der Praxis insbesondere auch deshalb relevant sind, weil sie nach der gesetzgeberischen Wertung die Schwelle zur schweren Straftat und spiegelbildlich die Legitimation eingriffsintensiver Ermittlungsmaßnahmen markierenn (vgl. etwa § 100a II Nr. 1 Buchst. n) StPO). **209**

§ 263 III Nr. 1 StGB führt bei gewerbsmäßiger Begehung (vgl. Rn. 55) oder Begehung als Mitglied einer Betrüger- oder Urkundenfälscherbande (vgl. zur Grunddefinition der Bande Rn. 72 ff.) zur Schärfung des Strafrahmens. **210**

Die Grenze des für § 263 III Nr. 2 Alt. 1 StGB erforderlichen Vermögensverlustes großen Ausmaßes (eine Gefährdung reicht in dieser Alternative nicht) zieht die hM bei 50.000 Euro. Eine feste Grenze für die große Zahl von Menschen (nicht: juristische Personen), die der Täter iRd § 263 III Nr. 2 Alt. 2 StGB in die konkrete Gefahr des Verlustes von Vermögenswerten zu bringen beabsichtigen muss, besteht nicht. Ein Indiz stellt es jedenfalls dar, wenn der Täter mittels seiner Täuschung eine unbestimmte Zahl von Opfern ansprechen will. **211**

In wirtschaftlicher Not (§ 263 III Nr. 3 StGB) befindet sich eine andere Person, wenn diese einer Lage ausgesetzt wird, dass ihr die Mittel für lebenswichtige Aufwendungen für sich und unterhaltsberechtigte Personen fehlen. **212**

§ 263 III Nr. 5 Alt. 1 StGB stellt sich als Anschlusstat einer zur Erlangung der Versicherungssumme verübten Brandstiftung dar. Hierzu muss in einem ersten Schritt eine Sache von bedeutendem Wert (Grenze: ca. 1.000 Euro) in Brand gesetzt oder durch eine Brandlegung ganz oder teilweise zerstört worden sein (vgl. dazu BT/1 Rn. 111 ff.). In einem zweiten Schritt muss der Täter einen Versicherungsfall vortäuschen, dh dem Versicherer gegenüber wahrheitswidrig angeben, dass **213** eine Situation eingetreten ist, die ihn nach dem Versicherungsvertrag zur Leistung verpflichtet. Da der Wortlaut des Regelbeispiels keine Begrenzung auf versicherte Gegenstände enthält, ist auch der Fall erfasst, dass der Täter die durch den Brand beeinträchtigte Sache als den versicherten Gegenstand ausgibt.

Kapitel 5. Computerbetrug

Literatur: *Ceffinato* JuS 2019, 337; JuS 2021, 311.

Der Tatbestand des Computerbetrugs soll die Lücke schließen, die durch die Ersetzung menschlicher Sachbearbeiter durch EDV-Anlagen geschaffen wurde (BGH NStZ 2005, 213). Insofern schließen sich Betrug und Computerbetrug zunächst denklogisch gegenseitig aus. Aufgrund desselben Unrechtsgehalts, welcher den Tatbeständen innewohnt, kann im Falle einer nicht selten anzutreffenden Ungewissheit, ob eine Vermögensverfügung durch einen Sachbearbeiter vorgenommen wurde oder das Ergebnis eines Datenverarbeitungsvorgangs ist, eine echte Wahlfeststellung (dazu *Ceffinato* Jura 2014, 655) vorgenommen werden. **214**

Der praktische Anwendungsbereich der Norm wird durch die Verbreitung automatisierter Datenverarbeitungen täglich größer (bspw. Selbstbedienungskassen im Supermarkt, kontaklose Bezahlmöglichkeiten oder Webshops). Maßgeblich für die Abgrenzung von Betrug und Computerbetrug ist dabei nicht das Medium, über welches Täter und Opfer miteinander in Verbindung treten. Die über das Internet übermittelte Täuschung (bspw. von Käufern auf Internetplattformen wie ebay-Kleinanzeigen o.ä.), ist die Täuschung einer natürlichen Person und unterfällt daher zweifelsfrei dem Anwendungsbereich des § 263 StGB. Ein Computerbetrug kommt dann in Betracht, wenn die Datenverarbeitung beim Empfänger der Täuschung automatisiert abläuft, dh wenn über die Tatsachen nicht durch eine natürliche Person entschieden wird. **215**

A. Prüfungsschema

Prüfungsschema: § 263a StGB **216**

I. Tatbestand

1. Objektiver Tatbestand
   a) Tathandlung
      aa) unrichtige Gestaltung des Programms
      bb) Verwendung unrichtiger/unvollständiger Daten
      cc) unbefugte Verwendung von Daten
      dd) sonst durch unbefugte Einwirkung auf den Ablauf

b) Beeinflussung des Ergebnisses eines Datenverarbeitungsvorgangs

c) Vermögensschaden

d) Kausalität

2. Subjektiver Tatbestand

a) Vorsatz bzgl. 1.

b) Bereicherungsabsicht (mit Stoffgleichheit zwischen erstrebtem Vorteil und Vermögensschaden)

II. Rechtswidrigkeit

III. Schuld

IV. Strafzumessungsregel, § 263 II iVm § 263 III StGB

B. Einzelheiten

217 Der Tatbestand des Computerbetrugs ist ersichtlich an § 263 StGB ausgerichtet. Die vier Tathandlungsvarianten entsprechen der Täuschung, die Beeinflussung des Ergebnisses des Datenverarbeitungsvorgangs dem Irrtum und der Vermögensverfügung. Die inhaltliche Auffüllung der einzelnen Merkmale fällt aufgrund gewisser Sachbesonderheiten freilich unterschiedlich aus. Allerdings bewahrt dieser (grobe) Strukturvergleich bei neu auftretenden Konstellationen den Blick auf das Wesentliche (vgl. an dieser Stelle erneut Fall 4, Rn. 24).

I. Tathandlung

218 Den „typischen" Computerbetrug gibt es nicht. Die von den einzelnen Varianten des Tatbestandes erfassten Lebenssachverhalte reichen vom Auscashen eines Spielautomaten mittels einer Blackbox, über das Bestellen von Waren im Internet unter fremdem Namen, bis hin zur Abhebung von Bargeld am Bankomaten unter Verwendung einer widerrechtlich erlangten Girocard. Notwendige Gemeinsamkeit aller unter § 263a StGB fallenden Sachverhalte ist deren vermögensschädigende Wirkung.

219 Die (klausur-)praktische Hauptbedeutung kommt der 3. Variante, der unbefugten Verwendung von Daten zu. Variante 1 erfasst den Eingriff in den Programmablauf (sog. Programmmanipulation), Variante 2 die sog. Inputmanipulation (hierzu BGH bei *Hecker* JuS 2017, 274), dh den Eingriff in den ansonsten ordnungsgemäß ablaufenden Berechnungsprozess durch Eingabe falscher Daten; hierin liegt auch

der wesentliche Unterschied zur unbefugten Verwendung von Daten, die die Verwendung *richtiger* Daten erfordert. Der 4. Variante kommt nach allgemeiner Ansicht eine (nicht als nötig empfundene) Auffangfunktion zu (vgl. zur Abgrenzung auch Rn. 24).

Der Datumsbegriff als solcher ist dabei geklärt und umfasst kodierte Informationen. Demgegenüber ist die Definition des Merkmals „unbefugt" weiter umstritten. Während eine *subjektive Theorie* auf den Willen des datenverfügungsberechtigten Vermögensträgers abstellt und eine *computerspezifische Auslegung* die fehlerhafte Einwirkung auf den automatisierten Programmablauf verlangt, orientiert sich die hM aufgrund der systematischen Stellung, sowie den Gründen der Normschaffung, am Betrugstatbestand und fordert, dass eine hypothetische natürliche Person, die an die Stelle des Automaten tritt, Objekt einer Täuschung geworden sein müsste (BGH NJW 2016, 1336). Der Teufel liegt aber auch bei dieser *betrugsspezifischen Auslegung* im Detail, weil beim Ersetzen der Maschine durch einen Menschen in einem zweiten Schritt der Gedankenoperation zu klären ist, welche Informationen diese natürliche Person iR ihres fiktiven Prüfvorgangs zur Verfügung hat. In Betracht kommen diejenigen, die auch die EDV-Anlage prüft sowie eine umfassende(re) Sachkenntnis. Die Rspr. beschränkt den Prüfungsumfang des potentiell Getäuschten auf die Inhalte, die auch die Maschine prüft. Dies überzeugt, weil der Täter auch nur in Bezug auf diese Daten „täuscht" und jede Erweiterung des Prüfungsumfangs die Berücksichtigung eines hypothetischen Kausalverlaufs bedeuten würde. **220**

Fallgruppen: **221**

- Einhelligkeit besteht unter den Anhängern der betrugsspezifischen Auslegung jedenfalls insoweit, dass derjenige unbefugt handelt, der kopierte Daten verwendet. Darunter fallen insbesondere diejenigen Fälle, in denen der Täter Blankokarten (sog. white plastics) mit ausgespähten Daten beschreibt.
- Im Falle des Einsatzes einer fremden Bankkarte (Girocard/Kreditkarte) soll „im Wege einer Gesamtbetrachtung" zu unterscheiden sein, ob der Täter Karte und Geheimzahl durch Diebstahl oder Beeinträchtigung der Willensfreiheit erlangt hat (dann nach hM unbefugte Verwendung) oder ob er die Karte infolge einer Täuschung an sich brachte (dann zumindest nach BGH NStZ 2016, 149 keine unbefugte Datenverwendung, aber Strafbarkeit wegen Betrugs bei Erlangung der Karte, vgl. zur Begründung des Vermögensschadens in diesem Fall Rn. 200). Dem ist zuzustimmen, soweit die Täuschung bei Kartenerlangung nicht den Grund deren Einsatzes betrifft, weil in diesem Fall ein – wie stets – unbeachtlicher Motivirrtum vorliegt (vgl. nachfolgend).

– Überlässt der Karteninhaber seine Karte aus freien Stücken dem Täter und räumt ihm unter Nennung der PIN die Befugnis ein, einen bestimmten Geldbetrag abzuheben, kann von einer unbefugten Verwendung von Daten auch dann nicht gesprochen werden, wenn der Täter am Bankomatenterminal einen die Abrede übersteigenden Geldbetrag eingibt (abredewidrige Benutzung). Denn bei dem unbefugt zur Auszahlung angewiesenen Geldbetrag handelt es sich nicht um ein Datum (vgl. erneut Rn. 220). Die PIN markiert zwar ein solches, wird aber bei Anlegung eines betrugsspezifischen Maßstabs nicht unbefugt verwendet, weil der Täter diese vom Berechtigten tatsächlich erhalten hat; dass der Täter entgegen einer etwaigen Absprache mit dem Berechtigten einen höheren Betrag abhebt, stellt einen unbeachtlichen Motivirrtum dar (sehr str., vgl. auch BGH NStZ-RR 2017, 79, der darauf abstellen will, ob nach dem Bankkartenvertrag eine *Bevollmächtigung Dritter ausnahmslos ausgeschlossen* ist, womit er letztlich einer subjektiven Unbefugtheitstheorie anhängt).
– Mit zunehmender Akzeptanz im geschäftlichen Verkehr und der Ausweitung des Anwendungsbereichs sind auch bereits Konstellationen des Missbrauchs kontaktloser Bezahlmöglichkeiten aufgetreten, vgl. dazu

222 **Fall 19** (nach OLG Hamm NStZ 2020, 673 m. Bespr. *Kudlich* JA 2020, 710): Tamara (T) findet auf der Straße den Geldbeutel des Gerhard (G) und entnimmt die darin befindliche EC-Karte des G. Diese sieht die Möglichkeit des kontaktlosen Bezahlens vor, dh der Inhaber kann Beträge bis zu einem Wert von 25 Euro allein durch Vorhalten der Karte vor ein entsprechendes Lesegerät ohne Eingabe einer PIN bezahlen. T geht zum nahegelegenen Supermarkt und tätigt ihre Einkäufe, wobei sie aufgrund Kenntnis der Bedingungen des kontaktlosen Bezahlens penibel darauf achtet, dass der Warenwert unter 25 Euro bleibt. Den Betrag von 24,76 Euro bezahlt T durch Vorhalten der Karte des G. Strafbarkeit der T?

Strafbarkeit des Tamara (T)

A. Erlangung der EC-Karte

I. § 242 StGB

Indem T die EC-Karte des G aus dessen verlorenem Geldbeutel entnimmt, könnte sie sich eines Diebstahls an der EC-Karte strafbar gemacht haben.

1. Die EC-Karte ist taugliches Tatobjekt eines Diebstahls (fremde bewegliche Sache).

2. Fraglich ist, ob T diese weggenommen, insbesondere fremden Gewahrsam des G gegen oder oder ohne dessen Willen gebrochen hat. Laut Sachverhalt hat G den Geldbeutel verloren. Gehen Gegenstände außerhalb des räumlich umgrenzten Herrschaftsbereichs des Gewahrsamsinhabers verloren, besteht mangels faktischer Einwirkungsmöglichkeit kein Gewahrsam mehr an diesen (vgl. Rn. 20). Nachdem der Geldbeutel von T auf der Straße gefunden wurde, bestehen auch keine Anhaltspunkte dafür, dass zwischenzeitlich durch einen Dritten (wie etwa bei Verlust in einem Beförderungsmittel o.ä.) Gewahrsam begründet wurde (vgl. Rn. 21). Eine Wegnahme kommt nicht in Betracht.

II. § 246 StGB

T hat sich eine fremde bewegliche Sache (EC-Karte des G) zugeeignet, weil sie diese aus dem herrenlosen (s.o.) Geldbeutel entnahm, um sie für eigene Zwecke einzusetzen, sich mithin wie ein Eigentümer zu gerieren. T handelte vorsätzlich, rechtswidrig und schuldhaft.

B. Einsatz der EC-Karte

I. § 263a StGB

Durch die Bezahlung seiner Waren mit der EC-Karte des G könnte sich T eines Computerbetrugs strafbar gemacht haben.

1. T könnte unbefugt Daten verwendet haben. Mit den auf der EC-Karte zur Auslösung des Zahlungsvorgangs gespeicherten Informationen hat T Daten verwendet und durch Aktivierung einer – im Verhältnis Karteninhaber/Bank – nicht ausgleichspflichtigen Schuld das Vermögen der Bank belastet.

2. Die Datenverwendung müsste auch unbefugt erfolgt sein.

Nach der computerspezifischen Auslegung liegt keine unbefugte Verwendung vor, weil T nicht auf den Bezahlvorgang eingewirkt hat. Zu demselben Ergebnis gelangt eine subjektive Auslegung, jedenfalls sofern man auf den Willen des das Kartenlesegerät aufstellenden Unternehmens abstellt, weil es diesem auf die Identität des Kartennutzers nicht ankommt. Stellt man auf den Karteninhaber ab, erfolgt die Abhebung gegen dessen Willen und damit unbefugt (so wohl SSW/*Hilgendorf* § 263a Rn. 16).

Die betrugsspezifische Auslegung fragt in ihrer vorzügswürdigen Form (vgl. Rn. 220) danach, ob eine anstelle des Kartenlesegeräts hypothetisch gedachte natürliche Person durch den Einsatz der Karte über die Berechtigung getäuscht worden wäre. Nachdem bei einem kontaktlosen Bezahlvorgang nicht geprüft wird, ob es sich bei dem Kartennutzer um den berechtigten Karteninhaber handelt, sondern nur, ob die Karte in eine Sperrdatei eingetragen und der für das kontaktlose Bezahlen vorgegebene Verfügungsrahmen sowie die Voraussetzungen für den PIN-Verzicht eingehalten sind, wäre hiernach eine unbefugte Datenverwendung zu verneinen.

Dem ist zuzustimmen. Denn mit der Vereinfachung des Zahlungsvorgangs geht eine Risikoverlagerung des missbräuchlichen Karteneinsatzes auf die Bank einher, die auf eine Überprüfung der Identität des Karteninhabers gerade verzichtet. Ist dieser Umstand aber nicht Bestandteil des Zahlungsvorgangs, kann sich eine Täuschung hierauf auch nicht beziehen (aA BeckOK-StGB/*Schmidt*, § 263a Rn. 29). Die normativ zu bestimmende Verteilung des Irrtumsrisikos führt dazu, dass dieses bei der Bank und nicht beim Täter liegt. Eine subjektive Theorie würde dem entgegenhalten, dass das Merkmal der Unbefugtheit keine Aussage über die Angriffsrichtung des Computerbetrugs dergestalt enthalte, dass eine Vermögensschädigung nur mittels Täuschung erfasst sei. Das Merkmal der Unbefugtheit wird auf dieser Grundlage letztlich zu einem allgemeinen Rechtswidrigkeitsmerkmal. Dies ist dogmatisch möglich, würde im System des strafrechtlichen Vermögensschutzes, das kein allgemeines Vermögensschädigungsverbot kennt, sondern das Vermögen nur gegen bestimmte Angriffe schützt (bspw. § 253 StGB vor nötigungsbedingten Vermögensschäden, § 263 StGB vor täuschungsbedingten Vermögensverfügungen, § 266 StGB vor Innenangriffen durch Treupflichtige), aber einen Fremdkörper bedeuten. Angesichts der mit § 263a StGB verfolgten Zielrichtung, Strafbarkeitslücken durch die Ersetzung von menschlicher Arbeitskraft durch maschinelle Datenverarbeitung zu vermeiden, spricht auch nichts dafür, dass das bestehende System mit § 263a StGB eine Durchbrechung erfahren sollte. Hinzukommt, dass dem subjektiven Ansatz ein großes Maß an Unbestimmtheit innewohnt, weil dessen Ausrichtung an einem nicht konkretisierten Begriff des Berechtigten zu nicht voraussehbaren Ergebnissen führt.

II. § 269 StGB

§ 269 StGB schließt – analog zu § 263a StGB im Vermögensstrafrecht – die Lücke, die dadurch entsteht, dass Daten mangels Verkörperung nicht dem Urkundenbegriff unterfallen. Indem T die fremde EC-Karte benutzt und hierdurch den Auszahlungsanspruch des G gegen seine Bank gemindert hat, könnte sie deshalb beweiserhebliche Daten so gespeichert haben, dass bei deren Wahrnehmung eine unechte oder verfälschte Urkunde vorliegen würde.

1. Durch den Bezahlvorgang wurde der Auszahlungsanspruch des G gegen seine Bank vermindert. Technisch geschah dies dadurch, dass die Transaktionsdaten am Kartenlesegerät als Gedankenerklärung in das Autorisierungssystem eingelesen wurden. Bei diesen handelt es sich um beweiserhebliche Daten.

2. Die manipulierten Daten müssten im Fall ihrer visuellen Wahrnehmbarkeit eine unechte oder verfälschte Urkunde darstellen. Das OLG Hamm hat dies in der dem Fall zugrundeliegenden Entscheidung mit dem Argument verneint, dass der Aussteller der Transaktionsdaten nicht erkennbar sei, weil keine PIN eingegeben werden müsse; es fehle deshalb an der erforderlichen Garantiefunktion einer Urkunde (im Falle deren Wahrnehmbarkeit).

Dies ist fraglich. Der Einsatz der EC-Karte ist nach den Bedingungen der kartenausgebenden Bank regelmäßig daran geknüpft, dass nur der Kontoinhaber diese einsetzt, wenn sogar Bevollmächtigungen Dritter ausgeschlossen sind (vgl. BGH NStZ-RR 2017, 79).

Dann ordnen die zu Abrechnungs- und Prüfzwecken übermittelten Transaktionsdaten den Karteneinsatz dem Karteninhaber aber unabhängig vom Erfordernis einer PIN-Eingabe zu, was umso mehr gelten muss, als der Erlärungswille des Ausstellers nicht durch deren körperliche Gestalt bestimmt wird.

3. Der Karteneinsatz bedingt die Speicherung beweiserheblicher Daten (Höhe des Verfügungsrahmens, Umstände der Karteneinsätze seit der letzten PIN-Abfrage).

4. T handelte vorsätzlich, rechtswidrig und schuldhaft.

III. § 274 StGB

1. Das Tatobjekt der beweiserheblichen Daten liegt mit dem auf dem Server der Autorisierungszentrale gespeicherten Höhe des Verfügungsrahmens und den Umständen der Karteneinsätze seit der letzten PIN-Abfrage vor. Die Beweiserheblichkeit resultiert daraus, dass diese Daten entscheidend für die Autorisierung weiteren kontaktlosens Bezahlens unter Verwendung der EC-Karte sind.

2. Das Verfügungsrecht über diese Daten obliegt dem Karteninhaber und nicht demjenigen, der die Karte durch (Fund-)Unterschlagung erlangt hat.

3. Die durch den Einsatz der Karte bewirkte Datenveränderung bewirkt eine Unterdrückung der im Zeitpunkt der Unterschlagung gespeicherten Daten.

4. T handelte vorsätzlich. Die erforderliche Nachteilszufügungsabsicht liegt vor. Für diese genügt – wie bei § 267 StGB (vgl. BT/1 Rn. 217) – dolus directus 2. Grades. T wusste, dass infolge ihres rechtswidrigen Einsatzes der fremden EC-Karte das Beweisführungsrecht des G beeinträchtigt wird. Denn sie hatte Kenntnis von den Bedingungen des kontaktlosen Bezahlens und damit auch von der Relevanz der Zahlungen für den Verfügungsrahmen und deren Auswirkungen auf eine in gewissen Abständen erforderliche Eingabe der PIN.

5. T handelte rechtswidrig und schuldhaft.

IV. § 246 StGB

Der Einsatz der Karte stellt eine erneute Manifestation des Zueignungswillens dar (sog. Zweitzueignung). Diese tritt jedenfalls auf Konkurrenzebene zurück (vgl. Rn. 99).

Erg.: T hat sich einer Unterschlagung in Tatmehrheit mit Fälschung beweiserheblicher Daten schuldig gemacht; die Urkundenunterdrückung tritt hinter die Fälschung beweiserheblicher Daten zurück.

II. Zwischenerfolg

223 Als Folge einer der vier Tathandlungsvarianten muss das *Ergebnis eines Datenverarbeitungsvorgangs beeinflusst* sein. Dies ist der Fall, wenn eine der gesetzlich normierten Tathandlungen in den Programmablauf Eingang findet, diesen anders gestaltet, als er ohne Verübung der Tathandlung abgelaufen wäre und eine Vermögensdisposition auslöst. Nicht erforderlich ist, dass sich der Datenverarbeitungsvorgang zum Zeitpunkt der Tathandlung bereits in Gang befindet. Auch dessen Anstoßen fällt nach ganz hM unter den Begriff der Ergebnisbeeinflussung.

224 Analog zur Vermögensverfügung iRd § 263 StGB muss dem beeinflussten Ergebnis des Datenverarbeitungsvorgangs *unmittelbar vermögensmindernde Wirkung* zukommen.

– Freigabe von Geldscheinen durch Bankomaten (+)

- Überweisungsgutschrift auf eigenem Konto (+)
- Scannen eines falschen Strichcodes im Selbstbedienungsladen (-), zumindest, wenn durch den Scan- und Bezahlvorgang nicht zugleich eine Sicherung ausgeschaltet wird (vgl. Fall 4, Rn. 24).

III. Vermögensschaden

Inhaltliche Abweichungen gegenüber dem Betrugstatbestand ergeben sich hinsichtlich des Vermögensschadens nicht. Einzig die Frage, wer Geschädigter ist, kann sich iRd Computerbetrugs bei Veranlassung von (Aus-)Zahlungen von Fremdkonten oder der widerrechtlichen Nutzung von Zahlungskarten häufiger stellen. Die Rspr. betrachtet jedenfalls in den Bankomatenfällen die Bank und in den Tankkartenfällen den Betreiber der Tankstation (OLG Celle NStZ-RR 2017, 80) als Geschädigte (vgl. zur Problematik *Ceffinato* NZWiSt 2016, 464). 225

Der **Unmittelbarkeitszusammenhang** verlangt, übertragen auf den Computerbetrug, dass der Vermögensnachteil durch das Ergebnis des Datenverarbeitungsvorgangs herbeigeführt wurde (vgl. bereits Rn. 24). Der BGH erweitert diesen Zusammenhang allerdings in den Fällen, in denen das Ergebnis des Datenverarbeitungsvorgangs von einer Person ohne eigene Entscheidungsbefugnis und ohne inhaltliche Kontrolle *lediglich umgesetzt* wird, wie bspw. bei der Auszahlung von Geld aus einem manipulierten Automatenglücksspiel (BGH bei *Hecker* JuS 2017, 274). 226

IV. Subjektiver Tatbestand

Der subjektive Tatbestand erfordert Vorsatz (Eventualvorsatz genügt) bezüglich aller objektiven Tatbestandsmerkmale und die Absicht rechtswidriger Bereicherung. Für die 3. Variante der unbefugten Verwendung von Daten bedeutet dies, dass sich der Täter auch der Unbefugtheit der Datenverwendung bewusst sein muss, mithin Umstandskenntnis derjenigen Tatsachen haben muss, die den Täuschungscharakter seiner Handlung begründen. Hinsichtlich der Bereicherungsabsicht ergeben sich gegenüber dem Betrugstatbestand keine Besonderheiten (vgl. dazu Rn. 205 ff.). 227

Stellt sich der Täter irrig vor, die von ihm verwendeten Daten würden maschinell verarbeitet, während tatsächlich ein Sachbearbeiter sich dieser annimmt, liegt objektiv ein Betrug und subjektiv ein Computerbetrug vor. Wegen dem durch beide Tatbestände geschützten identischen Rechtsgut (Vermögen) und demselben Unrechtsgehalt, der dem Verhalten zugrunde liegt, erweist sich der Irrtum des Täters als unwesentliche Abweichung des vorgestellten vom tatsächlichen Kausalver- 228 lauf, so dass er sich wegen eines Betrugs schuldig gemacht hat. Im umgekehrten Fall gilt nämliches, weshalb der Schuldspruch auf Computerbetrug lauten muss.

V. Sonstiges

229 § 263a II StGB verweist vollumfänglich auf die für den Betrug geltenden Strafzumessungsregeln (§ 263a II iVm § 263 III StGB), den Ausschluss deren Geltung bei geringwertigen Vermögensschäden (§ 263a II iVm § 263 IV, § 242 II StGB), die Strafantragserfordernisse (§ 263a II iVm § 263 IV, §§ 247, 248a StGB) und die Qualifikation des § 263 V StGB.

230 Daneben enthält § 263a III StGB noch einen Vorbereitungstatbestand, der im Vorfeld des § 263a I StGB Tathandlungen im Zusammenhang mit Computerprogrammen, welche für die Programm- (§ 263a I Var. 1 StGB) oder Inputmanipulation (§ 263a I Var. 2 StGB) genutzt werden können („deren Zweck die Begehung einer solchen Tat ist“), unter Strafe stellt.

Kapitel 6. Untreue

Der Tatbestand des § 266 StGB markiert zwar eine der Zentralnormen des Wirtschaftsstrafrechts, ist aber nicht auf diesen Bereich beschränkt und kann (wenn auch weniger häufig) Gegenstand von Prüfungsarbeiten sein (vgl. auch Rn. 176, 180, 204). § 266 StGB schützt dabei, ebenso wie § 263 StGB, das **Vermögen**, jedoch nicht gegen Angriffe von außen (Täuschungen des Täters, die zu einer irrtumsbedingten Selbstschädigung führen), sondern gegen sog. *Inneneingriffe*. Denn Täter des § 266 StGB kann nur sein, wem eine sog. Vermögensbetreuungspflicht, dh eine Pflicht zur Wahrnehmung fremder Vermögensinteressen obliegt. Diese stellt ein besonderes persönliche Merkmal iSd § 28 StGB in Form einer Sonderpflicht dar, weshalb es sich bei der Norm um ein *Sonderdelikt* handelt. Die in der Verletzung der Vermögensbetreuungspflicht liegende Pflichtwidrigkeit markiert, wenn sie in einen Vermögensnachteil des Treugebers mündet, den Strafgrund der Norm. 231

Strukturell können zwei Begehungsformen der Untreue unterschieden werden. Bei der *Missbrauchsuntreue* (§ 266 I Alt. 1 StGB) geht es darum, dass der Treupflichtige die ihm eingeräumten Möglichkeiten iR seines rechtlichen Könnens überschreitet. Oder anders formuliert: Der Täter nimmt im Rechtsverkehr – aufgrund seines Könnens rechtswirksam – eine dem Treugeber zurechenbare Handlung vor, die ihm im Innenverhältnis aber untersagt ist. Demgegenüber ist Gegenstand der *Treubruchsuntreue* (§ 266 I Alt. 2 StGB) die auch faktische Verletzung der Vermögensbetreuungspflicht, die eine Schädigung des Vermögens des Treugebers bedingt; der Treubruchsuntreue kommt demgemäß eine Auffangfunktion zu. 232

A. Prüfungsschema

Prüfungsschema: § 266 StGB

I. Tatbestand

1. Objektiver Tatbestand

Alt. 1: Missbrauchsuntreue

a) Missbrauch rechtlicher Befugnis im Außenverhältnis

b) Verletzung Vermögensbetreuungspflicht

c) Vermögensschaden

Alt. 2: Treubruchsuntreue

a) Verletzung Vermögensbetreuungspflicht

b) Vermögensschaden

2. Subjektiver Tatbestand

Vorsatz, dolus eventualis genügt

II. Rechtswidrigkeit

III. Schuld

IV. Regelbeispiele nach § 266 II iVm § 263 III StGB

V. Ggf. Strafantragserfordernis, § 266 II iVm §§ 247, 248a StGB

B. Einzelheiten

I. Treupflichtverletzung

233 Dreh- und Angelpunkt des Untreuetatbestandes ist damit die Verletzung der Vermögensbetreuungspflicht. Ob diese aus Gründen der Normbestimmtheit nur für die Treubruchsuntreue oder ebenso für die – weitaus klarer gefasste – Missbrauchsuntreue Voraussetzung ist, war in der Lit. teilweise angezweifelt worden (BGHSt 24, 386; 61, 305; ablehnend *Otto*, Grundkurs Strafrecht BT, § 54 Rn. 8 ff.). Die ganz hM geht heute aber davon aus, dass die Treupflicht für beide Tatbestandsalternativen gilt (vgl. Rn. 176).

234 Eine **Vermögensbetreuungsplicht** ist dabei eine durch *Eigenverantwortlichkeit* geprägte und als *Hauptpflicht* geschuldete Geschäftsbesorgung in einer wirtschaftlich nicht ganz unbedeutenden Angelegenheit (BGHSt 61, 305). Dem Täter muss demnach gegenüber dem Vermögen des Treugebers eine spezifische Schutzfunktion überantwortet sein, die sich als zumindest mitbestimmende und nicht nur beiläufige Verpflichtung darstellt. Die besonders qualifizierte Pflichtenstellung ist weiterhin dadurch gekennzeichnet, dass dem Täter Raum für eigenverantwortliche Entscheidungen und eine gewisse Selbständigkeit belassen wird. Sie kann ausweislich § 266 StGB durch Gesetz, Rechtsgeschäft oder auch rein tatsächlich eingeräumt werden. Vertragliche Beziehungen als solche begründen deshalb regelmäßig keine Vermögensbetreuungspflicht. Paradigma eines Treupflichtigen sind die Vertreter juristischer Personen (Vorstand, Geschäftsführer), aber auch der Bürgermeister einer Gemeinde, deren Stadtkämmerer oder Insolvenzverwalter (vgl. Rn. 204).

Ob der Vermieter für die Mietkaution nach § 551 III BGB vermögensbetreuungspflichtig ist, ist umstritten. Der BGH differenziert wegen der nur eingeschränkten Anwendbarkeit der Vorschriften über Wohnraummietverhältnisse auf Mietverhältnisse über Räume (vgl. § 578 BGB) nach der Art der Miete und hat eine Vermögensbetreuungspflicht bei der Wohnraummiete bejaht (BGHSt 41, 224), für gewerbliche Mietverhältnisse indes verneint (BGHSt 52, 182). Diese Unterscheidung überzeugt nicht, weil der durch § 551 III BGB statuierte Pflichteninhalt sich, sofern vertraglich bei Gewerberaummieten vereinbart, nicht an der Art der Miete ausrichtet. Entscheidend dürfte vielmehr sein, dass einem Vermieter zwar bei der Anlage der Mietkaution die erforderliche, wenn auch eng bemessene, Eigenständigkeit zukommt, die Kautionsbetreuung sich unabhängig von der gesetzlichen Regelung oder einer vertraglichen Vereinbarung aber nicht als eine Hauptpflicht des Mietverhältnisses darstellt, so dass der Verstoß gegen § 551 III BGB eine schlichte Vertragspflichtverletzung markiert. **235**

Verletzt ist die Vermögensbetreuungspflicht, wenn der Täter ihr zuwider vermögensmindernde Maßnahmen vorgenommen oder vermögensmehrende Aktivitäten unterlassen hat. Dabei muss sich die Pflichtverletzung gerade auf die dem Treupflichtigen überantwortete Hauptpflicht beziehen. Zugespitzt formuliert begründet die Entwendung eines Bleistifts durch den Vorstandsvorsitzenden eines Dax-Unternehmens keine Untreuestrafbarkeit, weil dies nicht den Kern seiner Vermögensbetreuungspflicht betrifft. Denn eine vertragliche Beziehung, die sich insgesamt als Treuverhältnis darstellt, kann auch Verpflichtungen enthalten, deren Einhaltung nicht vom Untreuetatbestand geschützt ist (BGHSt 47, 295). **236**

Unregelmäßig findet sich in der Rspr. die weitere, einschränkende Voraussetzung einer sog. gravierenden Pflichtverletzung (BGHSt 47, 148; BVerfGE 126, 170). Diese kommt insbesondere dann zum Tragen, wenn dem Treupflichtigen bei seiner vermögensbeeinträchtigenden Handlung Ermessen zukommt oder die Entscheidung risikobehaftet ist, weil anderenfalls insbesondere unternehmerische Entscheidungen über Gebühr eingeschränkt würden. **237**

Die Vermögensbetreuungspflicht kann damit sowohl durch aktives Tun als auch durch Unterlassen verletzt werden (BGH BeckRS 2021, 22339). Besondere Begründungsanforderungen für eine Garantenstellung bestehen indes nicht, weil die Vermögensbetreuungspflicht bereits **238** eine besondere Schutzpflicht für fremdes Vermögen ist, die strukturell eine Garantenstellung darstellt.

II. Vermögensnachteil

239 Der Begriff des Vermögens entspricht demjenigen des § 263 StGB, weshalb sich auch die Bestimmung eines Vermögensnachteils nach dem dort dargestellten Grundsatz der Gesamtsaldierung richtet (vgl. Rn. 186 ff.). Einer Modifizierung bedarf es nur bei der Bestimmung des Zeitpunkts der Saldenbildung, weil eine Vermögensverfügung gerade nicht erforderlich ist. Maßgeblich für die Betrachtung der Vermögensverhältnisse ist die Verletzung der Vermögensbetreuungspflicht. Ein Schaden liegt deshalb vor, wenn ein Vergleich des Vermögens des Treugebers vor und nach der Pflichtverletzung einen negativen Saldo ergibt.

240 Besonderes Augenmerk sollte in Fällen der schadensgleichen Vermögensgefährdung aber auf die Schadensbegründung gelegt werden; insbesondere darf aus der Existenz einer Treupflichtverletzung nicht auf einen Schaden geschlossen werden. Denn dies war in Anbetracht der bei § 266 StGB nicht angeordneten Versuchsstrafbarkeit einer der Auslöser für das BVerfG das sog. Verschleifungsverbot (das letztlich einem allgemeinen Auslegungsgrundsatz entspringt: Um dem Willen des Gesetzgebers Rechnung zu tragen, ist jedes Tatbestandsmerkmal so auszulegen, dass ihm eine eigenständige Bedeutung zukommt) anzumahnen und eine Bezifferung des Schadens zu fordern (BVerfGE 126, 170, 130, 1).

III. Subjektiver Tatbestand

241 Der subjektive Tatbestand erfordert Vorsatz (Eventualvorsatz genügt). Insbesondere ist in Abweichung von den anderen Eigentums- und Vermögensdelikten eine überschießende Innentendenz nicht erforderlich.

242 Wie Irrtümer im Bereich des § 266 StGB zu behandeln sind, ist nicht abschließend geklärt. Während eine Literaturansicht jeden Irrtum über das Pflichtwidrigkeitsmerkmal als Verbotsirrtum behandeln möchte, steht die Rspr. eher einer Auffassung nahe, die das Pflichtwidrigkeitsmerkmal als normatives Tatbestandsmerkmal versteht (BGH NJW 2010, 3209; BGHSt 54, 148), mit der Folge, dass der Täter nur dann vorsätzlich handelt, wenn er iRe Parallelwertung in der Laiensphäre seinen Verstoß gegen die Vermögensbetreuungspflicht nachvollzogen hat.

IV. Sonstiges

§ 266 II StGB verweist auf die Strafantragserfordernisse bei Diebstahl und Unterschlagung (§§ 247, 248a StGB), die Regelbeispiele des Betrugs (§ 263 Abs. 2 StGB), sowie deren Ausschluss wenn es sich um einen geringfügigen Vermögensnachteil handelt (§ 243 II StGB). **243**

Kapitel 7. Anschlussdelikte

A. Begünstigung

Literatur: *Bosch* Jura 2012, 270; *Jahn/Reichart* JuS 2009, 309.

Prüfungsschema: § 257 StGB 244

I. Tatbestand

1. Objektiver Tatbestand
   a) rechtswidrige Vortat eines anderen (nicht notwendig Vermögensdelikt; auch fahrlässige Taten erfasst; Vortat muss abgeschlossen sein („begangen hat"))
   b) Hilfe leisten (= jede Handlung, die objektiv geeignet ist, den Vortäter im Hinblick auf die Vorteilssicherung unmittelbar besser zu stellen)
   c) Objektive Vorteilserlangung des Vortäters unmittelbar durch die rechtswidrige Tat (Vorteil meint dabei jede Verbesserung der wirtschaftlichen, rechtlichen oder tatsächlichen Situation des Vortäters (BGHSt 57, 56); Ersatzvorteile (sog. Vorteilssurrogate, bspw. der Erlös aus dem Verkauf des Erlangten) werden durch das Unmittelbarkeitserfordernis ausgeschlossen)
2. Subjektiver Tatbestand
   a) Vorsatz (dolus eventualis genügt)
   b) Vorteilssicherungsabsicht (dolus directus 1. Grades erforderlich (BGH NStZ-RR 2020, 175); ( ), wenn bloße Erhaltung einer aus der Vortat stammenden Sache oder Abwehr von Schadensersatzansprüchen)

II. Rechtswidrigkeit

III. Schuld

IV. Persönlicher Strafausschließungsgrund, § 257 III StGB (vgl. dazu Rn. 52)

V. Ggf. Strafantragserfordernis, § 257 IV StGB

Das Wesen der Begünstigung soll nach Auffassung des BGH in der Hemmung der Rechtspflege liegen, weil der Täter (der Begünstigung) 245 die Wiederherstellung des gesetzmäßigen Zustands verhindert, der anderenfalls durch ein staatliches Eingreifen oder dasjenige des Verletzten wiederhergestellt werden könnte (BGHSt 57, 56). Neben den Schutz der Rechtspflege tritt danach der Schutz des Restitutionsanspruchs des Verletzten.

246 Bedeutendste Frage iR des Tatbestands der Begünstigung ist diejenige nach der **Abgrenzung zur Beihilfe zur Vortat** (vgl. Rn. 52), weil sowohl die Beihilfe als auch die Begünstigung mit dem Begriff des Hilfeleistens an dieselbe Tathandlung anknüpfen und eine Beihilfe nach st. Rspr. bis zur endgültigen Sicherung des Erfolgs möglich ist (BGH NStZ 2013, 463). Vor diesem Hintergrund erweist sich nur eine zeitliche Abgrenzung als zielführend.

247 Als gesichert kann dabei bezeichnet werden, dass im Zeitraum vor Vollendung grundsätzlich Beihilfe zur Vortat, im Zeitraum nach Beendigung nur Begünstigung möglich ist, da es im ersten Fall noch keine zu sichernden Vorteile der Tat gibt, während im letzteren Fall keine förderfähige Haupttat mehr vorhanden ist. Im Zeitraum dazwischen grenzt die hM nach dem *Vorstellungsbild des Hilfeleistenden* ab. Sollen die Vorteile der Tat gesichert werden, ist der Anwendungsbereich der Begünstigung, § 257 StGB, eröffnet. Soll demgegenüber die Verwirklichung der Tat sichergestellt werden, handelt es sich um eine Beihilfe zu jener. Dagegen wendet sich eine beachtliche mM mit dem Argument, die Existenz der §§ 257 ff. StGB schließe die Annahme einer Beihilfe nach Tatvollendung aus (SSW/*Jahn* § 257 Rn. 11). Nach dieser Ansicht kommt zwischen Vollendung und Beendigung nur eine Strafbarkeit wegen Begünstigung in Betracht; lediglich bei Dauerdelikten, bei denen der rechtswidrige Zustand andauert, besteht dann die Möglichkeit der Beihilfe bis zu dessen Ende.

B. Strafvereitelung

I. Prüfungsschema

248 **Prüfungsschema: § 258 StGB (Verfolgungsvereitelung)**

I. Tatbestand

1. Objektiver Tatbestand
   a) rechtswidrige Vortat eines anderen
   b) Strafe oder Maßnahme

c) Tathandlung und -erfolg: Ganz oder zum Teil vereiteln (die bloße Behinderung der Strafverfolgung reicht nicht)

2. Subjektiver Tatbestand

a) Vorsatz (dolus eventualis genügt) bzgl. Vortat (ein Irrtum über das Vorliegen einer Straftat ist Tatumstandsirrtum (BGH NStZ-RR 2021, 175))

b) Vereitelungsabsicht (d.d. 2 genügt) bzgl. Tathandlung und Vereitelungserfolg (= Täter muss eine Besserstellung des Vortäters erstreben oder als sichere Folge seines Handelns voraussehen (OLG Karlsruhe NStZ-RR 2017, 355))

II. Rechtswidrigkeit

III. Schuld

II. Einzelheiten

Der Tatbestand dient in Abs. 1 (Verfolgungsvereitelung) dem Schutz der (inländischen) Strafrechtspflege (BGHSt 45, 97), in Abs. 2 (Vollstreckungsvereitelung) dem Schutz des staatlichen Sanktionsanspruchs. Die hM geht von einem Erfolgsdelikt aus, wobei der *Erfolg* iSd ganz oder teilweisen Vereitelung der Sanktion (= Vollendung) bereits dann eintritt, wenn die Ahndung des begünstigten Täters wegen der Handlung für geraume Zeit unterbleibt (BGHSt 63, 174). Denn bereits hierdurch wird der Vortäter im Hinblick auf die ihm drohende Strafverfolgung tatsächlich bessergestellt. Ganz offensichtliche Besserstellungen des Vortäters stellen ein durch das Täterverhalten bewirkter Freispruch, eine zu milde Bestrafung oder eine Verfahrenseinstellung dar. 249

Aus der Einordnung als Erfolgsdelikt folgt notwendig, dass die Tathandlung für den Vereitelungserfolg ursächlich sein muss, dh dass ohne Eingreifen des Täters eine frühere bzw. der wahren Rechtslage entsprechende Bestrafung des Vortäters mit an Sicherheit grenzender Wahrscheinlichkeit (= Maßstab der tatgerichtlichen Überzeugungsbildung, vgl. § 261 StPO) erfolgt wäre (BGH NJW 2016, 3110). Hieran fehlt es auch, wenn der Ahndung der Vortat ein Verfolgungshindernis entgegensteht, dessen Eintritt nicht seinerseits auf die Vereitelungshandlung zurückgeführt werden kann (SSW/*Jahn* § 258 Rn. 5). 250

Vereitelungs*handlungen* liegen exemplarisch bei Vereitelung des staatlichen Beschlagnahmezugriffs (§§ 94 ff. StPO) auf Beweisgegenstände, dem Unterdrücken von Beweismitteln, Falschangaben gegenüber Verfolgungsbehörden oder Verstecken einer Person zur Verheim- 251 lichung des Aufenthaltsorts vor. Eine Strafvereitelung durch Unterlassen wurde bei unberechtigter (also mit Ausnahme der Fälle der §§ 52-55 StPO) Verweigerung des Zeugnisses mit der Begründung angenommen, der Zeuge sei wegen seiner besondere strafprozessualen Pflichtenstellung (vgl. § 48 StPO) Garant für die staatliche Strafrechtspflege (OLG Hamm bei *Jahn* JuS 2018, 296).

252 § 258 V StGB regelt die Straflosigkeit der Fremdbegünstigung für den Fall, dass der Täter sich hierdurch selbst begünstigen möchte; die bloße Selbstbegünstigung als solche ist schon nicht tatbestandsmäßig iSd § 258 I StGB („ein anderer"). Da der Ausschlussgrund nur die Absicht zur Selbstbegünstigung verlangt („vereiteln will"), ist entscheidend, wie der Täter seine Situation selbst einschätzt. Straflosigkeit tritt deshalb auch dann ein, wenn die Befürchtung eigener Strafverfolgung unbegründet ist (BGH NJW 2016, 3110).

C. Hehlerei

Literatur: *Bosch* Jura 2019, 826; *Jahn/Palm* JuS 2009, 501.

253 Strafgrund des Hehlereitatbestandes ist nach hM die Perpetuierung einer rechtswidrigen Vermögenslage (BGHSt 63, 274). Denn derjenige (Vor-)Täter eines Vermögensdelikts, der dieses nicht begeht, weil er ein originäres Interesse am erlangten Vermögensgegenstand hat, sondern die Sache anderweitig verwerten möchte, ist auf die Existenz eines Abnehmers angewiesen (Paradigma: Beschaffungskriminalität). Übernimmt der Abnehmer in Kenntnis aller Umstände den Gegenstand oder hilft dem Täter, diesen zu Geld zu machen, gibt er dem Täter nicht nur einen Tatanreiz, sondern beeinträchtigt durch die Erschwerung der Tataufklärung auch selbst das Vermögen des aus der Vortat Geschädigten.

I. Prüfungsschema

254 **Prüfungsschema: § 259 StGB**

I. Tatbestand

1. Objektiver Tatbestand
   a) Tatobjekt = Sache aus gegen fremdes Vermögen gerichteter Tat
   b) Täter = ein anderer (Merksatz: „Stehler ist niemals Hehler", aber dahingehend zu erweitern, dass auch „Betrüger, Räuber etc. und selbst der Hehler, mithin

jeglicher Vortäter niemals Hehler“, vgl. BGH NStZ 2014, 577)

c) Tathandlung

– Im Lager des Erwerbers: ankaufen oder sonst sich oder einem Dritten verschaffen

– Im Lager des Vortäters: absetzen oder absetzen helfen

2. Subjektiver Tatbestand

a) Vorsatz bzgl. Tatobjekt, Täterstellung und Tathandlung (dolus eventualis genügt)

b) Selbst- oder Drittbereicherungsabsicht

II. Rechtswidrigkeit

III. Schuld

II. Tatobjekt

Der Vortäter muss eine Sache aus einer gegen fremdes Vermögen gerichteten Tat (= Vortat) erlangt haben. In Betracht kommen u.a. Diebstahl, Unterschlagung, Betrug, Untreue, Raub, Erpressung, aber auch die Hehlerei selbst (sog. Kettenhehlerei). 255

Umstritten ist, wann der Täter die Sache „erlangt hat“. Die hM geht aufgrund des Wortlauts davon aus, dass eine Hehlerei erst nach Abschluss der Vortat denkbar ist (*Fischer* § 259 Rn. 8), nach aA können Vortat und Hehlerei auch Zusammenfallen. 256

Relevant wird die Frage etwa in folgender Konstellation: Der Täter tankt Benzin in der Absicht das Entgelt nicht an den Tankstellenbetreiber zu entrichten in das von seiner Freundin gesteuerte, dieser gehörende Fahrzeug. In diesem Fall ist eine Strafbarkeit der Freundin wegen Hehlerei abzulehnen. Besteht der Strafgrund des § 259 StGB in der Perpetuierung einer rechtswidrigen Vermögenslage, setzt die Hehlerei als Anschlussdelikt voraus, dass die Vortat abgeschlossen ist (BGH NStZ-RR 2021, 7). In einem solchen Fall kommt allenfalls (psychische) Beihilfe zur Vortat in Betracht. 257

Unter „Sache“ ist zunächst nur die aus der Vortat stammende Sache zu verstehen. Wird diese gegen eine andere eingetauscht (Bsp.: Täterin wechselt die gestohlene 200 Euro-Banknote in zwei 100 Euro-Banknoten und übergibt eine dieser Banknoten ihrem in das Geschehen eingeweihten Freund), wird die Ersatzsache (in ihrer Eigenschaft als solche, dh als Surrogat des konkreten Gegenstandes der aus der Vermögensvortat stammte) wegen Art. 103 II GG nicht vom Hehlereitatbestand erfasst. Denn sie ist nicht die aus der Vortat stammende Sache 258

(Stichwort: keine *Ersatzhehlerei*, dazu BGH NStZ-RR 2019, 379; BGHSt 63, 228).

Bei Bargeld möchte die sog. Wertsummentheorie anders entscheiden (Arg: Bargeld keine individualisierte Sache, sondern austauschbare Wertsumme), was aber mit der zivilrechtsakzessorischen Ausgestaltung der Norm bezüglich des Sachbegriffs unvereinbar ist.

259 Begeht der Vortäter durch den Umtausch allerdings ein neues Vermögensdelikt (Bsp.: Täter verkauft die gestohlene Sache an einen gutgläubigen Dritten; ist der Käufer hingegen bösgläubig, liegt kein Betrug vor, so dass auch das hieraus erlangte Äquivalent nicht aus einer Vermögensvortat stammt), ist die hieraus stammende Sache wiederum tauglicher Anknüpfungspunkt für die Perpetuierung einer rechtswidrigen Vermögenslage (nämlich derjenigen, die durch das Folgegeschehen begangen wurde; wegen § 935 II BGB gilt dies wiederum nicht für den Fall des Umtauschs von gestohlenem Bargeld).

III. Taugliche Täter

260 Ob der Teilnehmer der Vortat Hehler sein kann, ist fraglich. Die hM geht davon aus, dass eine bloß mittelbare Beteiligung an der gegen fremdes Vermögen gerichteten Vortat nicht ausreicht, um von einer eigenen Tat zu sprechen, wofür auch §§ 26, 27 StGB streiten („Tat eines anderen"). Nach aA soll § 259 StGB nur Perpetuierungshandlungen in Bezug auf gänzlich fremde Vortaten erfassen. Mit*täter* sind demgegenüber als Täter der Hehlerei ausgeschlossen (BGH JuS 2013, 177).

261 Steht nicht fest, ob der mit einer gestohlenen Sache Angetroffene diese selbst entwendet oder sich verschafft hat, ist eine Wahlfeststellung zwischen Diebstahl und Hehlerei vorzunehmen (BVerfG NJW 2019, 2837 m. Bespr. *Hecker* JuS 2019, 1119; BGHSt 62, 164).

IV. Tathandlung

262 **Verschaffen** ist die Erlangung einer eigentümerähnlichen Verfügungsgewalt *im Einverständnis mit dem Vortäter*. Voraussetzung einer solchen Verfügungsgewalt zu eigenen Zwecken ist, dass der Täter die Sache in ihrem wirtschaftlichen Wert vom Vortäter übernimmt (BGH BeckRS 2020, 14480); das Ankaufen ist ein benannter Unterfall des Sichverschaffens. Können sowohl Vortäter als auch Erwerber über die Sache verfügen (Mitverfügungsbefugnis), ist der Tatbestand nach der Rspr. nur vollendet, wenn der Erwerber unabhängig vom Willen des Vortäters über die Sache verfügen kann (BGHSt 63, 228; 63, 274).

Das Erfordernis der Einvernehmlichkeit zwischen Vortäter und 263
Hehler ist in Anbetracht des Strafgrunds des § 259 StGB unabdingbar. Sie liegt auch dann vor, wenn das Einverständnis des Vortäters auf einer *Täuschung* beruht (BGHSt 63, 274; aA *Mitsch* JA 2020, 32), weil er in diesem Fall mit dem Wechsel der Verfügungsgewalt einverstanden ist und sich nur über deren Grund irrt (Fall eines unbeachtlichen Motivirrtums). Welche Anforderungen an das Einverständnis zu stellen sind, ist jedoch umstritten. Nach eA genügt das tatsächliche Bestehen eines Einverständnisses, wohingegen nach aA ein Zusammenwirken zwischen Vortäter und Hehler erforderlich ist.

Einem *Dritten* wird das Tatobjekt verschafft, wenn die wirtschaftli- 264
che Verfügungsgewalt über die Sache nicht auf den Täter übergeht, sondern durch das Handeln des Täters unmittelbar vom Vorbesitzer an den Dritten weitergeleitet wird oder der Täter das Hehlgut, ohne selbst Besitz an ihm zu erlangen, in seinem Interesse unmittelbar einem Dritten zukommen lässt (BGH NStZ-RR 2019, 379).

Absetzen ist die eigentliche Übertragung der Verfügungsmacht im 265
Einverständnis und im Interesse des Vortäters auf einen Dritten durch den selbständig handelnden Täter. Die Übergabe von Diebesgut an einen auf dessen Verkauf spezialisierten Hehler stellt deshalb ein Absetzen und kein Sichverschaffen dar, sofern der Hehler lediglich im Interesse des Vortäters tätig wird.

Absatzhilfe ist jede unselbständige Unterstützung des Täters beim 266
Absatz. Nachdem eine Beihilfe zum Absetzen gegenüber dem *Vortäter* nicht möglich ist (der Vortäter kann nicht Täter der Hehlerei sein (s. Rn. 254), weshalb es auch keine teilnahmefähige Haupttat geben kann), schließt die Absatzhilfe, die konstruktiv einen Fall der Teilnahme zur Täterschaft erhebt, diese Lücke. Jede anderweitige Absatzförderung ist deshalb Beihilfe zur Hehlerei (§§ 259, 27 StGB).

Ob ein Absetzen und eine Absatzhilfe einen **Absatzerfolg** verlan- 267
gen, ist umstritten, wobei sich die Mehrheitsverhältnisse mittlerweile deutlich verschoben haben. Der BGH hat seine st. Rspr., wonach ein Absatzerfolg nicht konstituierendes Merkmal der Absatzhandlung sei, aufgegeben und damit auch den Widerspruch im Hinblick auf den Anwendungsbereich der Versuchsstrafbarkeit beseitigt (vgl. hierzu ausführlich Fall 6, Rn. 52).

Insoweit interessant auch BGH StV 2015, 117: Der Angeklagte 268
wurde vom Landgericht wegen Beihilfe zur Hehlerei verurteilt. Ein unbekannt gebliebener Täter hatte Diamanten im Wert von 200.000 Euro entweder selbst gestohlen oder von den Dieben erworben. Der Mitangeklagte A sollte einen Käufer für die Diamanten finden. Zwei Kaufinteressenten wurden drei Diamanten zur Überprüfung

der Echtheit übergeben, von den Interessenten aber nicht zurückgegeben. Daraufhin stellte der Mitangeklagte A den Kontakt zu einer verdeckten Ermittlerin her. Zu einem ersten Treffen wurde er vom Angeklagten gefahren. Dieser half ihm bei den Absatzbemühungen, indem er iRe Scheintelefonats einen vermeintlichen Hintermann simulierte. Am nächsten Tag signalisierte die verdeckte Ermittlerin Kaufbereitschaft und es wurde ein Treffen zur Übergabe vereinbart, zu welchem der Angeklagte wiederum den Mitangeklagten A fuhr und sich mit diesem und der verdeckten Ermittlerin an einen Tisch setzte. Hier erfolgte schließlich der polizeiliche Zugriff.

Keine Beihilfe zur Hehlerei, sondern nur Beihilfe zur versuchten Hehlerei. Der BGH bestätigt die rechtliche Wertung des Tatgerichts, dass alle Verkaufsbemühungen als einheitliche Hehlereihandlung zusammenzufassen sind. Der Angeklagte hat sich aber erst an den Verkaufsbemühungen beteiligt, als der Mitangeklagte A nur noch bestrebt war, die Diamanten an die verdeckte Ermittlerin zu verkaufen. Diese Bemühungen waren jedoch nicht geeignet, den rechtswidrigen Vermögenszustand aufrechtzuerhalten oder zu vertiefen. Da das Tatbestandsmerkmal der Absatzhilfe nach geänderter Rspr. einen Absatzerfolg voraussetzt, kommt als teilnahmefähige Haupttat insoweit nur eine versuchte Hehlerei in Betracht.

Kernaussage der Entscheidung: Der Grundsatz der Akzessorietät der Teilnahme ist streng zu beachten. Weil der Angeklagte an den vorherigen Absatzbemühungen, die nach Ansicht des Landgerichts zum Erfolg führten, noch nicht teilgenommen hat, die Absatzbemühungen gegenüber der verdeckten Ermittlerin aber nicht zum Erfolg führen konnten, kommt nur eine Beihilfe zur versuchten Hehlerei in Betracht. Die Annahme einer sukzessiven Beihilfe schloss der Senat aus, weil nach den Feststellungen des Landgerichts nicht davon auszugehen war, dass der Angeklagte insoweit Kenntnis von den vorausliegenden Absatzbemühungen hatte.

269 Mit dem Erfordernis eines Absatzerfolgs in den Absatzfällen bzw. der Erlangung von (Mit-)Verfügungsgewalt in den Ankaufsfällen für das Vorliegen einer vollendeten Hehlerei wächst umgekehrt auch der Anwendungsbereich des Versuchs (§ 259 III StGB). Der *Versuchsbeginn* bestimmt sich dabei – wie auch sonst – hinsichtlich aller drei Handlungsalternativen danach, ob eine unmittelbare, konkrete Gefährdung des geschützten Vermögens auf der Grundlage der Vorstellung des Täters vorliegt. Der Versuch des Ankaufens beginnt demnach erst, wenn der Täter unmittelbar dazu ansetzt, sich eine eigentümerähnliche Verfügungsgewalt zu verschaffen (BGH NStZ 2019, 80), was bei bloßen Vereinbarungen mit dem Vortäter noch nicht der Fall ist (KG NStZ 2021, 175). Ein versuchtes Absetzen erfordert ein unmittelbares Ansetzen zur Übertragung der Verfügungsgewalt auf einen Erwerber; nach der Rspr. sollen hierbei nun allerdings konkrete Verkaufsverhandlungen ausreichend sein (BGH NStZ 2019, 80), was in Anbetracht dessen, dass es sich bei der Erlangung (Ankaufsfälle) und der Übertragung (Absatzfälle) der Verfügungsgewalt um zwei Seiten derselben Medaille handelt, nicht überzeugt.

V. Subjektiver Tatbestand

Eventualvorsatz hinsichtlich aller objektiven Tatbestandsmerkmale genügt. Für das Vorliegen von Bereicherungsabsicht sind Rechtswidrigkeit und Stoffgleichheit nicht erforderlich (vgl. die Tatbestandsformulierung des § 259 StGB etwa mit derjenigen des § 253 StGB). Umstritten ist aber, ob der Vortäter bereicherter Dritter sein kann. Der Wortlaut differenziert zwischen dem Hehler („Wer"), dem Vortäter („ein anderer") und dem Dritten. Andererseits ist der Vortäter weder Täter noch Teilnehmer der Hehlerei und daher möglicher Dritter. Auch der Strafgrund des Delikts (s. Rn. 253) spricht dafür. 270

Beispiel (nach BGH NStZ 2014, 577): Angeklagter A hatte vom Mitangeklagten M auf einen Schlag zehn Elektronikartikel zu einem Drittel des Einkaufspreises erworben, die dieser aus dem Elektronikfachmarkt des E gestohlen hatte. A wusste von deren „strafbarer Herkunft". Weiterhin veräußerte A zu 30 festgestellten Zeitpunkten ebenfalls von M durch Ankauf erlangte, wiederum aus dem Elektronikfachmarkt des E gestohlene, Elektronikartikel an Dritte. Das Landgericht verurteilte A wegen 31 in Tatmehrheit stehender Fälle der gewerbsmäßigen Hehlerei, wobei es in 30 Fällen an den Weiterverkauf der Ware anknüpfte. Wäre eine Sachrüge begründet? 271

Eine Sachrüge hätte Erfolg, Rechtsfolge: § 349 IV StPO. Grund: Angeklagter hatte die 30 abgesetzten Waren vorher vom Mitangeklagten M angekauft, mithin selbst eine Hehlerei begangen. Der Vortäter ist aber selbst kein tauglicher Täter der Hehlerei. Auf die Frage, ob A die Ware „abgesetzt", mithin im Einverständnis mit M gehandelt hat, kommt es nicht an. Das Absetzen ist dann, wenn der Hehler überhaupt noch im Einvernehmen mit dem Vortäter tätig wurde und „in dessen Lager" stand, als Nachtat mitbestraft. Wurden die 30 weiterverkauften Artikel einheitlich erworben, liegt nur ein Fall der Hehlerei vor.

D. Geldwäsche

272 **Prüfungsschema: § 261 StGB**

I. Tatbestand

1. Objektiver Tatbestand

   a) Tatobjekt = Gegenstand, der aus rechtswidriger Tat herrührt (Gegenstand = jedes Rechtsobjekt, dh Sache oder Recht und nicht nur die Originalsache; die Vortat muss keine Katalogtat mehr sein)

   b) Tathandlung = verbergen/in Herkunftsverschleierungsabsicht umtauschen, übertragen, verbringen/sich oder einem Dritten verschaffen/verwahren oder für sich oder einen Dritten verwenden (Erweiterung in Abs. 2: Verheimlichen oder Verschleiern von Tatsachen)

2. Subjektiver Tatbestand

   Vorsatz (dolus eventualis genügt; Ausnahme: Annahme von Verteidigerhonorar, dann nach § 261 I 3 StGB sichere Kenntnis von der Herkunft erforderlich (Hintergrund: Art. 12 GG und § 137 StPO, aA früher BGH). Ausdehnung auf Fahrlässigkeit nach Abs. 6 nur hinsichtlich der Herkunft der Sache.

II. Rechtswidrigkeit

III. Schuld

IV. Kein Strafausschluss, § 261 VII, VIII StGB

273 Der Tatbestand der Geldwäsche pönalisiert den Umgang mit inkriminiertem Vermögen. Rechtspolitisches Anliegen ist – im Zusammenspiel mit den Regelungen zur Einziehung (§§ 73 ff. StGB) – die Bekämpfung der organisierten Kriminialität. Dabei ist die Norm nicht auf derartige Kriminalitätsformen beschränkt, was seit der Neufassung der Norm zum 18.3.2021 umso mehr gelten muss, weil die bisherige Anbindung des Tatobjekts an eine Katalogtat (exemplarisch: Diebstahl, Erpressung, Hehlerei, Betrug, Untreue, aber jeweils nur, sofern gewerbsmäßig oder als Bandentat begangen) entfallen ist.

274 Wesentlicher Grund für die Ausweitung des Geldwäschetatbestandes (über die Pflicht zur Umsetzung einer EG-Richtlinie hinaus) war, dass in der Praxis zwar häufig der Nachweis der Geldwäschehandlung gelingt, die Tatgerichte sich aber nach der bisherigen Fassung auch davon überzeugen mussten, dass der Gegenstand aus einer Katalogtat stammte, was insbesondere bei denjenigen des StGB regelmäßig durch das Erfordernis deren gewerbs- oder bandenmäßiger

Begehung erschwert wurde; für eine Verurteilung wegen Geldwäsche mussten bislang faktisch zwei Straftaten nachgewiesen werden.

Über die Bestimmung des geschützten Rechtsguts konnte bis heute kein Einvernehmen erzielt werden. Nach Ansicht des Gesetzgebers schützt die Norm die staatliche Rechtspflege und das Ermittlungsinteresse, während teilweise auch das durch die Vortat beeinträchtigte Rechtsgut als geschützt angesehen wird. Bedeutung erlangt die Frage aufgrund der Ausweitung des Anwendungsbereichs der Norm deshalb, weil nunmehr *bei jeder* Weiterverschiebung einer bemakelten Sache bzw. der Verschleierung deren Herkunft neben den Anschlussdelikten der §§ 257 ff. StGB an die Geldwäsche zu denken ist. Nach der hM ist insoweit Tateinheit möglich; § 259 StGB entfaltet keine Sperrwirkung (BGHSt 50, 347). **275**

Kapitel 8. Sachbeschädigungs- und Computerdelikte

Unter dem 27. Abschnitt (Sachbeschädigung) wurden neben dem klassischen Tatbestand des § 303 StGB auch die in ihrer Zielrichtung ähnlichen Computerdelikte der §§ 303a und 303b StGB erfasst. Während § 303 StGB das Sacheigentum vor Beschädigungen (unmittelbare Einwirkung auf die Sache und dadurch verursachte Beeinträchtigung deren körperlicher Unversehrtheit oder bestimmungsgemäßen Brauchbarkeit) und Zerstörungen (vollkommener Verlust der bestimmungsgemäßen Brauchbarkeit) schützt, zielen die Computerdelikte eher auf die Nutzbarkeit von als Daten gespeicherten Informationen. 276

A. Sachbeschädigung

I. Prüfungsschema

Prüfungsschema: § 303 StGB 277

I. Tatbestand

1. Objektiver Tatbestand
   a) Tatobjekt: Fremde Sache
   b) Tathandlung: Beschädigen oder Zerstören
   c) Kausalität und objektive Zurechnung
2. Subjektiver Tatbestand
   Vorsatz, dolus eventualis genügt

II. Rechtswidrigkeit

III. Schuld

II. Einzelheiten

Hinsichtlich des Tatobjekts der *fremden Sache* kann auf die Ausführungen beim Diebstahl verweisen werden (vgl. Rn. 5 ff.). Im Unter- 278 schied dazu ist der Anwendungsbereich des § 303 StGB aber nicht auf bewegliche Sachen begrenzt, so dass auch Grundstücke (bebaute und unbebaute) Gegenstand einer Sachbeschädigung sein können.

279 *Beschädigen* meint, jede nicht ganz unerhebliche körperliche Einwirkung auf die Sache, durch die ihre stoffliche Zusammensetzung verändert (Substanzverletzung) oder ihre Unversehrtheit derart aufgehoben wird, dass die Brauchbarkeit für ihre Zwecke gemindert ist (Einschränkung der Funktionsfähigkeit). *Zerstören* meint, das Eigentum an einer Sache so zu verletzen, dass diese vernichtet oder so beschädigt wird, dass ihre bestimmungsgemäße Brauchbarkeit vollständig verloren geht.

280 Das Bemalen von Gegenständen (etwa Graffiti) mindert die Brauchbarkeit einer Sache zumeist nicht und auch deren Substanz wird hierdurch regelmäßig nicht verletzt. Veränderungen des äußeren Erscheinungsbildes können aber § 303 I StGB unterfallen, wenn infolge der (physikalischen) Einwirkung auf die Sache die Wiederherstellung des Ursprungszustands nicht oder nur mit unverhältnismäßigem Aufwand möglich ist. Weil dieser Nachweis in der Praxis oft schwer zu erbringen war, stellt es nach § 303 II StGB ebenfalls eine Sachbeschädigung dar, wenn das Erscheinungsbild nicht nur unerheblich und nicht nur vorübergehend verändert wird.

281 Die Wendung rechtswidrig ist allgemeines Rechtswidrigkeitsmerkmal; ein Handeln gegen den Willen des Eigentümers wird nicht vorausgesetzt, so dass dessen Einverständnis mit der Beschädigung der Sache rechtfertigende Einwilligung ist.

B. Computerdelikte

Literatur: *Ceffinato* JuS 2019, 337; JuS 2021, 311.

282 In der Praxis kommen die Computerdelikte zunehmend häufig vor. Als Beispiele für eine *Datenveränderung* (§ 303a StGB) seien Verschlüsselungstrojaner (sog. Ransomware), das Bitcoin-Mining (BGH NStZ 2018, 401) oder schlicht die Änderung eines Passworts zu einem Online-Account, als Beispiel für eine *Computersabotage* (§ 303b StGB) Denial of Service-Attacken (gezielte Herbeiführung der Überlastung einer Webseite) oder die Übernahme fremder Internetseiten genannt. Dabei ist es nach der Rspr. unerheblich, ob der von dem Angriff betroffene Datenverarbeitungsvorgang rechtmäßigen oder rechtswidrigen Zwecken dient (BGH NStZ 2017, 470).

Fall 20 (vgl. nunmehr auch BGH NJW 2021, 2301): Das mittelständische Unternehmen (U) sucht einen Mitarbeiter und hat deshalb eine Stellenanzeige aufgegeben. Auf diese meldet sich Tomislav (T) per E-Mail und verweist auf sein Bewerbungsschreiben im Anhang. Personalsachbearbeier Peter (P) öffnet die angehängte Word-Datei, woraufhin ein von T dort versteckter Trojaner unter Umgehung der Firewall des U zur Ausführung gelangt, der zunächst alle Dateien auf dem Rechner des P verschlüsselt und sodann über das Netzwerk, in das P's Rechner eingebunden ist, die kompletten Server des Unternehmens sperrt. T verlangt für die Freigabe der Dateien einen Bitcoin. U bezahlt das Lösegeld, weil anderenfalls die Arbeitsfähigkeit des gesamten Unternehmens aufgehoben wäre; U hatte keine Sicherungskopien erstellt. U erhält von T einen Code, der die Daten entschlüsselt. Strafbarkeit des T? 283

Strafbarkeit des Tomislav (T)

I. § 253 I StGB

1. T will U den Zugriff auf die Dateien nur gegen Lösegeldzahlung wieder einräumen. Mit der Beibehaltung des derzeitigen Zustands der Datenverschlüsselung durch Unterlassen seines Tätigwerdens (vgl. dazu Rn. 110) stellt er deshalb einen Zustand in Aussicht, auf dessen Eintritt er Einfluss hat und der U höchst unerwünscht ist.

2. Mit der Bezahlung des Lösegeldes durch U ist der Erpressungserfolg in Form einer Handlung eingetreten.

3. U erleidet einen Vermögensnachteil in Höhe von einem Bitcoin.

4. T handelte vorsätzlich und mit Bereicherungsabsicht.

5. T handelte rechtswidrig und schuldhaft.

II. § 303a StGB

T hat mit dem Rechner des P und den Unternehmensservern sämtliche dort gespeicherten elektronischen Dokumente, mithin Dateien, verschlüsselt. Diese Verschlüsselung führt dazu, dass die Daten dem Zugriff des U, als deren Datenverfügungsberechtigtem, entzogen, die Daten mithin unterdrückt wurden. Die Verschlüsselung der Dateien bewirkt zugleich eine Veränderung deren Aussagegehalts, weshalb die Daten auch verändert wurden. T handelte vorsätzlich, rechtswidrig und schuldhaft.

III. § 303b StGB

T hat mit seiner Datenveränderung (s.o.) das komplette EDV-System des U lahmgelegt, weshalb U seinen Geschäftsbetrieb nicht fortsetzen konnte (§ 303b I Nr. 1 StGB). Des Weiteren hat er U die E-Mail mit dem Trojaner übersandt, die den Kausalverlauf erst in Gang setzte (§ 303b I Nr. 2 StGB). Damit hat T eine Datenverarbeitung von für U wesentlicher Bedeutung erheblich gestört (vgl. dazu auch BGH NJW 2021, 2301). T handelte vorsätzlich, rechtswidrig und schuldhaft.

Erg.: T ist strafbar wegen Erpressung in Tateinheit mit Computersabotage, hinter welche die Datenveränderung zurücktritt.

284 Daneben treten die Datendelikte der §§ 202a ff. StGB. Das Ausspähen von Daten nach § 202a StGB stellt den Ausgangspunkt des Datenstrafrechts dar. Dreh- und Angelpunkt bei der Beurteilung der Strafbarkeit eines entsprechenden Verhaltens ist die Überwindung der *besonderen* Zugangssicherung der Daten.

285 **Fall 21** (vereinfacht nach BGH NStZ-RR 2020, 278): Computerfachmann Chris (C) ist beim Bundesministerium für Gesundheit als Systemadministrator u.a. für die Wartung der IT-Infrastruktur der Mitarbeiter verantwortlich. Die jeweiligen Accounts der Mitarbeiter sind aufgrund einer innerbehördlichen Vorgabe passwortgeschützt. Seine Wartungsarbeiten nimmt C daher regelmäßig per Fernzugriff vor, welchen ihm die Mitarbeiter an ihrem Arbeitsplatz gesondert gestatten müssen. Selbst unumgängliche Wartungsarbeiten sind den Mitarbeitern wenig willkommen, weil sie deren Arbeitsfluss stören; sie gewähren deshalb C häufig nur widerwillig Zugriff auf ihr System. Um nicht länger auf die Mitwirkung der unfreundlichen Mitarbeiter angewiesen zu sein, verschafft sich C Zugriff auf deren Accounts, indem er sich selbst in der Systemdatei Zugriffsrechte einräumt; dazu benötigt C nur wenige Mausklicks. Bei den ihm als besonders unfreundlich in Erinnerung gebliebenen Mitarbeitern Kevin (K) und Maik (M) fertigt er Kopien von deren E-Mails an und lässt sie anonym einer Boulevardzeitung zukommen. Strafbarkeit des C?

§ 202a I StGB

C könnte sich des Ausspähens von Daten schuldig gemacht haben, indem er seine Zugriffsrechte eigenmächtig auf die E-Mail-Accounts der Ministeriumsmitarbeiter ausdehnte und auf deren dienstliche E-Mails Zugriff nahm.

1. Daten sind nicht unmittelbar wahrnehmbare Informationen (§ 202a StGB). Um solche handelt es sich hier bei den auf den jeweiligen Accounts gespeicherten elektronischen Nachrichten (sog. Inhaltsdaten).

2. Diese dürften nicht für C bestimmt gewesen sein. Aufgrund der Passwortsicherung der Accounts soll der Inhalt der Daten nur den Berechtigten zur Kenntnis gelangen. Damit obliegt die Bestimmung, wer vom Dateninhalt Kenntnis nehmen soll, dem Willen des Datenverfügungsberechtigten. Die Daten waren nicht für C bestimmt. Dass ihm im Wege seiner Tätigkeit faktisch die Möglichkeit eröffnet war, von fremden Daten Kenntnis zu nehmen, führt zu keinem anderen Ergebnis. Denn diese Möglichkeit wurde ihm vorliegend gerade nicht eingeräumt, vielmehr hat er eigenmächtig seine Zugriffsrechte ausgeweitet.

3. Die Daten müssten schließlich gegen unberechtigten Zugang besonders gesichert sein. Erforderlich hierzu sind Vorkehrungen, die den unbefugten Zugriff ausschließen oder erheblich einschränken sollen und nach außen hin dokumentiert worden sind (BGH NStZ 2018, 401). Hier waren die personalisierten Postfächer der Mitarbeiter mit einem Passwort geschützt; Administratoren hatten nur Zugriff, wenn ihnen ein Fernzugriff durch die Berechtigten eingeräumt wurde. Dass C dies faktisch umgehen konnte, indem er seine Zugriffsrechte erweiterte, ändert an dem Zugangsschutz nichts, weil dieser weiterhin vorhanden war.

4. Unter Umgehung dieser Zugangssicherung müsste sich C Zugang zu den Inhaltsdaten verschafft haben. Hier hätte C ohne die Überdehnung der eigenen Zugriffsrechte keinen Zugriff auf den Inhalt der E-Mails nehmen können. Er hat eine zusätzliche, den Passwortschutz umgehende Zugangsart etabliert, die vom Datenverfügungsberechtigten nicht gewollt war. Dass diese Umgehung für ihn nicht mit großartigen Anstrengungen verbunden war („nur wenige Mausklicks") ändert hieran nichts, weil unter Überwinden diejenige Handlung zu verstehen ist, die geeignet ist die jeweilige Zugangssicherung auszuschalten. Hierdurch wird das Geheimhaltungsinteresse der Datenverfügungsberechtigten beeinträchtigt.

5. C handelte vorsätzlich, rechtswidrig und schuldhaft.

Erg.: C hat sich nach § 202a I StGB strafbar gemacht.

Um die Versorgung potentieller Täter mit Hacker-Software zu unterbinden, stellt § 202c StGB schon das Sich-Verschaffen von Compu- **286** terprogrammen in der Absicht der späteren Datenausspähung unter Strafe.

287 Der Tatbestand der Datenhehlerei (§ 202d StGB) schließt schließlich eine Lücke, die dadurch entstanden war, dass der Ankauf rechtswidrig erlangter Daten straflos war, weil insbesondere der klassische Hehlereitatbestand mangels tauglichen Tatobjekts nicht ohne Verstoß gegen das Analogieverbot zur Anwendung gebracht werden konnte.

Stichwortverzeichnis

Die Zahlen beziehen sich auf Randziffern.